东莞市袁崇焕纪念园研究丛书

袁崇焕评价研究

詹坚固　郑丽华　著

东莞市袁崇焕纪念园　编

文物出版社

图书在版编目（CIP）数据

袁崇焕评价研究 / 詹坚固，郑丽华著 ；东莞市袁崇焕纪念园编. -- 北京 ：文物出版社，2024.6
ISBN 978-7-5010-8413-5

Ⅰ. ①袁… Ⅱ. ①詹… ②郑… ③东… Ⅲ. ①袁崇焕（1584-1630）一人物研究 Ⅳ. ①K825.2

中国国家版本馆CIP数据核字(2024)第079510号

袁崇焕评价研究

詹坚固　郑丽华　著
东莞市袁崇焕纪念园　编

责任编辑：王　伟
责任印制：张道奇

出版发行：文物出版社
社　　址：北京市东城区东直门内北小街 2 号楼
邮　　编：100007
网　　址：http://www.wenwu.com
经　　销：新华书店
印　　刷：东莞市本色印刷有限公司
开　　本：787mm×1092mm　1/16
印　　张：15.75
版　　次：2024 年 6 月第 1 版
印　　次：2024 年 6 月第 1 版
书　　号：978-7-5010-8413-5
定　　价：138.00 元

目　录

意大利史学家、哲学家克罗奇在其专著《历史学的理论和实际》中提出："一切历史都是当代史。"历史虽是以往实际发生的事件，但我们所见的历史却是以往实际发生事件的记录。客观的历史真相只有一个，主观的历史却随着记录者、研究者意识的不同而发展变化。历史解释是人的精神活动，它永远是当前的，而非逝去的过往。克罗奇的这句名言，体现的是历史哲学理论意义。

古往今来，历史人物的评价是言人人殊，不同时代的人站在不同立场、奉行不同标准，对于同一人物的评价也会有所不同，有时甚至迥然相反。这些评价都体现当时的时代思潮，是该时代政治、思想、文化的反映。这种现象也可以当作"一切历史都是当代史"的注解。

明朝末年，东莞人袁崇焕以进士出身的文人身份充任武职，在动荡的危局中苦苦支撑。虽然一度取得对后金战争的胜利，但明末政治腐败透顶，崇祯帝权力欲极强却又极端猜疑，朝中重臣尔虞我诈，党争横行，袁崇焕被朋党攻击，被君主猜忌，终以谋反大逆罪被凌迟处死，可悲可叹可悯！不同历史时期，时人对袁崇焕的评价各不相同：明末清初，袁崇焕被明朝政府及明末遗臣、士大夫视为叛国者，是明朝灭亡的历史罪人。自清初皇太极的反间计曝光，开始有部分明末遗臣稍稍改变对袁崇焕的看法。与此同时，一些袁崇焕的部下、朋友积极奔走鸣冤，呼吁为袁崇焕平反，广东士人是其主力。南明永历政权最终为袁崇焕平反，赐予"襄愍"谥号，但了解此事的人不多。乾隆时期，《明史》最终颁行，清政府正式为袁崇焕平反，袁崇焕以忠臣身份得以编入正史。此后的袁崇焕形象都较为正面，在特定时期甚至被拔高到"完人"的地步。新中国成立后，特别是改革开放以来，袁崇焕的评价逐步走向理性，人们在肯定袁崇焕忠心报国、能力出众的同时，也指出他个性的一些缺点，尽量还原一个有血有肉、优点缺点并存的真实的袁崇焕形象。

第一章　袁崇焕任职时及下狱后的评价

袁崇焕（1584—1630），字元素，号自如，广东东莞人[①]，万历十二年（1584）出生于广州府东莞县水南村。他从小离开家乡，跟随祖父、父亲定居广西平南。他父亲经营木材生意，在西江平南段北岸的白马村建有店铺、住宅。由于家庭经济条件尚可，袁崇焕从小得到较好的教育。万历二十五年（1597）袁崇焕十四岁，他寄籍藤县参加了童子试，获得参加科考的资格。万历三十四年（1606）他二十三岁，在广西省城桂林参加乡试，考中举人。万历四十七年（1619）他三十六岁，赴京参加会试、殿试，考中己未科进士。万历四十八年（1620）他三十七岁，被任命为福建邵武知县（正七品）。

在袁崇焕下狱之前，除阉党及政敌对他的评价较为负面之外，正直人士对他的评价都比较高。袁崇焕下狱后，阉党余孽通过攻击袁崇焕，以达到摧毁东林党内阁的目的，他们的评价基本上是污蔑之词。在奸臣的蛊惑下，刻薄多疑的崇祯帝给袁崇焕定下十恶不赦的罪名，使其背负叛国罪名长时间无法平反。这些罪名多是不实之词。即使在这样恶劣的环境下，少数正直人士不惜身家性命为袁崇焕鸣冤，高度肯定袁崇焕的功绩。

一、邵武知县任上的评价

知县是一方父母官，县内生产、赋役、治安、刑狱、文教等各项事务都要亲力亲为。他初任邵武县令所写的《初至邵武》体现了袁崇焕的为政思想：

---

① 有关袁崇焕籍贯问题，目前学术界有不同看法，有东莞、藤县、平南之说。袁崇焕本人的认同是东莞，其它两处是其寄籍科考和生活过的地方。学术界主流观点也认可袁崇焕的籍贯是东莞。相关争议详情可进一步参考王荣湟《袁崇焕全传》第七章第二节《籍贯、后裔的争论》。王荣湟：《袁崇焕全传》，长沙：岳麓书社，2020 年。

袁崇焕画像

为政原非易，亲民慎厥初。
山川今若此，风俗更何如。
讼少容调鹤，身闲即读书。
催科与抚字，二者我安居。[1]

他把催科（收取赋税）和抚（关怀体恤百姓）作为地方官施政的关键，表示要懂得亲民（亲近爱抚百姓），这些体现了他所秉持的儒家民本思想的进步性。

关于袁崇焕在邵武知县任上的作为，当地地方志有所记载。康熙《邵武府续志》卷四《官师志·名宦列传》记载：

① 袁仲麟编著：《袁崇焕诗选注》，哈尔滨：黑龙江大学出版社，2012 年，第 12—13 页。

袁崇焕，天启元年知邵武县事，明决有胆略，悉心爱民。申冤理枉，善于听讼，无微不烛。趫捷有力，为民救火，着靴上屋，走岩墙如履平地。散救火之券，赈被火之民，井井有方。后以边才特用。

乾隆《邵武府志》卷十五也有类似的记载：

袁崇焕，字元素，东莞人，万历进士，天启初，知邵武县。明决有胆略，尽心民事，冤抑无不伸。素趫捷有力，尝出救火，着靴上墙屋，如履平地。后以边才荐，累官辽东经略。

通过当地方志的记述，我们可以看到，袁崇焕初次任官，善于决断，有胆略，爱护百姓，体恤民情，尽心尽力为老百姓办事，而且办事能力很强，对事理有明确透彻的认识。他秉公办案，审理了此前遗留下来的全部冤假错案，为老百姓伸张正义。各项工作做得井井有条。他虽是文人出身，但是身手敏捷，着靴上墙、行走屋顶，就像走在平地上一样，可见他有着较好的身体素质，不是手无缚鸡之力的文弱书生。这与明末广东等地的尚武精神有关。万历年间，广东名将辈出，陈璘、吴广、陈策是其中的佼佼者，广兵则骁勇善战。陈策是东莞人，袁崇焕的族叔袁玉佩、近亲林翔凤都出任过武职。在他们的影响下，青少年时期的袁崇焕注重练武，“夙攻兵略，精武艺，善骑射”①。作为一县之长，亲自上房顶救火，没有官架子，实属难能可贵，在当时的官场十分罕见。

袁崇焕在邵武还重视文化教育，对当地具有不为人知的美德、堪称师表的儒家学者鲁孔思，授予其“潜德儒宗”的牌匾加以表彰。他还为当地题写塔名“聚奎塔”。奎星是主宰文运的神，建塔是希望带来好风水，寓意文运昌明，鸿福顺达，人才辈出。聚奎塔至今保存完好，当地历代百姓睹物思贤，一直怀念好官袁崇焕。袁崇焕亲属流放邵武时，就得到当地百姓的照顾。

《邵武府续志》修于康熙九年（1670），此时袁崇焕尚未获得清代官方正式平反，邵武当地对袁崇焕知县工作给予很高评价，将其列为名宦，为其撰写传记，反映当地士绅百姓对袁崇焕的爱戴。

---

① ［明］江日彩：《议兵将疏》，［清］洪济修，江应昌编，卢衍洪点校：康熙《泰宁县志》卷九《艺文志》，厦门：厦门大学出版社，2007 年，第 188 页。

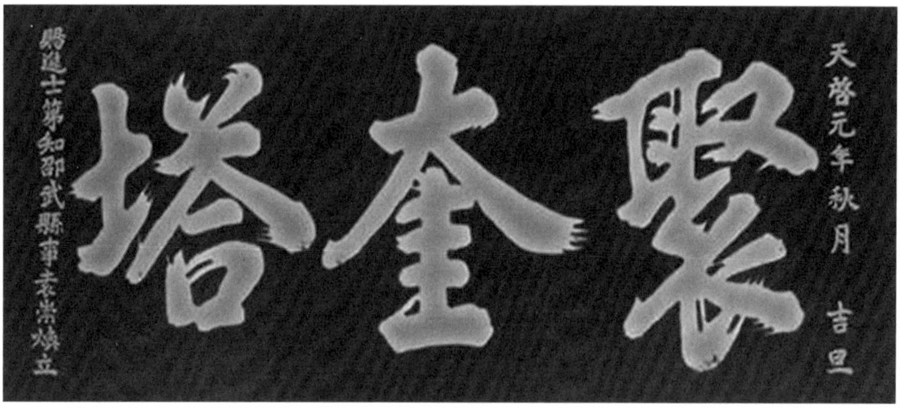

袁崇焕手书“聚奎塔”牌匾

明代史学家张岱在《石匮书后集·袁崇焕列传》中提到当时内阁大臣对袁崇焕任县令时期的清廉给予好评：“此臣作法自别，向为县令，不取一钱，天生此臣，以为社稷用，佐皇上中兴。”[1] 查继佐在《罪惟录·袁崇焕传》也转述阁臣对袁崇焕的清廉评价：“此臣作县官，不入一钱。”[2] 朝廷对袁崇焕在邵武的任职考核也是优秀，“计榜发，得上考”[3]。

在袁崇焕考中进士的万历四十七年（1619），明军在萨尔浒之战中大败，努尔哈赤率领的后金军队以少胜多。此战后，明军再也无力抵抗后金的铁骑，只得处于守势，辽东防务岌岌可危。在袁崇焕出任邵武知县的万历四十八年（1620），辽东重镇沈阳、辽阳又被后金攻占，朝野震惊。袁崇焕素有大志，不满足于治理一县，心中时常牵挂国家大事，期待有朝一日能为国出更多的力。

当时的邵武县民风淳朴，事务简约，袁崇焕能力出众，不用花多少功夫就处理完公务了。其它时间除用来读书外，他把很大一部分精力用来研究辽东战情。对此，明人夏允彝《幸存录·辽事杂志》记载：

崇焕少好谈兵，见人辄拜为同盟，肝肠颇热。为闽中县令，分校闱中，日呼一老兵习辽事者，与之谈兵，绝不阅卷。或问之，则曰：“士子宜中者，自

① ［明］张岱：《石匮书后集》卷十一《袁崇焕列传》，《石匮书　石匮书后集》（第3册），上海：上海古籍出版社，2008年，第495页。

② ［清］查继佐撰，倪志云、刘天路点校：《明书（罪惟录）》，济南：齐鲁书社，2014年，第2972页。

③ 陈伯陶：《东莞县志》卷六十一《袁崇焕传》，广州：岭南美术出版社，2007年，第667页。

有命在，随意抽取可也。”斯岂执事必敬者乎？①

袁崇焕经常与熟悉辽东战事的退伍老兵了解情况，他把研究边疆防务当作非常重要之事，虚心下问，注重调查研究。对无实用价值的八股取士看得很谈，认为随意抽取就行。《明史·袁崇焕传》也说他在邵武知县任上，“为人慷慨负胆略，好谈兵。遇老校退卒，辄与论塞上事，晓其阨塞情形，以边才自许。”② 乾隆《邵武府志》说他具有治理边疆的才能，以“边才”被推荐，最终成为掌管辽东军事的最高长官。乾隆邵武志的评价或许来源于《明史·袁崇焕传》。总体而言，《幸存录》《明史》及康熙、乾隆邵武府志等对袁崇焕知县任上的评价是十分正面的，没有贬义之词。

袁崇焕时时留心辽东军事，做了大量的调查研究工作，对辽东战事较为了解。关心国事的袁崇焕一有机会就会显现他在这方面的特殊才能。天启二年（1622）正月，袁崇焕到京述职，接受朝廷的考核。当时正值明朝刚刚失陷广宁，山海关外几乎完全沦陷，关外形势极其危急。袁崇焕在等待考核结果期间，曾独自前往山海关考察战况，《明史·袁崇焕传》对此记载：“天启二年……广宁师溃，廷议扼山海关，崇焕即单骑出阅关内外。部中失袁主事，讶之，家人亦莫知所往。已，还朝，具言关上形势。”③《明史》将袁崇焕到关考察系于他任兵部主事之时有误，实际上是在京考核期间。黄尊素《说略》卷六就指出袁崇焕，“壬戌觐事毕，匹马往山海，窥觇形势。”④ 在主事任上如果擅离职守要受到处分的。袁崇焕单骑赴关考察体现了他为国勇担重任的自觉性。

当时明军在辽东连吃败仗，朝廷正当用人之际，朝臣们纷纷推荐袁崇焕。袁崇焕在述职时除汇报邵武知县任上的工作外，也谈论了自己对辽东战事的看法，表现出独立、果断和坚定的品格。御史侯恂很赞同袁崇焕的看法，大力推荐袁崇焕，“见在朝觐邵武县知县袁崇焕，英风伟略，不妨破格留用”⑤，称赞

① ［明］夏允彝：《幸存录》，辽事杂志，见夏于全、齐豫生主编：《四库禁书精华》第5卷（史部），长春：吉林摄影出版社，2001年，第5页。

② ［清］张廷玉等：《明史》卷二百五十九《袁崇焕传》，北京：中华书局，1974年，第6707页。

③ ［清］张廷玉等：《明史》卷二百五十九《袁崇焕传》，北京：中华书局，1974年，第6707页。

④ ［明］黄尊素著，黄成蔚、张梦新点校：《黄尊素集》卷6《说略》，杭州：浙江古籍出版社，2016年，第118页。

⑤《明熹宗实录》卷十八，天启二年正月甲子，《钞本明实录》（第23册），北京：线装书局，2005年，第240页。

他具有"英风伟略"。侯恂是东林党人，为官清正、刚直不阿，在当时有一定影响力，他对袁崇焕的好评有助于时人了解袁崇焕。

监察御史江日彩在推荐袁崇焕的奏书中也说：

今□□〔福建〕邵武令袁崇焕，夙攻兵略，精武艺，善骑射。臣向过府城，叩其胸藏，虽曰清廉之令，实具登坛之才，且厚自期许，非涉漫谈，其交结可当一臂者尚闻多人。今见觐于辇毂下，枢部召而试之，倘臣言不虚，即破格议用，委以招纳豪杰、募兵练将之寄，当必有以副国家用者。①

江日彩是福建泰宁人，1607年中进士，早袁崇焕13年，任地方官时为官清正，后升任监察御史。泰宁与邵武相邻，他与袁崇焕在邵武府城（治邵武县）见过面，有过深谈，认为袁崇焕是登坛之才。在袁崇焕到京述职的1622年，江日彩任职提督直省援辽军饷事务监察御史，对辽东前线战事较为了解。正是在此情况下，他积极向朝廷引荐熟悉用兵谋略、精通武艺、善长骑射、胸有大志、朋友众多的袁崇焕出任武职，让他招纳豪杰、募兵练将，赴辽东前线抗金。

天启帝采纳了侯恂、江日彩等人的建议，袁崇焕被擢升为兵部职方司主事（正六品）。职方司全称职方清吏司，为兵部四司之一，置郎中、员外郎各一人，主事二人，后间有增置。以郎中主司事，掌舆图、军制、城隍、镇戍、简练、征讨之事；三年一报地图，以听征调之令；阅视修浚城池，因事增置镇戍将校，设兵屯戍；巡视操练，请命将出师，悬赏罚、调兵食、纪功过，及关津、缉捕、整顿军伍诸事。② 袁崇焕经过实地调查，对山海关地势较为熟悉，此工作安排对他比较适合。

二、兵部主事任上的评价

天启二年（1622）二月，袁崇焕就任兵部主事。袁崇焕通过调查研究，了

① ［明］江日彩：《议兵将疏》，［清］洪济修，江应昌编，卢衍洪点校：康熙《泰宁县志》卷九《艺文志》，厦门：厦门大学出版社，2007年，第188页。

② 张政烺：《中国古代职官大辞典》，郑州：河南人民出版社，1990年，第890页。

解到辽东战局的问题所在，他在朝中与官员详细讨论了关内外形势，他的见识、他的能力得到了朝臣的认可。《明史·袁崇焕传》对此记载："具言关上形势。曰：'予我军马钱谷，我一人足守此。'廷臣益称其才，遂超擢佥事，监关外军，发帑金二十万，俾招募。"① 在朝廷谈敌色变、无人愿意出关任职的情况下，袁崇焕主动提出要去守关，他敢于承担重任的性格及非凡胆略得到朝廷上下的赞许，"廷臣益称其才"。为此，他又被破格提拔为佥事②，负责监军关外，同时，朝廷还专门拨出经费白银二十万两，让袁崇焕等人去招募军队。从中可见当时朝廷上下对他的认可。

天启二年二月，兵部给事中蔡思充上疏道："山海一关，只有残兵五万，皆敝衣垢面。一带城垣，仍低薄塌圮，罗城内器械填塞，莫为查验。而溃兵、逃民围集如斗之城，互煽互惊，立见兽散之势。"形势十分危急，为了整顿山海关防务，他说："访得原任辽东兵备阎鸣泰、新升兵部主事袁崇焕，皆饶有才略，宜勅令分任榆关。"③ 榆关是山海关的另一称呼。蔡思充对刚任兵部主事的袁崇焕的评价是"饶有才略"，请求朝廷对他委以守关重任。可见，蔡思充对袁崇焕的能力非常看好。

明人张岱在《石匮书后集》中说也谈及："时广宁失陷，王化贞与熊廷弼逃归，画山海关为守。京师各官，言及辽事，皆缩朒不敢任。崇焕独攘臂请行，与阎鸣泰同出监军山海。"④ 通过京师各官的畏敌如虎、退缩怕事，与袁崇焕的敢于任事、勇挑重担的对比，场面非常豪壮。人们不禁赞叹袁崇焕的勇敢与胆略过人，也让朝中有识之士对其青睐有加。

当然，也有人对袁崇焕此行为提出批评，王在晋（1564—1643）在《三朝辽事实录》按语中就说：

袁崇焕在部，忽连日不见，不知何往。归而问之，曰："往山海矣。"渠自谓："我一人便可当关，只要兵马、钱粮耳。"人皆信之，遂以为监军。其去不

---

① ［清］张廷玉等：《明史》卷二百五十九《袁崇焕传》，北京：中华书局，1974年，第6707页。

② 按察使司（明代省级司法检察机构）的主官为按察使，其下设佥事，分巡省下各道。

③《明熹宗实录》卷十九，天启二年二月己丑，《钞本明实录》（第23册），北京：线装书局，2005年，第251页。

④ ［明］张岱：《石匮书后集》卷十一《袁崇焕列传》，《石匮书 石匮书后集》（第3册），上海：上海古籍出版社，2008年，第494页。

奉旨，不辞朝，卤莽如此，可用当关否？[①]

当然，这是王在晋在袁崇焕被杀后的评价。该书成书于崇祯十一年，王在晋是在按语中提出这些批评的。王在晋当时替代熊廷弼为兵部尚书兼右副都御史，经略辽东、蓟镇、天津、登、莱，在此任上，他是不敢任事、消极悲观的庸才，认为山海关外无地可守。此前他与袁崇焕因为筑城及营救十三山难民产生较大矛盾，袁崇焕看不起无能的王在晋，“崇焕薄在晋无远略，不尽遵其令”[②]，所以王在晋极力诋毁袁崇焕。清末民初史学家陈伯陶在《明季东莞五忠传·袁崇焕传》就指出：“在晋与崇焕不协，其书成于崇祯十一年，故力诋崇焕。”陈伯陶通过考证，证明袁崇焕是在等候考核结果的空档时间前往山海关的，“《两朝从信录》云：‘二月十三日，宴卓异于礼部。’下乃云：‘崇焕为职方，其监军山海亦在是月。’计为职方至擢监军，不过旬日，安得有连日不见事乎？黄尊素《说略》谓：‘壬戌觐事毕，匹马往山海，窥觇形势。’与《行状》所说同。当确。”[③] 近代学者孟森（1869—1938）也指出，《三朝辽事实录》是王在晋是为自己“攘功掩罪”而写，对熊廷弼、孙承宗、袁崇焕都进行蓄意诋毁，里面不少内容不可采信。[④] 王在晋说袁崇焕是在主事任上，私下前往山海关，此说不准确，王在晋所谓的“去不奉旨，不辞朝，卤莽如此”是恶意诋毁之词。

三、山东按察司佥事、山海监军任上的评价

天启二年（1622）二月，袁崇焕因在兵部主事上的突出表现被朝廷再次破格提拔为山东按察司佥事（正五品），监军关外。

袁崇焕赴任辽东时，前线形势危如累卵，整个辽东已经完全失陷，只能退守山海关，明辽东经略王在晋就悲观地指出：“东事一坏于清（河）、抚

① ［明］王在晋：《三朝辽事实录》卷七，天启二年二月，李澍田编：《先清史料》，长春：吉林文史出版社，1990 年，第 176 页。

② ［清］张廷玉等：《明史》卷二百五十九《袁崇焕传》，北京：中华书局，1974 年，第 6707 页。

③ 九龙真逸（陈伯陶）：《明季东莞五忠传》，广州：广东人民出版社，2013 年，第 8 页。

④ 孟森：《三朝辽事实录评》，《明清史论著集刊》上册，北京：中华书局，1959 年，第 107 页。

（顺），再坏于开（原）、铁（岭），三坏于辽（阳）、沈（阳），四坏于广宁。初坏为危局，再坏为败局，三坏为残局，至于四坏，则弃全辽而无局，退缩山海，再无可退。”①

赴任之前，袁崇焕在京城见到了因失陷广宁而被革职待审的前辽东经略熊廷弼，两人进行了彻夜交流，交换了对辽东战局的看法。袁崇焕《哭熊经略》诗“记得相逢一笑迎，亲承指授夜谈兵”② 就是指这件事。“廷弼问：‘操何策以往？’曰：‘主守而后战。’廷弼跃然喜。为图辽东，至宣府要隘，并注列戍守先后事宜。与商酌竟日，乃出。”③ 熊廷弼对袁崇焕的谋略非常认同，心中十分高兴，他终于找到知音。为此，他还专门为袁崇焕绘制辽东战局地图，并在图上标注战略要隘及戍守重点。

袁崇焕奔赴山海关任职佥事，当时关外为蒙古哈剌慎等部落占领，他只得驻守关内。不久漠南蒙古各部接受明朝招抚，辽东经略王在晋命令袁崇焕移驻关外中前所（今辽宁省葫芦岛市绥中县前所镇）。没多久王在晋又命令袁崇焕前往前屯（今绥中县前卫镇）安置辽东流民及失业者，“崇焕即夜行荆棘虎豹中，以四鼓入城，将士莫不壮其胆。”④ 袁崇焕敢于在虎豹出没的荒野中连夜赶路，可见其十分勇敢，胆量非凡，将士们十分佩服。经此一事，王在晋也十分认可袁崇焕，对他非常倚重，称赞他：

职属袁崇焕胆魄称雄，志力并矫，且其澡涤之襟期、光明之心事，迥迥逸群。职心重之、爱之。及崇焕尝对职曰：我不惜命。职应之曰：性命与封疆孰重？职令其往前屯安插辽民，四鼓入城，夜行于荆棘蒙茸、虎狼潜伏之地。职未尝不壮其气，而深虞其轻进也。勇如贾复，光武以复深入，希令远征，常自从之，故少方面之勋。彼时名将如云，而光武郑重如此，今如崇焕者有几哉？⑤

① 《明熹宗实录》卷二十，天启二年三月己卯，《钞本明实录》（第 23 册），北京：线装书局，2005 年，第 262 页。

② ［清］梁章钜编：《三管英灵集·袁崇焕诗》，阎崇年、俞三乐编：《袁崇焕资料集录》（下册），南宁：广西民族出版社，1984 年，第 242 页。

③ 陈伯陶：《东莞县志》卷六十一《袁崇焕传》，广州：岭南美术出版社，2007 年，第 667 页。

④ ［清］张廷玉等：《明史》卷二百五十九《袁崇焕传》，北京：中华书局，1974 年，第 6707 页。

⑤ ［明］王在晋：《三朝辽事实录》卷十一，天启二年九月，李澍田编：《先清史料》，长春：吉林文史出版社，1990 年，第 283 页。

王在晋虽然觉得袁崇焕有些鲁莽轻进，但十分认可他的胆略超群、胸怀坦荡、光明磊落，感叹当时像袁崇焕者没有几人，他对袁崇焕很是喜爱和器重。为此，他在天启二年六月提请朝廷任命袁崇焕为宁前兵备佥事。

袁崇焕虽然受到王在晋的器重，但由于王在晋对于辽东战局非常悲观，消极防守，没有远见，袁崇焕有自己的看法，并非完全听命于王在晋。后金长期围困辽东十三山难民，袁崇焕提出派兵救援，但王在晋坚决不出兵，致使十三山十多万难民，除六千多人逃脱外，其余多为后金军杀害。袁崇焕对此很是不满。王在晋又提出在山海关外八里的八里铺修建重关，袁崇焕对此表示反对，认为守住关外才能守住山海关，必须在宁远筑城坚守，但王在晋一意孤行，不肯接受袁崇焕等人的正确建议。袁崇焕等人不得已，越级向内阁首辅叶向高陈述意见。叶向高回信袁崇焕：

守关者不当靠定关门，而当布置于关外之地，此定法也。况关外有可据之地而弃之不守，一旦贼来，岂一墙所能限乎。大教量力度势，事理甚明，阁中诸公皆以为然。①

叶向高对袁崇焕的意见表示赞同，称赞袁崇焕“量力度势，事理甚明”。

对于袁崇焕提出的意见，朝廷一时难以决断，大学士孙承宗主动提出前往关外视察。天启二年七月，孙承宗回朝，极力主张王在晋不能胜任，同时对袁崇焕大加赞赏，“崇焕英发贴实，绰有担当，自愿为大将。臣取其志，尚欲练其气。”② 孙承宗赞扬袁崇焕才华表现超群出众，工作作风扎实，有担当精神。他打算好好历练袁崇焕，使其成为国家的栋梁之材。

叶向高是内阁首辅，孙承宗是帝师、大学士，在当时朝廷中有很高的威望，他们高度赞扬袁崇焕，使得袁崇焕声名鹊起，为更多人所了解。

---

① ［明］叶向高：《后纶扉尺牍》卷四《答山海道袁自如》，《四库禁毁书丛刊补编》影印福建师范大学图书馆藏明万历天启间递刻本，第64册，北京：北京出版社，2005年，第639页。

② ［明］孙承宗：《高阳集二十卷附年谱五卷》，沈乃文主编：《明别集丛刊》，第4辑，第80册，合肥：黄山书社，2015年，第538页。

四、山石道、宁前道兵备副使任上的评价

天启二年八月，袁崇焕升任山石道（亦称山海道）副使（从四品），带管宁前兵备道。明代兵备道主要负责分理辖区军务，监督地方军队，管理地方兵马、钱粮和屯田，维持地方治安等。他在屯田、安抚辽民、练兵、巡边等方面取得很好的功绩，《明史》记载："崇焕内拊军民，外饬边备，劳绩大著……崇焕勤职，誓与城存亡；又善抚，将士乐为尽力。"①

同年九月，新任督师孙承宗抵达山海关，袁崇焕成为他的得力干将，很好地执行孙承宗的战略意图。孙承宗称赞袁崇焕：

> 深心远略，气意发扬，故知无不为，为无不透。至其论事不顾同侪（同辈），任事不顾上官，其仡仡（勇壮）乎欲杀贼也，不顾身，而识地明茂，见马世龙，辄倾心向之，以相倚办，而五防久历，劳苦为多，似当加级，以需节钺之用。②

朝廷对孙承宗关于袁崇焕的评价表示赞同，下发圣旨给予袁崇焕晋升官职："这各镇兵备官袁崇焕等，劳能各著，有裨边防，俱照卿拟优叙。"③

当时辽东前线各将官对防守重点有不同意见，阎鸣泰主张守觉华岛，马世龙主张守中后所，袁崇焕主张守宁远，孙承宗支持袁崇焕的意见，命他和满桂前往宁远防守。天启四年（1624），在他监督下重新修筑的宁远城完工之后，成为山海关外商旅辐辏，流民集中的乐土。袁崇焕提出坚守宁远城的谋略，是明末第一个发现宁远城战略价值的人，体现出其卓越的军事才能。督师孙承宗十分倚重袁崇焕，为物色得力人选修筑宁远城，他给袁崇焕写信："念此中大计，则门下当辞山石而专宁前，乃可有为。其种种俱辽之急要，不独复辽土后

---

① ［清］张廷玉等：《明史》卷二百五十九《袁崇焕传》，北京：中华书局，1974 年，第 6708 页。

② 李红权辑录点校：《孙承宗集》卷三十三《前督师奏疏第十·叙录各镇兵备官员疏》，北京：学苑出版社，2014 年，第 1008 页。

③ 李红权辑录点校：《孙承宗集》卷三十三《前督师奏疏第十·叙录各镇兵备官员疏》，北京：学苑出版社，2014 年，第 1010 页。

也。抚非门下，谁能为计？……愿悉念为之。仍当与门下细论。”① 从信中可见孙承宗对袁崇焕的信任和倚重，他让袁崇焕辞去山石道，调任宁前道，出关任职更加大有可为，袁崇焕也欣然应允，并圆满完成筑城任务。

宁远城在袁崇焕监督下高质量筑成了，孙承宗对袁崇焕的能力和操守给予高度评价，他在天启四年（1624）二月上明熹宗的奏疏中说：“臣愿用袁崇焕等之殚力瘁心以急公，不愿用腰缠十万之逋臣，闭关诵经之孱胆。”② 袁崇焕廉洁奉公、尽忠报国，殚精竭虑为国家做好工作，值得托付重担。孙承宗对袁崇焕的高尚品质给予充分肯定。天启四年九月，袁崇焕专任宁前道兵备副使（正四品）。很快，他升任山东布政司右参政③，兼按察司佥事（从三品），专管宁前道兵备、屯田、马政等事务。孙承宗十分器重袁崇焕，曾赠诗勉励他：“与尔筹边再阅年，东西烽火尚依然……知君定发黄公略，自昔王师贵万全。”④ 汉代张良得到黄石公兵书，运用谋略为刘邦夺得天下。孙承宗引用典故说袁崇焕也会像张良那样成就大业，对袁崇焕充满鼓励和期许。

袁崇焕在山石道、宁前道任上，有功绩，也有失误之处。天启二年十月，袁崇焕奉命去核查新募兵虚冒情况，擅自斩杀虚冒者，差点引发兵变，事后也不报告，孙承宗对此十分气愤，怒斥他：“杀人片石，未杀不以请，既杀不以闻，其有无激变帖服不以告。迄今竟不知杀者何人，杀以何事？徒曰：奉抚院之令也。监军既可奉抚院之令而专杀，督师又何烦尚方之剑乎？”⑤ 《明史·袁崇焕传》对此事也有记载：“崇焕尝核虚伍，立斩一校。承宗怒曰：‘监军可专杀耶？’崇焕顿首谢，其果于用法类此。”⑥ 袁崇焕也知道自己越权了，但依旧没有报告具体情况，从中可见他的专断和意气用事，暴露了他的个人性格弱点。后来他又擅杀毛文龙，使得自己身陷囹圄，惨遭磔刑，与他不能改正自己的缺点有关。

---

① 李红权辑录点校：《孙承宗集》卷二十《答山石道》，北京：学苑出版社，2014年，第666页。

② ［明］茅元仪：《督师纪略》卷八，北京图书馆古籍出版编辑组编：《北京图书馆古籍珍本丛刊》（55史部·政书类），北京：书目文献出版社，1989年，第469页。

③ 布政使下设左右参政、参议等官，分管省下各道。

④ 李红权辑录点校：《孙承宗集》卷五《宁远闻袁自如宪副至自中右》，北京：学苑出版社，2014年，第112—113页。

⑤ ［明］茅元仪：《督师纪略》卷三，北京图书馆古籍出版编辑组编：《北京图书馆古籍珍本丛刊》（55史部·政书类），北京：书目文献出版社，1989年，第431页。

⑥ ［清］张廷玉等：《明史》卷二百五十九《袁崇焕传》，北京：中华书局，1974年，第6708页。

五、山东按察使任上的评价

天启五年（1625）正月，吏部考核各级官员，袁崇焕“会举卓异”①，考核优秀。十一月，吏部提出经略、枢贰、边抚、边道预备人选，“堪任冲边巡抚”六员，袁崇焕排名第三。② 可见袁崇焕在辽东取得很大成绩。十二月，广西道御史王珙上奏朝廷，请求重用袁崇焕：“当东事旁午之秋，挺然以外吏请缨，今防边四载，清操伟略，宜加以卿秩，使得独当一面。”③ 王珙赞赏袁崇焕在辽东多事之秋敢于挺身而出，主动承担责任，有担当精神。在守边四年中，节操高尚，谋略宏伟。建议朝廷给予他更高职务，让他承担更重要的工作。朝廷接受了王珙的提议，袁崇焕升任按察使（正三品），负责宁远城的防卫，这是他第一次真正领兵打仗。

天启六年（1626）正月，他在极度困难的情况下坚守孤城，最终取得宁远大捷，大败努尔哈赤所率后金军队，打破后金军队不可战胜的神话，“我大清举兵，所向无不摧破，诸将罔敢议战守。议战守，自崇焕始”④。这是清朝编写的官方正史的评价，即使是袁崇焕的对手，他们也不得不承认袁崇焕的胆略和气魄。此战极大提升了辽东明军的士气，明朝军民重新树立了战胜后金军的信心。同时，它挫败了努尔哈赤占领辽西的企图，严重挫伤后金军队的士气，对明军产生畏惧，怯于城池攻坚战。蒙古各部转变骑墙态度，转向依附明朝，朝鲜也对明朝重拾信心，更为坚定地支持明朝。努尔哈赤兵败后十分悲观，思虑过多，时常郁郁寡欢，不久身患毒疽病死。

宁远之战取得胜利，袁崇焕受朝野好评。天启帝称赞袁崇焕运筹帷幄、调度有法：

---

① 《明熹宗实录》卷五十五，天启五年正月戊辰，《钞本明实录》（第23册），北京：线装书局，2005年，第642页。

② 《明熹宗实录》卷六十五，天启五年十一月甲戌，《钞本明实录》（第24册），北京：线装书局，2005年，第141—142页。

③ 《明熹宗实录》卷六十六，天启五年十二月乙未，《钞本明实录》（第24册），北京：线装书局，2005年，第153页。

④ ［清］张廷玉等：《明史》卷二百五十九《袁崇焕传》，北京：中华书局，1974年，第6710页。

袁崇焕血书誓众，将士协心，筹运师中，调度有法。满桂等捍御孤城，矢心奋勇，虽未尽歼逆虏，然已首挫凶锋。似此忠劳，朕心嘉悦。今特赐奖谕，仍着该部从优升叙，照旧供职，户、兵二部发银十万两为犒赏之资，用鼓战气。①

天启皇帝龙颜大悦，颁布圣旨对袁崇焕予以嘉奖：

命袁崇焕以右佥都御史巡抚辽东、山海等处。铸巡抚辽东、山海等处提督军务关防。②

时任兵部尚书的王永光上奏：

辽左发难，各城望风奔溃。八年来贼始一挫，乃知中国有人矣。盖缘道臣袁崇焕平日之恩威，有以慑之维之也！不然，何宁远独无夺门之叛民、内应之奸细乎？本官智勇兼全，宜优其职级，一切关外事权，悉以委之。③

王永光盛赞袁崇焕的功绩，表扬他智勇兼备、恩威并施，是个领兵打仗的的帅才，建议给予他更高的指挥权限，让他全权负责关外的战争事权。

袁崇焕的前上司王在晋，两人因为是否在八里铺筑城防御之事而闹矛盾，他在袁崇焕死后也承认宁远之战是袁崇焕的功劳，指挥得当：

柳河败绩，士卒西奔，崇焕狂呼邀截，使各还守信地，关外城堡幸尔得存。至于宁远解围，誓众效死。金启倧一炮打坏虏营一角，虏乃旋退，危城得全。崇焕虽死于法，不可顿没其功也。④

① 《明熹宗实录》卷六十七，天启六年正月癸酉，《钞本明实录》（第24册），北京：线装书局，2005年，第169页。

② 《明熹宗实录》卷六十九，天启六年三月壬子，《钞本明实录》（第24册），北京：线装书局，2005年，第193页。

③ 《明熹宗实录》卷六十八，天启六年二月乙亥，《钞本明实录》（第24册），北京：线装书局，2005年，第170页。

④ ［明］王在晋：《三朝辽事实录》卷十五，天启六年正月，李澍田编：《先清史料》，长春：吉林文史出版社，1990年，第385页。

东江总兵毛文龙的朋友陆人龙是个小说作家，当时正在创作以毛文龙等为主人公的抗击后金小说《辽海丹忠录》。陆人龙听闻宁远大捷的消息，十分高兴，在小说中特地增添了宁远大捷一章——《宁远城火攻走贼》，开篇称赞袁崇焕等一众将士：

西风一夜来羌管，平沙一望胡骑满。
投鞭已看河断流，靴尖更笑城如卵。
城中士庶惊且啼，孤城围合归路迷。
谁提一旅救水火，引领空自瞻云霓。
赳赳守臣猛如虎，莫嫌文士不解武。
手提长剑倚层楼，指点三军发强弩。
飞蝗疑箭炮疑雷，一战俄叫劲敌溃。
艰危历尽见利器，有将如是兮何怯匈奴来。①

袁崇焕好友董应举听闻宁远大捷，十分高兴，赋诗《闻袁自如破虏，袁向议屯田练兵》，高度评价袁崇焕的忠勇与谋略："社稷疆场只汝身，尚方赐剑更何人。若教早用营平策，三岔河边绝虏尘。"② "营平"指汉代营平侯赵充国，他为人有勇略，此处用典指代袁崇焕。董应举认为国家疆场系于袁崇焕一身，如果早用袁崇焕之谋略，早就灭了后金，对朝廷未能早日让袁崇焕施展抱负而感到遗憾。

作为参战一方的后金，在吃了败仗之后，也重视起袁崇焕。努尔哈赤说："朕用兵以来，未有抗颜行者。袁崇焕何人，乃能尔耶！"③ 后来清修《明史》对袁崇焕指挥的宁远保卫战也给予中肯的评价："我大清举兵，所向无不摧破，诸将罔敢议战守。议战守，自崇焕始。"④ 在袁崇焕之前，明朝军队在与后金的战斗中基本上是望风披靡，无人敢言战言守。敢于言战守，自袁崇焕开始，他是开风气之先的。

宁远大捷让袁崇焕闻名于世，但袁崇焕本人对荣华富贵看得很淡，天启六

---

① ［明］陆人龙：《毛文龙演义》，北京：中国戏剧出版社，2015 年，第 158—159 页。
② 郭庭平选注：《董应举诗选注》，福州：海峡文艺出版社，2018 年，第 198 页。
③ 赵尔巽等撰：《清史稿》卷一《太祖本纪》，北京：中华书局，1977 年，第 16 页。
④ ［清］张廷玉等：《明史》卷二百五十九《袁崇焕传》，北京：中华书局，1974 年，第 6710 页。

年二月二十五日，他就上疏《辞升职请终制因陈善后事宜》，提出辞去升职，回家为亡父守制，并对辽东战略提出以下建议：

请以十万五千官兵汰为八万，以二万留关内，六万布关外。宁远添二辅城以为犄角，各堡增设铳台以为应援。而宁远以东，仍安哨探，令就地为耕，有事仍收还宁远。南兵脆弱，西兵善逃，莫若用辽人守辽土。将官，则辽东一总兵，关内一总兵，余皆赘也。李秉诚从奉集、辽广、宁远逃，至今日而贪克异常。徒为达奇勋，外府破冒之廪费宜追。毛文龙宜檄居近岛，侦奴虚实。官减兵减，饷力自饶。至于时下，急需马匹银二十万两，盔甲、器械银十万两，铅子、火药银五万两，操赏、工犒银十万两，宜立时措解。西虏素为属国，不抚即能为患。今有宁远之捷，宜就此驭之。若夫宁远幸存，总兵满桂实司提调，副总兵左辅、参将祖大寿与中军守备何可纲，坚执塞门死守之议。其分部士民，炊饭饷兵，使得一意攻打，则通判金启倧之力。而西虏乘间作贼，得赵率教大创之。满桂、赵率教业已加级，左辅、祖大寿、何可纲、金启倧应各加级，以励将吏。其他与事者，俱冒石矢，当锋镝，升赏总不宜迟。①

这些规划深谋远虑。汰兵减将，可以节省军费，统一指挥权，增强战斗力。添建辅城，增设铳台，屯田固守，再图收复，是非常正确的策略。他提出的“辽人守辽土”，可以解决军队士兵来源，避免逃兵，提升军队战斗力，是当时情况下较为明智的选择。袁崇焕对逃跑、冒领军费官吏加以弹劾，为有功将士请赏，对自己的升职则请辞。这些反映他一心为国，爱憎分明，不图升官发财的高尚情操。

朝廷收到上疏，赞扬了袁崇焕的忠孝和取得的嘉绩，但以边疆大计需要，不准他辞职回乡守制：“袁崇焕移孝就忠，拼身固守，全城挫贼，劳绩可嘉。正当夫图恢复，以收全功，何得遂萌归念，不准辞。”②

朝廷在另外一份诏书中，同样给予袁崇焕高度评价：

---

① 《明熹宗实录》卷六十八，天启六年二月戊戌，《钞本明实录》（第24册），北京：线装书局，2005年，第185页。

② 《明熹宗实录》卷六十八，天启六年二月戊戌，《钞本明实录》（第24册），北京：线装书局，2005年，第185页。

汉臣告其主曰“匈奴未灭，何以家为！”卿听斯言，能无起舞？朕所倚赖，惟尔一人……凡济大事，以人心为本。忆自辽西初溃，惟尔慷慨赴关，素得兵民将吏之心，故能首建奇功，奋扬国威，克洗从前丧师辱国之耻。如此丰功，可持节钺。兹授尔阶中宪大夫、巡抚辽东，官员听尔黜陟，屯种听尔稽核，方略听尔布置。其有敕内间载未备事宜，便宜行事。尔其无抚小胜，务策万全，朕断不吝茅土，用报殊勋。①

此诏书对袁崇焕慷慨赴关的担当精神、深得兵民将吏之心给予好评，表扬了袁崇焕建奇功、扬国威、洗国耻的丰功伟绩。天启帝把辽东一切重任都托付给袁崇焕一人，对其十分倚重。

六、右佥都御史、辽东巡抚任上的评价

天启六年（1626）正月，袁崇焕因宁远大捷被立即提升为右佥都御史，三月，任命其为辽东巡抚（从二品），不久加封兵部右侍郎。

天启六年闰六月，任辽东巡抚的袁崇焕，在满桂的留任问题上，与蓟辽总督王之臣发生争执。廷议讨论督抚去留问题，兵部尚书王永光说：“崇焕慷慨英发，气可吞胡，宜专任之以办贼，调之臣还朝。”② 可见王永光十分看好袁崇焕，认为他才华出众，豪气万丈，建议让他全权负责辽东战事。天启帝没有采纳这个建议，为了缓和双方矛盾，命令王之臣专守关内，关外将士皆由袁崇焕调遣。事后袁崇焕自觉处事欠妥，专门上了《自讼疏》认罪，主动与王之臣搞好关系，并与王之臣商议，安排满桂挂将军印驻守山海关关门，兼管四路兵马。从中可见，袁崇焕勇于承认错误，有过即改。《两朝从信录》对此评论道：“读崇焕《自讼疏》，可谓勇于闻过者矣。”③

袁崇焕虽取得一时之胜，但他非常清楚辽东战局依然严峻，为此他为新的大战做了多方面准备：以吊丧名义派人刺探后金朝廷虚实，假意和谈为筑城赢

① ［清］佚名：《袁自如公粤西家传》，转引自王荣湟：《袁崇焕全传》，长沙：岳麓书社，2020年，第89页。

② 九龙真逸（陈伯陶）：《明季东莞五忠传》，广州：广东人民出版社，2013年，第35页。

③ 九龙真逸（陈伯陶）：《明季东莞五忠传》，广州：广东人民出版社，2013年，第35页。

得时间，抢修关外多处城墙，理顺军队指挥体系，整顿军队等。

天启六年（1626）十一月，袁崇焕上疏《酌度主客军兵疏》，坚持“以辽人守辽土”，撤回客兵。该政策破除旧弊，符合辽东战场实际，得到时任兵部尚书冯嘉会的大力赞扬：

辽土以一隅病天下。最可怪者，调冲边之惫卒、羸马、窳器、敝甲，以出戍数千里之外。兵非贪猾者不应，将非废闲者不就。辽饷日耗，边备日单，识者掩口而切齿久矣。且西兵之流毒于辽，马兵之积仇于步，莫不欲得而甘心焉。今抚臣合道、镇之议，题请发回，卓识深谋，迥出流辈。且选辽兵实辽伍，养辽人守辽地，智者无以易此。自古迄今，兴王兴霸各以其地，致富致强各以其人。何尝晋募齐民楚资秦众哉？请悉报罢。①

冯嘉会认为袁崇焕的提议是“卓识深谋”，远超常人认识。“选辽兵实辽伍，养辽人守辽地”是十分明智之举。

天启帝批准该上疏：“这撤回远戍，专募辽人，既经该部议妥，着依议行。还行该抚作速募补，务使充实营伍，足资战守。”②

该上疏不仅体现了袁崇焕的“卓识深谋”，还体现了袁崇焕敢于担当的精神，他在上疏中说：

调到之兵，宁但不能为辽援，而主客不安，先已为辽之扰，人人知之，人人私言之，而卒无人公言之者，以事关封疆，兵一撤而事生，谁执其咎？镇臣，用兵之人也；职与镇臣，共任辽事而为执咎之人也。使此兵无损于诸边，有益于辽土，职将厚拓其中以济残边，无奈其不足倚仗，而已糜尽各边之物力，自应稍破成议，而放之还，即招辽人以填之。③

① 《明熹宗实录》卷七十九，天启六年十二月丁未，《钞本明实录》（第 24 册），北京：线装书局，2005 年，第 221—222 页。

② 《明熹宗实录》卷七十九，天启六年十二月丁未，《钞本明实录》（第 24 册），北京：线装书局，2005 年，第 221—222 页。

③ 杨宝霖辑校：《袁崇焕集》卷一《酌度主客军兵疏》，上海：上海古籍出版社，2014 年，第 75 页。

羸弱客兵对辽东战事的困扰，人人皆知，但无人敢于公开提出来要撤换他们，这是因为此事关系边防大事，若有闪失，提出者无法承担重任。但袁崇焕以大局为重，置个人安危于不顾，言人之不敢言，破除成议，勇于承担责任，这种精神自然得到正直人士的一致好评，正如冯嘉会所称赞的那样："卓识深谋，迥出流辈""智者无以易此"。

天启七年（1627）五月，皇太极率后金兵进攻宁远、锦州等地，宁锦之战爆发。袁崇焕对后金军队的再次进攻早有准备，他提出"守为正著，战为奇著，和为旁著"的策略，凭借大炮固守坚城，不轻易出战。在立足于守的情况下，又敢于出战，相机袭击。和谈则是配合守、战的计谋而已。经过艰苦战斗，袁崇焕指挥明军取得宁锦大捷，朝廷上下对此欢欣鼓舞。天启帝收到捷报后十分高兴，在谕旨中称赞袁崇焕是扭转十年弱势，力挫敌人狂锋的功臣："十年积弱，今日一旦挫其狂锋。"①

朝廷论功行赏，以魏忠贤为首的阉党大受封赏。袁崇焕仅仅提升一级。对此很多人都提出异议，连阉党成员、平日里"每陈奏，必颂忠贤"② 的兵部署理部事、都察院右副都御史霍维华也看不下去了，他上疏提出将自己所获封荫转给袁崇焕：

抚臣袁崇焕，置身危疆，六载于兹，老母妻子委为孤注，劳苦功高，应照例荫录。前枢臣王之臣出都之日面语微臣，从优拟叙。臣谨照往例酌之，与督臣镇臣一体拟升荫赏，以听圣裁。兹奉明旨，督镇诸臣俱蒙二级之升、延世之荫，独袁崇焕一人，止予衔一级而遗其世荫。微臣冒滥于格之外，崇焕反靳于例之中，其何以示公而服边吏之心？乞皇上即以畀微臣之世荫，量加一级，以还崇焕，在朝廷未尝再多一锦衣之官，而两臣遂各得其固然之分，亦甚便计也。又崇焕以侍郎衔加服俸一级，蒙恩复加衔一级，查九例无从二之官。并乞将滥加微臣一级移加崇焕，俾得以正卿归里。③

---

① ［明］李长春著，"中央研究院"历史语言研究所校：《明实录 附录3　明熹宗七年都察院实录》，天启七年六月初七日，台北："中央研究院"历史语言研究所，1962年，第1579页。

② ［清］张廷玉等：《明史》卷三百零六《霍维华传》，北京：中华书局，1974年，第7863页。

③ 《明熹宗实录》卷八十七，天启七年八月壬寅，《钞本明实录》（第24册），北京：线装书局，2005年，第422页。

作为阉党核心谋主的霍维华，为何突然转向对不附阉党的袁崇焕示好，《明史·霍维华传》揭示了这个问题："维华性憸邪，与崔呈秀为忠贤谋主。所亲为近侍，宫禁事皆预知，因进仙方灵露饮。帝初甚甘之，已渐厌。及得疾，体肿，忠贤颇以咎维华。维华甚惧，而虑有后患，欲先自贰于忠贤，乃力辞宁、锦恩命，让功袁崇焕，乞以己荫授之。忠贤觉其意，降旨颇厉。"① 霍维华看到天启帝病重，预感大事不妙，考虑到新皇帝上台后，魏忠贤可能会有大麻烦，为留后手，他冒着风险，想先与魏忠贤划清界限，所以才有力辞封荫、让功与袁崇焕之"打抱不平"。魏忠贤也看出霍维华的心事，对他的批评很是严厉："恩典出自朝廷，霍维华何得移荫市德？好生不谙事体！"② 训斥他拿朝廷恩典私下讨好人，不成体统。

尽管霍维华的示好另有所图，但他所谈论事实还是客观的。宁锦大捷是袁崇焕在关外六年苦心经营的结果，他为抵抗后金的进攻，可谓是孤注一掷，他把自己的老母、妻子都接到宁远，誓与城池共存亡，这样才稳住了军心。宁锦之战能够获胜，袁崇焕劳苦功高。应该从优叙功的袁崇焕没有得到应有的奖赏，确实会让边关将士寒心。

由于嫉妒袁崇焕功劳，魏忠贤指使阉党言官弹劾他。这些人无视袁崇焕在宁锦大捷中的作用，纷纷指责、谩骂袁崇焕与后金和谈、不救锦州等所谓"失误"。阉党分子、督饷御史刘徽提出：

顷见宁抚袁崇焕请告，奉旨回籍矣。宁抚素以灭奴自许，中外咸思倚重，而向日讲款一节，闻者无不诧异。说者谓借款为名，抚臣另有作用。未几一面讲款，奴且有事于东江。攻东未已，奴更西犯乎锦州，此时正望抚臣之作用，抚臣若无作用之可自效也。忆枢臣王之臣曩尝督师时，极言款未易讲，不可轻虑。贻封疆之忧，先为苦口之药……③

刘徽指出与后金和谈不可接受，这也是大明朝上下一致的看法，认为自

① ［清］张廷玉等：《明史》卷三百零六《霍维华传》，北京：中华书局，1974 年，第 7863 页。

② 《明熹宗实录》卷八十七，天启七年八月壬寅，《钞本明实录》（第 24 册），北京：线装书局，2005 年，第 422 页。

③ ［明］王在晋：《三朝辽事实录》卷十七，天启七年六月，李澍田编：《先清史料》，长春：吉林文史出版社，1990 年，第 425 页。

己是天朝上国，竟然与自己以前的下属，被他们一再称为“奴”“虏”“东夷”的落后部族和谈，这种失落感是当时朝廷无法接受的，“闻者无不诧异”指的就是这点。尽管袁崇焕一再提出与后金的和谈只是权宜之计，是为筑城及做好其它军事防御赢得时间的政治斗争策略，正如他所提出的“守为正著，战为奇著，和为旁著”，和谈是配合“守”“战”的策略而已。袁崇焕在上疏中提出：“关外四城虽延袤二百里，北负山，南阻海，广四十里尔。今屯兵六万，商民数十万，地隘人稠，安所得食？锦州、中左、大凌三城，修筑必不可已。业移商民，广开屯种，倘城不完而敌至，势必撤还，是弃垂成功也。故乘敌有事江东，姑以和之说缓之，敌知则三城已完。战守又在关门四百里外，金汤益固矣。”[①] 袁崇焕议和的真实意图是“姑以和之说缓之”，为修城争取时间而已。

但朝廷上下都无法理解，坚决反对。天聪元年（1627），皇太极对此曾指出：“南朝之君，深鉴宋室之覆辙。文臣以口舌纸笔，支吾了事，不肯担当以玷清议；武官只垂手听人指挥，不敢专决。”[②] 当时投降后金的汉人王文奎也说：“汉人以宋时故辙为鉴，举国之人俱讳言和。”[③] 明朝末期，曾提出与后金和谈的官员，有的被贬，有的被杀，和谈话题是个禁区。可见，在此氛围之下，袁崇焕提出与后金和谈可谓冒天下之大不韪，需要何等勇气。

此外，刘徽还借用他人之口，说袁崇焕名义上是与后金和谈，背地里却另有所图，最后导致后金在和谈期间东攻朝鲜、西击锦州。在后金西犯锦州时，正需要袁崇焕去救，而袁崇焕却不能发挥作用，暗示袁崇焕对朝廷不一定忠心。

当时天启帝已经病重，朝廷旨意都出自魏忠贤。圣旨对刘徽奏折批示：“袁崇焕谈款之时，实以款外作用望之，然未尝不屡致丁宁。今奴东西并犯，未见作用何存。”[④] 魏忠贤与阉党爪牙一唱一和，以和谈没有效果极力贬低袁崇焕的功劳。

---

① ［清］张廷玉等：《明史》卷二百五十九《袁崇焕传》，北京：中华书局，1974 年，第 6711 页。

② 《天聪朝臣工奏议》卷上《江云深议决和成否奏》，沈阳：辽宁大学历史系，1980 年，第 19 页。

③ 《清太宗文皇帝实录》卷十二，天聪六年八月丁卯，李澍田主编：《清实录东北史料全辑》，长春：吉林文史出版社，1988 年，第 296 页。

④ 《明熹宗实录》卷八十六，天启七年七月丙寅，《钞本明实录》（第 24 册），北京：线装书局，2005 年，第 403 页。

阉党分子、河南道御史李应荐也上奏：

抚臣袁崇焕撑持残疆，拮据数载，惟是假吊修款，设策太奇。顷因狡虏东西交讧，议者遂啧啧嗤为愚，并以不急援锦州鄙其为葸。此似不可为。该抚解向后暮气，鼓之实难。准其病归，而优优叙录，其于抚臣，亦庶几无相负哉。①

李应荐也指责袁崇焕假借和谈支撑边疆残局是愚蠢之举，不立即救援锦州是胆怯，提出袁崇焕暮气太重，无法承担重任。

圣旨对此批示："袁崇焕暮气难鼓，物议滋至，已准其引疾求去。"②

工科给事中陈维新也落井下石，在袁崇焕已经去职的情况下还诽谤道：

旧抚袁崇焕，数年拮据，去岁婴城，臣心伟之。每有疏奏，辄高谈慷慨，以保封疆复全辽为己任，臣心壮之。李僧一遣，动出非常，且其言曰：此番奴子必降，若不降便可一鼓而歼。举朝以为算定谋奇，未尝不徐观而厚望之。不意信使驰驱，徒博其两番僭号，一纸嫚书。未几而蹂躏我属国矣。说者谓精骑尽东，其虚可捣，而河上之师，似仅以虚声示弱。既而围犯锦州，人谓缨冠被发，义不逾时，况存锦原以保宁，乃咫尺之间，何以兵逗留而不前？何以饷坚闭蹄不发？犹幸孤城忠愤，锦能自固，且奏肤功。万有他虞，而宁之先声一顿。此等伎俩，谓可歼奴，实臣所未解也。③

陈维新的奏疏可谓充满谩骂，说袁崇焕高谈阔论，言过其实；和谈一事不可理喻，没有效果；不援救朝鲜，不急救锦州，如此拿俸禄不做事，能够打败敌军闻所未闻。

圣旨对此批示："旧抚袁崇焕轻遣李僧，动出非常，茫无实效，已允回籍

---

① ［明］王在晋：《三朝辽事实录》卷十七，天启七年六月，李澍田编：《先清史料》，长春：吉林文史出版社，1990 年，第 424—425 页。

② ［明］王在晋：《三朝辽事实录》卷十七，天启七年六月，李澍田编：《先清史料》，长春：吉林文史出版社，1990 年，第 425 页。

③ 《明熹宗实录》卷八十六，天启七年七月辛未，《钞本明实录》（第 24 册），北京：线装书局，2005 年，第 405 页。

了。”① 该旨对袁崇焕与后金和谈之事给予贬斥。

所有这些对袁崇焕的非难，都是魏忠贤指使，《明史·袁崇焕传》记载：“忠贤因使其党论崇焕不救锦州为暮气，崇焕遂乞休。”②

七、辞职回乡时家乡人的认可

天启七年（1627）七月，袁崇焕被迫称病辞职，回到家乡广东东莞，度过难得清闲的短暂时光。袁崇焕虽是辞职回乡，但由于他在辽东前线的丰功伟绩已传遍明朝境内每个角落，家乡人早已将其视为英雄。此时广东地方士人百姓对袁崇焕的评价很高。

东莞市袁崇焕纪念园袁崇焕故居

李云龙，字烟客，广东番禺人。少补诸生，负奇气，慷慨重节义。天启间和崇祯初，曾两度为袁崇焕军中幕僚。他在袁崇焕去职后，写有《送袁元素中丞乞终制南还》长诗：

① 《明熹宗实录》卷八十六，天启七年七月辛未，《钞本明实录》（第24册），北京：线装书局，2005年，第405页。

② ［清］张廷玉等：《明史》卷二百五十九《袁崇焕传》，北京：中华书局，1974年，第6712页。

当年匹马赴东郎，军府重将荆棘披。
跋涉两河经百战，提携三卫整偏师。
单于仅挟六骡遁，飞将谁将百骑驰。
一剑独当宁远戍，孤军曾解锦州危。
坛前鹊绕中丞印，帐外龙蟠大将旗。
出塞共惊新破虏，守门仍是旧降夷。
长驱绝漠无遗策，直抵黄龙是夙期。
七载勋名与众共，孤臣心事有天知。
墨缞久为临戎借，舟旐恒怀陟屺悲。
未灭匈奴家暇问，愧为人子泪频垂。
五湖自可容长往，三揖何能当一辞。
故国松楸行入望，北门锁钥好谁遗。
胡儿洒酒欢相庆，父老牵衣笑莫随。
名在毁来无定异，功成身退亦其时。
独怜一曲丁都护，夜夜关山笛里吹。①

李文龙作为袁崇焕幕僚，一直追随在其左右，对袁崇焕事迹十分清楚。本诗开头概括了袁崇焕七载戍边，取得宁远、锦州大捷，建立了赫赫功勋。即使是父亲去世，也无法回老家奔丧守制，“匈奴未灭”，何以能顾家？愧为人子的袁崇焕一想到这事就频频落泪。如今终于能够乞终制南还，尽管很快就可以见到父亲的坟墓，家乡父老也会热情欢迎，但袁将军恐怕难以笑脸相随，因为他还牵挂着边疆浴血奋战的将士。

袁崇焕家乡东莞水南村原有三界庙，村民敬奉虔诚，但庙宇狭小，村民打算筹款扩建。此时袁崇焕正好回到家乡，村中长老希望袁崇焕撰写劝捐文章，借助他的名望募资。袁崇焕欣然写下《重建三界庙疏文》。此事也可反映家乡父老对袁崇焕的爱戴。

罗浮山位于广东博罗县，是道教名山，距离水南村三四十里地。袁崇焕辞职回到水南，他也时常去罗浮山旅游，与山中道士们交往密切。冲虚观由于年久失修已经倒塌，道士们想募资重建，袁崇焕的到来，为他们提供了很好的机

① 石瑞良编注：《咏叹袁崇焕诗鉴赏》，广州：广东人民出版社，2018年，第30页。

会，他们决定利用袁崇焕的名气，请袁崇焕作募捐疏文。袁崇焕欣然写下《募修罗浮诸名胜疏》。从中可见袁崇焕由于辽东两次大捷，已经闻名家乡，家乡人对其十分敬重。

八、兵部尚书兼右都御史、督师辽东任上的评价

袁崇焕刚回到东莞没多久，朝廷风云突变，天启七年（1627）八月，天启帝朱由校病死，他的皇弟朱由检即位，次年改年号为崇祯。

崇祯帝登基，力图中兴明朝，解决辽东威胁是其重要工作之一。当时朝臣纷纷举荐取得两次大捷却仍赋闲在家的袁崇焕，盛赞袁崇焕的能力。崇祯初年内阁中东林党人占多数，他们对袁崇焕也非常看好。

天启七年（1627）十二月，被崇祯帝升为兵部尚书的阎鸣泰上疏言：

宁锦之捷，袁崇焕功最大，本兵诸臣均蒙升荫，即以臣不肖亦叨波予，而袁崇焕仅加一级，且并其荫而靳之，臣抱愧实甚。此霍维华所以拊心不平而有移荫之请也。今崇焕既蒙起用，则前功明矣。伏祈圣慈垂念崇焕功高被抑之苦，特沛明纶，补给升荫。①

阎鸣泰所言“宁锦之捷，崇焕功最大”的论断是符合实际的。他认为自己此前的因功获升荫有点与实际功劳不符，感到十分惭愧。他赞同霍维华提出把自己的升荫移让给袁崇焕的做法，希望崇祯帝能够念及袁崇焕功劳大却得不到应有升荫的痛苦，给予袁崇焕升荫。

工部右侍郎张维枢也上疏崇祯帝，说袁崇焕立有大功，请求召回袁崇焕为国效力：

奴酋攻宁远日，朝野汹汹，屋瓦皆震。守臣袁崇焕麾旗鼓帜，间谍童仆杂行伍间，身与将士用命。发炮伤酋首骑无数，老奴始解围，郁触发疽以毙。近

---

① 《崇祯长编》卷四，天启七年十二月己酉，《钞本明实录》（第 25 册），北京：线装书局，2005 年，第 380 页。

日宁、锦却敌，皆崇焕指纵力，而奸珰魏忠贤辈，攘为己功。封荫盈朝端，独不及崇焕。霍维华让荫一疏，稍存公谊。何以劝封疆之臣出死力报国者乎？且诸臣皆谈武者，崇焕视若罔闻，望皇上召还，优遇宠锡师中，尚能恢复封疆。赐券亦属旧典也。①

兵部署部事左侍郎吕纯如说：

夫和戎下策，媚党恶名也，而崇焕之二者皆犯之，即爱崇焕者，岂能为之讳？然臣以为此不必讳也。李喇嘛、方金呐之遣，权珰主之，内镇守奉行之，崇焕因而委蛇其间，以修宁、锦之备，其用意原与他人不同。第奴不降，必成擒之，勿谈何容易？而至今授人口实，此则崇焕之过，而不必讳。生祠之建，刘应坤、纪用主之，诸将士赞成之，崇焕亦因而委蛇其间，以杀中制怒，其处世原与他人不同。第颂虔颇类英雄欺人语，而总之为正论所不宥。此又崇焕之过，而不必讳也……

而臣二、三年持议，必欲朝廷用崇焕者，只认定"不怕死、不爱钱"与"曾经打过"十个字耳！强敌压境，人方疾呼而望援，而崇焕为关门必不可发一援宁之兵，法置之死地而后生，亦但是置将与卒耳，而崇焕置母、妻、子百口于军中。纸上甲兵，禁中（廉）颇（李）牧人，可自命也。而实从矢石锋刃中，住奴而遏奴者，其胆气较练，而伎俩较实。此臣所以始终谓崇焕可用也，今皇上业已用之矣。用其长，正不必护其短，然亦惟今明白恕其短，异时乃能永用其长。不然者，以护惜为含糊，而不公议于朝者，必私议于室，将崇焕之步欲前而神且却矣。②

吕纯如在上疏中指出，袁崇焕虽参与和谈和为魏忠贤建生祠，存在过错，但他是虚情假意，敷衍应酬，与其他真心实意依附阉党者不同。将其错误公之于众，可以避免小人私下嚼舌头。弄清楚了问题，宽恕其短处，才能长久地发挥他的长处。吕纯如用"不怕死""不爱钱""曾经打过"十个字高度概括袁

① ［明］朱长祚撰，仇正伟点校：《玉镜新谭》卷四《封拜》，北京：中华书局，1989 年，第 44 页。

② 佚名：《今史》卷三，崇祯元年四月十三日，郑振铎编：《玄览堂丛书三集》（第三册），南京：南京图书馆装订，1955 年。

崇焕的长处。“不怕死”是赞誉他将生死置之度外；“不爱钱”是赞誉他廉洁奉公；“曾经打过”是赞誉他打败努尔哈赤和皇太极。吕纯如的十字评价中肯深刻、言简意赅、眼光敏锐、见解独到、发人深省。袁崇焕与后金军队真刀真枪打过，有实战经验，并非纸上谈兵，有胆略，有计谋，值得推荐。

抗金民族英雄岳飞曾说：“文臣不爱钱，武臣不惜死，天下太平矣。”① 袁崇焕作为文臣出身的武将，既不怕死又不爱钱，在当时政治腐败、军队懦弱的风气下，就像一股清流，涤荡着歪风邪气。至于袁崇焕为魏忠贤建生祠之失，则是他对当时明朝极不正常国家机器的一种妥协，在魏忠贤只手遮天的情况下，在全国许多督抚大员为谄媚魏忠贤而大建生祠的政治生态下，他为了守辽大业，不得不违心参与，以换取朝廷对自己守辽策略的支持。学者罗炳绵对此指出：“袁崇焕对魏忠贤的关系由对抗变成和洽，也许因为他鉴于不可改变的客观现实环境：孙承宗也不能抗拒内臣出镇，袁崇焕若想在辽东施展自己的抱负，抗击后金恢复辽东失地，不能不与魏忠贤党人合作（或最少不能与他们对抗），因此无可奈何地与魏党敷衍、应酬。”② 袁崇焕的这点心事，魏忠贤也是心知肚明，从未把他当作自己人。《明史·袁崇焕传》对此就指出：“中外方争颂忠贤，崇焕不得已，亦请建祠，终不为所喜。”③ 宁锦大捷后魏忠贤指使阉党攻击诽谤袁崇焕也可说明这个问题。

都察院右副都御史杨惟和也上疏赞扬袁崇焕：“十余年奴氛孔炽，士卒畏敌，不畏将帅。袁崇焕一振起之，而将士始用其命，军民始安其生，天下壮之，真今之方叔也！”④ 方叔是西周时代重臣，他南征荆楚，北伐玁狁，助周宣王中兴周室。杨惟和将袁崇焕比作方叔，是将其看作中兴王朝之重臣。

崇祯帝对这些评价及看法表示赞同，对袁崇焕大力慰劳，并加以重用。

崇祯元年（1628）四月初三，崇祯帝任命袁崇焕为兵部尚书兼都察院右副都御史，督师蓟、辽兼登、莱、天津军务，其中兵部尚书是正二品虚衔，都察院右副都御史是本官，督师是派遣实职。他名义上是管辖蓟（州）、辽（东）、

① ［元］脱脱等：《宋史》卷三百六十五《岳飞传》，北京：中华书局，1977年，第11394页。
② 罗炳绵：《天启朝袁崇焕人际关系的变化》，原载《明末清初华南地区历史人物功业研讨会论文集》，香港：香港中文大学历史系，1993年，又收入罗志欢编选、东莞市政协编：《袁崇焕研究论文选集》，广州：广东人民出版社，2005年，第400页。
③ ［清］张廷玉等：《明史》卷二百五十九《袁崇焕传》，北京：中华书局，1974年，第6712页。
④ ［明］朱长祚撰，仇正伟点校：《玉镜新谭》卷四《封拜》，北京：中华书局，1989年，第44页。

登（州）、莱（州）、天津军务，但蓟州、天津、登州、莱州等地朝廷已派其他巡抚驻防，所以他实际管辖的是山海关外辽东地区的军政事务。

由于辽东军务紧急，圣旨发出后，朝廷就不断派人催促袁崇焕尽快赴任。袁崇焕在返回辽东途中，先到广州府城的光孝寺，参加了一场由粤籍名士举办的饯行筵席。广东书画名家赵焞夫即景绘成《肤公雅奏图》。“肤公”意为“大功”，“肤公雅奏”意为大功告成，预祝袁崇焕能收复辽东，建立不朽功勋。与会人士在画卷后题诗助兴，诗中称赞袁崇焕在辽东立下的丰功伟绩并希望他能继续为抗金建功立业。

袁崇焕同年进士、好友陈子壮题诗：

曾闻缓带高谈日，黄石兵筹在握奇。
回纥传呼惟郭令，召公受策自淮夷。
追锋北向趋三事，露布东征宠六师。
此去中兴麟阁待，燕然新勒更何辞？

借用唐代郭子仪元帅威震回纥、周朝召公降服淮夷的典故，类比袁崇焕的英风伟略，希望他麟阁再画像、燕然新勒石，再立新功。

广东顺德士人欧必元题诗二首：

其一

拥传归来两粤中，四朝三命主恩浓。
书从淝水征安石，碑树淮西表晋公。
采处但歌周室芑，赐来疑是鼎湖弓。
已知一月能三捷，饮御何时到泮宫？

其二

蓟门东去路三千，汉相曾专细柳权。
今领中枢严锁钥，无烦上将拥楼船。
帝旁法曜能参座，关外降夷半实边。
主圣正需良宰执，虞廷新是舞干年。

把袁崇焕与挽救东晋的谢安、谢石兄弟类比，对袁崇焕文韬武略充分肯定。

广东香山士人梁国栋题诗四首：

其一

边庭残虏昔曾降，文武功成宪万邦。
欲侍龙颜趋北阙，云帆楼舰发珠江。

其二

笑倚戎车克壮猷，关前氛祲仗谁收？
忻看化日回春日，再上邢州护锦州。

其三

猎猎旌旗蔽远天，嘈嘈箫鼓闹离筵。
先声已播河西静，又借君王玉马鞭。

其四

司马忠良翊圣朝，名飞麟阁不须邀。
新皇庙算高千古，休比唐文只度辽。

赞赏袁崇焕取得丰功伟绩，有“笑倚戎车克壮猷”的豪迈气魄，称赞袁崇焕的忠贞爱国情操。

其他赞誉袁崇焕的题诗意境大体也是如此，如傅于亮称赞他“秉钺纷纷论制胜，笑谈樽俎似君无”的豪迈性格；黎密称赞他“壮岁功名日转新”“元老壮猷谁得似”，壮年时就立下广为传颂、无人可比的功名；韩晏称赞他“天上文昌兼将相，人间武库压萧曹”“客缘谢傅胸襟起，帝谓汾阳剑气豪”，喻指袁崇焕文韬武略，可比萧何、曹参、谢安、郭子仪。

邝瑞露在题诗中也提醒袁崇焕官场险恶，要注意保护自己：“行矣莫忘黄石语，麒麟回首即江湖。”① 黄石公授予张良兵书，张良以此辅佐刘邦建立汉朝，因功被封为留侯。张良不忘当年黄石公“功成身退”的告诫，急流勇退，不恋权位，得以善终。

崇祯元年（1628）七月，崇祯帝在平台召见复出的袁崇焕，东林内阁四辅臣李标、钱龙锡、刘鸿训、周道登等都奏曰：“崇焕肝胆意气，识见方略，种种可嘉，真奇男子也。”② 刘鸿训还请求赐予袁崇焕尚方宝剑，统一辽东事权，挽救危急，得到崇祯帝的批准。

袁崇焕督师辽东时，为了统一军事指挥权，消除边疆隐患，设计斩杀了割据一方、暗中通敌、专横跋扈的东江总兵毛文龙。对于毛文龙的罪状，袁崇焕在其“十二当斩”时明确宣布：

各官兵海上劳苦，皇上深念，惟汝之镇主毛文龙不良，历年所为，俱干国法。如兵戎重任，祖制非五府官不领兵。即专征于外，必请文臣为监。文龙夜郎自雄，专制一方，九年以来，兵马钱粮不受经、抚管核，专恣孰甚！一当斩。

人臣罪莫大于说诳欺君。文龙自开镇来，一切奏报，有一事一语核实否？捕零夷、杀降夷、杀难民，全无征战，却报首功。刘兴祚忠顺奔来，只二十余人，而曰率数百众，当阵捉降，欺诳疏甚！二当斩。

人臣不宜犯无将之戒。文龙刚愎撒泼，无人臣礼。前后章疏，具在御前。近且有“牧马登州，取南京如反掌”等语。据登莱道申报，岂堪听闻？大臣不道，三当斩。

文龙总兵来，每岁饷银数十万，无分毫给兵，每月止散米三斗五升，侵盗边海钱粮，四当斩。

皮岛自开马市，私通外夷，五当斩。

命姓赐氏，即朝廷不多行。文龙部下官兵，毛其姓者数千人，且以总兵而给副、参、游、守之札，不下千人。其走使、舆台，俱参、游名色，亵朝廷名器，树自己爪牙，犯上无等，六当斩。

---

① 上引饯别诗均见石瑞良编注：《咏叹袁崇焕诗鉴赏》，广州：广东人民出版社，2018 年，第 45—102 页。

② ［清］计六奇：《明季北略》卷四《袁崇焕陛见》，上海：商务印书馆，1936 年，第 67 页。

由宁远回，即劫掠商人洪秀、方奉等，取其银九百两，没其货，夺其舡，仍禁其人，恬不为怪。积岁所为，劫赃无算，躬为盗贼，七当斩。

收部将之女为妾，凡民间妇女有姿色者，俱设法致之。或收不复出，或旋入旋出。身为不法，故官丁效尤，俱以虏掠财货、子女为常。好色诲淫，八当斩。

人命关天。文龙拘锢难民，不令一人渡海，日给之米一碗，令往夷地掘参，遭夷屠杀无算。其畏死不肯往者，听其饿死岛中，皮岛白骨如山。草菅民命，九当斩。

疏请内臣出镇，用其腹爪陈汝明、孟斌、周显谟等辇金长安，拜魏忠贤为父，绘冕旒像于岛中。至今陈汝明等一伙仍盘踞京中，皇上登极之赏俱留费都门，是何缘故？交结近侍，十当斩。

奴酋攻破铁山，杀辽人无算。文龙逃窜皮岛，且掩败为功，十一当斩。

开镇八年，不能复辽东寸土，观望养寇，十二当斩。①

当袁崇焕公布毛文龙十二大罪状时，毛文龙魂飞魄散，像泄了气的皮球，无法辩驳，只能跪地求饶。看来，袁崇焕在收集毛文龙罪状方面也下了不少功夫，件件都有真凭实据。袁崇焕处理完东江事务后，上报朝廷，陈述该事件来龙去脉，在上疏最后，袁崇焕也提出：

文龙大帅，非臣所得擅诛。便宜专杀，臣不觉身蹈之。然苟利封疆，臣死不避，实万不得已也。谨据实奏闻，席藁待诛。惟皇上斧钺之，天下是非之。臣临奏不胜战惧惶悚之至。②

崇祯帝收到毛文龙被杀之报告，有些意外，但内心高兴，因为皇帝和朝臣早就对毛文龙骄横跋扈的不臣行为普遍不满。崇祯帝还要依仗袁崇焕收复辽东，为打消袁崇焕的疑虑，对其好言抚慰：

---

① ［明］袁崇焕：《岛帅正法谨席藁待罪仰听圣裁疏》，见杨宝霖辑校：《袁崇焕集》卷二，上海：上海古籍出版社，2014 年，第 195—196 页。

② ［明］袁崇焕：《岛帅正法谨席藁待罪仰听圣裁疏》，见杨宝霖辑校：《袁崇焕集》卷二，上海：上海古籍出版社，2014 年，第 197 页。

毛文龙悬踞海上，糜饷冒功，朝命频违，节制不受。近复提兵进登，索饷要挟，跋扈叵测，且通夷有迹，犄角无资，掣肘兼碍。卿能周虑猝图，声罪正法，事关封疆安危，阃外原不中制，不必引罪。一切布置事宜，遵照敕谕行，仍听相机行。①

崇祯帝对于袁崇焕的先斩后奏没有太多指责，反而肯定他做得对，并再次公布毛文龙的罪行以安天下。虽然如此，袁崇焕斩帅一事还是触动了至高无上的皇权，皇帝对此事心存芥蒂，袁崇焕的擅杀为以后他被杀埋下伏笔。

对于袁崇焕杀毛文龙一事的评价，不仅在当时，就是今天，人们从不同立场出发，看法也各不相同。在袁崇焕没有下狱之前，崇祯帝及朝臣普遍认为袁崇焕斩帅虽有擅权，但结果是大家希望的，对其表示肯定。

崇祯帝就毛文龙被杀一事再次下旨兵部：

朕以边事付督师袁崇焕，阃外军机，听以便宜从事。乃岛帅毛文龙，悬军海上，开镇有年，以牵制为名，全无功效，剿降献捷，欺诳朝廷，器甲刍粮，蠹耗军国，而且刚愎自用，节制不受，近乃部署多兵，来登索饷，咆嚣跋扈，显著逆形。崇焕目击危机，躬亲正法，责其十二罪状，死当厥辜，决策弭变，自是行军纪律，具疏待罪，已奉明纶。一切善后事宜，委任道将，仍榜示东江各岛。元恶既正典刑，逆节尚未及发，姑从宽议，亲属子弟及冒姓诸人，悉从赦宥，将领量才授任，军士清伍给粮，辽民壮者入伍，老者纵归，朝鲜声援相联，亦与移谕，其区画未尽事务，听督师相机布置。向闻文龙贿交中外，流布蜚语，今事迹既彰，群疑可释，其在京潜伏党与，所司捕缉，尔部即传谕知之。②

该圣旨再次明确毛文龙牵制无功、欺骗朝廷、不受节制、糜饷冒功、刚愎自用、骄横跋扈、叛迹显著等罪行，肯定袁崇焕的便宜从事的做法。可见朝廷对毛文龙罪状的判定，与袁崇焕宣布的毛文龙“十二大罪状”基本一致。

---

① ［明］袁崇焕：《岛帅正法谨席藁待罪仰听圣裁疏》，见杨宝霖辑校：《袁崇焕集》卷二，上海：上海古籍出版社，2014 年，第 197 页。

② 《崇祯长编》卷二十三，崇祯二年六月壬申，《钞本明实录》（第 26 册），北京：线装书局，2005 年，第 18 页。

袁崇焕下狱后，毛文龙亲属、党羽都曾为毛文龙翻案，均遭到崇祯帝严厉斥责。崇祯三年（1630）六月，毛文龙之子毛承禄向朝廷伸冤，声称毛文龙有很多功绩，崇祯帝不接受。同年十月，毛文龙旧部将周文煌请求朝廷抚恤毛文龙，遭到崇祯帝的驳斥："文龙历年糜饷，牵制无功，文煌岂得借端渎奏。本当究处，姑念愚弁从宽。其文龙骸骨，准亲人领埋。"① 可见，从始至终，崇祯帝都认为毛文龙罪有应得。崇祯帝再次指出毛文龙"牵制无功"。事实也的确如此，并非如一些人所鼓吹他可以牵制后金。宁远之战时，后金兵几乎倾巢而出，毛文龙得知后却说东江防守紧，不能出兵，并为不出兵牵制百般辩解。②宁锦之战时，后金兵精锐尽出，毛文龙又说："臣计难分臂而应，义当先时而告"③，还是无法救援。

明末抗清名士夏允彝的《幸存录》对袁崇焕杀毛文龙一事也有评论：

文龙当辽事破坏之后，从岛中收召辽人，牵制金、复、海、盖，时时袭东夷，有所斩获，颇有功。但渐骄恣，所上事多浮夸，索饷又过多，朝论多疑而厌之者。以其身权重兵，又居海岛中，莫能难也。崇焕初斩文龙，上亦甚喜之，褒谕倍至，不嫌其矫诏。④

毛文龙初时有功，但后期骄横放纵，向朝廷的报告多言过其实、任意夸大，消耗大量军饷，朝廷中很多人对此都有意见，但由于毛文龙手握军权，又处在边疆海岛中，朝廷一时半会拿他没有办法。袁崇焕杀毛文龙，崇祯帝也很高兴，对其大加赞赏，当时就原谅他矫诏之事。夏允彝对毛文龙的看法也比较客观，同样为《明史》所吸收：

顾文龙所居东江，形势虽足牵制，其人本无大略，往辄败衄，而岁糜饷无

① 《崇祯长编》卷三十九，崇祯三年十月乙丑，《钞本明实录》（第 26 册），北京：线装书局，2005 年，第 264 页。

② ［清］毛承斗辑：《东江疏揭塘报节抄》卷五《天启六年五月二十四日具奏》，杭州：浙江古籍出版社，1986 年，第 73—76 页。

③ ［清］毛承斗辑：《东江疏揭塘报节抄》卷六《天启七年五月初六日具奏》，杭州：浙江古籍出版社，1986 年，第 96 页。

④ ［明］夏允彝：《幸存录》卷上《国运盛衰之始》，见夏于全、齐豫生主编：《四库禁书精华》第 5 卷（史部），长春：吉林摄影出版社，2001 年，第 3—4 页。

算；且惟务广招商贾，贩易禁物，名济朝鲜，实阑出塞，无事则鬻参贩布为业，有事亦罕得其用。工科给事中潘士闻劾文龙糜饷杀降，尚宝卿董茂忠请撤文龙，治兵关、宁。兵部议不可，而崇焕心弗善也，尝疏请遣部臣理饷。文龙恶文臣监制，抗疏驳之，崇焕不悦。及文龙来谒，接以宾礼，文龙又不让，崇焕谋益决。①

东江地势重要，但毛文龙胸无大志，常吃败仗，耗费了大量军饷。无事则走私贸易，通敌后金，有事也发挥不了作用。如不果断处理，毛文龙一旦叛变投敌，对明朝是重大隐患。袁崇焕采取果断措施，杀毛文龙，统一辽东事权，当时朝廷上下都是认可的。但自从袁崇焕下狱，朝廷给他定的一个罪名是“擅杀逞私”，说袁崇焕是因为个人恩怨越权杀毛文龙。平心而论，“擅杀”是事实，“逞私”则谈不上。明廷自始至终都没有说毛文龙不该杀。后来一些人想借袁崇焕被杀之事为毛文龙平反崇祯帝都断然拒绝，即可说明这一点。

《明史·钱龙锡传》也记载：“时文龙拥兵自擅，有跋扈声，崇焕一旦除之，即当宁不以为罪也。”② “当宁”指皇帝临朝听政，后用以泛指皇帝，可见皇帝起初也不认为袁崇焕杀毛文龙有罪。

崇祯二年七月十五日，直隶巡按方大任对袁崇焕杀毛文龙一事上奏《罪帅伏诛于俄顷，敌人可期于荡平，乞敕乘机斟酌进取，亟复全辽事》：

职之进关以来，忧心如焚，及接崇焕诛文龙一揭，始解颐而怡也。观其杯酒而斩入军跋扈之臣，片言而拊数万眦睢之卒，虽古将何以加旃，始信崇焕果为豪杰矣！是役而后，敌之胆自破；是役而后，崇焕之力得专。职谓以诛文龙之精神移以诛敌，以收东江方略移以摧穴，直呼吸耳，岂俟五年而后竣哉！③

方大任是山海关巡视御史，他了解毛文龙咆哮跋扈情况，在袁崇焕打算去皮岛之前，曾与袁崇焕会谈，他评价袁崇焕“洞究名理，淹贯经史，直有豪杰

① ［清］张廷玉等：《明史》卷二百五十九《袁崇焕传》，北京：中华书局，1974年，第6715—6716页。
② ［清］张廷玉等：《明史》卷二百五十一《钱龙锡传》，北京：中华书局，1974年，第6485页。
③ ［清］吴骞：《东江遗事》，杭州：浙江古籍出版社，1986年，第171—172页。

之概"[1]。他提醒袁崇焕要注意自身安危，防止毛文龙狗急跳墙而做出危险动作，但袁崇焕置个人安危于度外，坚持前往。对前线事务忧心如焚的方大任收到袁崇焕成功诛杀毛文龙的消息后十分高兴，对袁崇焕的雷霆手段大加赞赏，"崇焕果为豪杰矣"。

同年八月六日，南京广东道御史刘养粹也上题本《海外之宿瘤已消，岛中之区画宜定，谨陈一得，以惜民命，以靖边疆事》：

臣阅邸报，见督师袁崇焕愤毛文龙之欺君罔上，恣意横行，大萌逆迹，渐不可制，急请上方剑数其罪而斩之，未尝不壮其气，而嘉其谋矣。[2]

刘养粹将毛文龙称为"宿瘤"，他"欺君罔上，恣意横行，大萌逆迹"，罪行深重。刘养粹对袁崇焕的胆气和谋略都十分佩服。

程本直的《漩声纪》也指出毛文龙之罪行：

曰虚兵也，曰冒饷也，曰假俘假捷，以骗功骗赏也，且曰尾大也，曰鞭长也，曰一跋扈将军也……自武登抚相与争而去，其欲得而甘心于文龙者，非一日也，非一人也；辱白简，挂弹章，可数百计也。是左右诸大夫皆曰可杀，国人皆曰可杀也。其不杀也，非不杀也，不能杀也，不敢杀也。是故崇焕一杀之，而通国快然，皇上欣然，圣谕煌煌然也。[3]

程本直认为时人认为毛文龙可杀，但都不敢杀，只有袁崇焕不惧个人得失，敢作敢为，当机立断，为国除害。

当时诸如此类揭露毛文龙罪状，赞赏支持袁崇焕诛杀行动的奏疏、文章不在少数。[4] 但当袁崇焕下狱后，从皇帝到大臣，很多人都以"斩帅擅杀"为袁崇焕的罪状，详见后文。总体而言，袁崇焕斩帅并非主要出自个人恩怨，更多是有利于朝廷的行为。袁崇焕在杀毛文龙之前，对他进行多次长时间的劝导，

① ［清］吴骞：《东江遗事》，杭州：浙江古籍出版社，1986 年，第 171 页。
② ［清］吴骞：《东江遗事》，杭州：浙江古籍出版社，1986 年，第 172 页。
③ ［明］程本直：《漩声纪》，见杨宝霖辑校：《袁崇焕集》附录卷三，上海：上海古籍出版社，2014 年，第 472 页。
④ 更多详情可见王荣湟：《袁崇焕全传》，长沙：岳麓书社，2020 年，第 283—288 页。

但毛文龙固执己见，坚决不听节制，袁崇焕不得已才出此下策。

朝鲜使臣李忔于崇祯二年（1629）七月九日出使明朝，将出使途中每天发生的情况记在《朝天日记》中。他经过辽东时拜访过袁崇焕，与他有过交往，他写道：

稍晚军门坐堂，将咨文揭帖进往衙门，俟诸将礼毕，进立东阶上请谒。……令韩译传言：卑职离王京已久，而海上阻风，今始拜谒云。则先问国王安否，次及海上劳苦，答以卑职劳苦，职分内事也，何足云云。……又问东夷南倭消息如何，边上皆无事否。……又曰贵国恭顺朝廷已久，而近缘文武多事，道路阻隔，未得容易通情。今又海路遭风，使臣淹败，不胜惊叹。又曰，俺与陪臣似同一家人，须从容留此，等待落后船发去云。……又曰：戎事倥偬中，陪臣支待之事，甚涉慢忽，未安云。答以蒙老爷下顾至矜，馆舍支应之事，不胜感激云。仍将礼物单子，措辞进呈，则初受其单而辞出之后，答以多辞而不受。严不敢更请耳。①

从中可见，袁崇焕很关心朝鲜国内情况，对使臣所受磨难表示佩服及慰问，给予使臣一行周到接待，并坚决不收朝鲜使臣送给他的礼物，展示了袁崇焕彬彬有礼、贤明、廉洁的形象。

九、“己巳之变”后的评价

崇祯二年（1629）十月，皇太极亲自率领十余万八旗军，以蒙古喀喇沁部骑兵为向导，绕道蒙古，避开袁崇焕坚守的山海关及宁锦防线，长途奔袭，突破龙井关、大安口，从防守薄弱的蓟门入关，突袭北京城。双方军队在京城外及遵化、蓟州（今天津蓟州区）、滦州（今河北滦县）、永平（今河北卢龙）、迁安（今属河北）等地发生大战。袁崇焕闻警，从关外千里奔袭救援京城，双

① ［朝鲜］李忔：《雪汀先生朝天日记》，林基中《燕行录全集》（13），东国大学校出版部，2001年，第39页。转引自刘亚芬：《〈雪汀先生朝天日记〉小考》，牛林杰、刘宝全主编：《中韩人文社会科学研究·2012年》，济南：山东大学出版社，2013年，第118页。

方各有胜负，皇太极一时无法取胜，自率主力退回沈阳，明军陆续收复失地。八旗军对北京城造成重大威胁长达七个月之久，史称“己巳之变”。

朝鲜使臣李忔《朝天日记》记载了当时他了解到的情况，袁崇焕收到警报，起初没有认识到形势紧张，以为此次与以前一样，八旗军队会攻打宁远。当他得知八旗军队绕道蒙古，突入长城，直逼京师时，才感觉到事态严重，他立即星夜带兵驰援。《朝天日记》还记：

> 十一月二日，癸未，晴。午阴……袁爷语及，年终甄别诸将，功者赏，罪者法行，然后可议恢复。今诸将中实心做事者，及侵剋作奸者，本部院悉知之。持未有如水营之甚也。
>
> 十一月十六日，丁酉，晴。朝报中有袁爷初九到玉田，见人民等十逃八九，谓知县杨初芳、县丞典吏等曰，知县乃守土之官，土守则生，土失则死。今虏未抵城下，知县等官兢先逃走，以致百姓惊慌，民炉〔庐〕烧毁，那有此理而〔尔〕。既做了明廷大官，就是虏至消不得，以死守之。丰润知县，尽力死守，百姓安堵，方是尽守土职分。如尔等官都该枭首了，但非本部院督属，且会同军门另议。
>
> 袁、祖两爷皆于甲衣上中剑，不至重伤云。①

这些记载反映当时袁崇焕治军有方、赏罚分明，对老百姓很体恤，对贪生怕死官员的痛恨，对尽力死守官员的表扬，督师还因亲自上场杀敌而受伤。

当时上至皇帝，下至普通百姓，都对袁崇焕十分失望。在各种流言蜚语的裹挟下，疑心甚重、失望至极的崇祯帝，没等八旗军队退去就将袁崇焕下狱。崇祯三年（1630）五月，明军收复关内被占城池，八旗军退出关外，战争告一段落。战后赏功罚罪工作随即展开，奸党小人趁机兴风作浪，攻击诋毁袁崇焕，以此打击东林党人。

内阁次辅钱龙锡曾极力举荐袁崇焕为辽东统帅，袁崇焕下狱后，阉党余孽们为了扳倒原来主持审理阉党逆案的内阁次辅钱龙锡，通过构陷袁崇焕为抓

---

① ［朝鲜］李忔：《雪汀先生朝天日记》，林基中《燕行录全集》(13)，第55、67、77页。转引自刘亚芬：《〈雪汀先生朝天日记〉小考》，牛林杰、刘宝全主编：《中韩人文社会科学研究·2012年》，第121、122页。

手，进而攻击钱龙锡。御史高捷、史䇕原是魏忠贤阉党，因为复出之路被钱龙锡阻断，非常怨恨钱龙锡，攻击出力最勤，“御史高捷、史䇕既罢，王永光力引之，颇为龙锡所扼，两人大恨。逆案之定，半为龙锡主持，奸党衔之次骨。”《明史·钱龙锡传》又载：“其冬十二月，大清兵薄都城。帝怒崇焕战不力，执下狱，而捷、䇕已为永光引用。捷遂上章，指通款杀将为龙锡罪，且言祖大寿师溃而东，由龙锡所挑激。”攻击钱龙锡与袁崇焕合谋杀死毛文龙，并且纵容袁崇焕与后金和谈。高捷的这次攻击被崇祯帝制止，“帝以龙锡忠慎，戒无过求。”但阉党余孽们不死心，崇祯三年八月，史䇕又上疏攻击当时已经辞职的钱龙锡：“龙锡主张崇焕斩帅致兵，倡为款议，以信五年成功之说。卖国欺君，其罪莫逭。龙锡出都，以崇焕所畀重贿数万，转寄姻家，巧为营干，致国法不伸。”崇祯帝这次大怒，定了袁崇焕死罪，并将钱龙锡下狱治罪。高捷、史䇕攻击袁崇焕不外是杀帅谋款，阉党余孽们的主要目的是打倒以钱龙锡为首的东林党，“时群小丽名逆案者，聚谋指崇焕为逆首，龙锡等为逆党，更立一逆案相抵。”

受到牵连的内阁次辅钱龙锡，为撇清与袁崇焕的关系，开始贬低袁崇焕，他说：“崇焕陛见时，臣见其貌寝，退谓同官‘此人恐不胜任’。及崇焕以五年复辽自诡，往询方略，崇焕云：‘恢复当自东江始。文龙可用则用之，不可用则去之易易耳。’迨崇焕突诛文龙，疏有‘臣低徊’一语。臣念文龙功罪，朝端共知，因置不理。奈何以崇焕夸诩之词，坐臣朋谋罪？”① 认为袁崇焕容貌丑陋，不可胜任。“五年复辽”是其自夸之词，杀毛文龙是崇焕一人之过。

而崇祯元年（1628），崇祯帝在平台召见袁崇焕时，“时四辅臣钱龙锡等侍立，俱奏曰：‘崇焕肝胆意气，识见方略，种种可嘉，真奇男子也。’”②

钱龙锡前后言行不一致事出有因，平台召对时，是想让皇帝高兴，对袁崇焕委以重任，所以说了好话。而当钱龙锡受到攻击，袁崇焕也因罪入狱，这时自然要急于撇清关系，以免引火上身。

袁崇焕对少卿原抱奇有荐举之恩，袁崇焕下狱后，他昧着良心，与浙党首脑之一、都御史姚宗文一同上疏陷害袁崇焕，说袁崇焕“有异心”，“子弟冒滥

① 以上有关钱龙锡的引用均见［清］张廷玉等：《明史》卷二百五十一《钱龙锡传》，北京：中华书局，1974年，第6485—6486页。

② ［清］计六奇：《明季北略》卷四《袁崇焕陛见》，上海：商务印书馆，1936年，第67页。

黄盖五十余人”，“忌功故杀（毛文龙），致外敌乘机内入”，“沟通为祸，志在不小”，“动造圣旨，白昼杀人”，“减耗军粮、擅挞兵将”。这些都是颠倒黑白的诬陷。下文钱家修的《白冤疏》对这些罪名就一一加以反驳。

兵科给事中钱家修，原名钱嘉征，其为袁崇焕辩白的《白冤疏》说：

兵科给事臣钱家修奏为感激天恩舍身图报，乞斩衅缘奸佞卖国贼臣，以保忠良，以昭圣德事：

臣，浙江秀水人也。崇祯元年因巨奸魏忠贤混浊朝纲、包藏不轨，臣于此时以一介草茅蜷伏圭窦，犹自奋激于中，誓不与仰同日月，遂以贡生陈诛逆党，自知才识迂疏，有干圣听，罪不容诛。蒙圣德广覆如天，宽臣万死，已为望外。今年春复起臣职，则臣已往之身，皆皇上再生之身；臣已往之官，皆皇上钦赐之官也。夫一饭之德，匹夫思报，况臣于皇上者乎？

且臣官居言路，以纠劾为职。目今北塞不靖，当事诸臣，莫不以殷殷征伐贻虑。然臣思强敌外讧，战守可以自由；奸臣内讧，提防难于巩固。故臣谓诛贼臣为今日第一急务。乃内贼最未又如少卿原抱奇、都御史姚宗文其人者。夫原抱奇之狡猾，御史黄宪卿尝劾之；宗文结为腹心，大相援护，即如犹己巳京察，宗文即以逆党夺职，有吏部原卷风字一万九千六百四十号可证。奈何一二年间冒升今职，何人外推？何人廷荐？此皆抱奇平昔钻刺之功。故此挪移作弊也。至于前兵部袁崇焕，义气贯天，忠心捧日，抱奇既不能勤一矢石，犹碌碌立朝，已见尸位，乃复摭拾浮言，思图小怨，构陷干城。是可忍也，孰不可忍也？臣当日谓不斩抱奇，臣不瞑目。今请就其陷崇焕者言之。

方天启年间，诸阳失卫，山海孤寒。当此时谁能生死忘心，身家不顾？独崇焕以八闽小吏，报效而东，履历风霜，备尝险阻，上无父母，下乏妻孥，夜静胡笳，征人泪落。焕独何心，亦堪此哉？毋亦君父之难，有不得不然者耳。今奇等谓焕果有异心，则何不起于当年而在今日也？此焕之冤一。

锦州之捷，初袭锦衣，次荫中书，朝廷报功常典也。崇焕三辞始受。今奇等谓焕子弟冒滥黄盖五十余人，臣不知所滥何官、所冒何职？此焕之冤二。

都督毛文龙镇守朝鲜，耗兵亏饷，兼之私通出塞，阳修阴诱，罪本不赦。今奇等谓其忌功故杀，致外敌乘机内入。然当日毛文龙反迹，副都御史朱童蒙已力言之。假令不杀文龙，以伺消息相通，奸生日久，天下事尚忍言哉？此焕之冤三。

江西道御史曹永祚捉获奸细刘文瑞等七人，面语口称焕附书与伊通敌。原抱奇、姚宗文即宣于朝，谓："焕沟通为祸，志在不小。"次日，皇上命诸大臣会鞫明白。臣待罪本科，得随班末，不谓就日辰刻，文瑞等七人走矣。嗟嗟！锦衣何地，奸细何人，竟袖手而七人竟走耶？抑七人具有翼而能上飞耶？总欲杀一崇焕，故不惜互为陷阱。即此一事，已见宗文力可偷天者也。此焕之冤四。

身居大将，未尝为子弟求乞一官。臣查袁崇焕自握兵以来，第宅萧然，衣食如故，犹更加意寒生，恩施井邑，恤贫扶弱，所在有声。今奇等谓动造圣旨，白昼杀人，非独所在骇闻，长安士庶无不愿以百口相保者也。此焕之冤五。

臣思曹谷为御史时，尝对臣言，焕得大将风，士卒同甘苦。皇上前日逮焕下狱时，祖大寿统兵二十余万奋激欲叛，何之壁率家四十余口诣阙代监。今奇等谓减耗军粮、擅挞兵将，臣不知何以得此人心也。此焕之冤六。

大抵宗文与抱奇表里为奸，糊涂作弊。抱奇不识一丁不足惜矣，独是宗文少养于乡，长举于学，壮饩于官，何啻费中人数千金之产？一旦骤登显秩，即此成风，结交奸士，谋陷忠良。鸡鸣平旦之良心，宗文泯灭殆尽矣。臣与宗文谊同桑梓，情切邻居，臣虽木石为心，岂独不知爱惜体面？但一片愚忠，不敢自蔽。即令臣父如此，臣必诤之；臣子如此，臣必斩之，况宗文乎？宗文学尚刑名，见臣此疏，祸臣必深；抱奇挖运营官，见臣此疏，恨臣必切。臣死万万无可容矣！虽折槛碎衣，固臣素志，伏乞皇上大奋乾纲，超释袁崇焕，照资拔用；将臣寸斩谢宗文；将宗文寸斩以谢天下，则臣幸甚，社稷幸甚！①

钱家修在驳斥原抱奇、姚宗文构陷袁崇焕罪名时也对袁崇焕给予"义气贯天，忠心捧日"的极高评价：一是不怕艰难险阻，忠心报国；二是不贪朝廷赏赐功名，不荫子弟；三是毛文龙私通敌方，罪不言赦，杀之是为国除害；四是身居要职，不为子弟谋官，不建豪宅，生活简朴，乐善好施，恤贫扶弱，名声很好，许多人都愿意以举家上百口人为其作保；五是有大将风度，不贪财，与士兵同甘共苦，深得人心。

崇祯帝看完钱家修的奏折，也觉得很有道理："览卿奏，具见忠爱。袁崇

① ［明］钱家修：《白冤疏》，阎崇年、俞三乐编：《袁崇焕资料集录》（下册），南宁：广西民族出版社，1984 年，第 113—115 页。

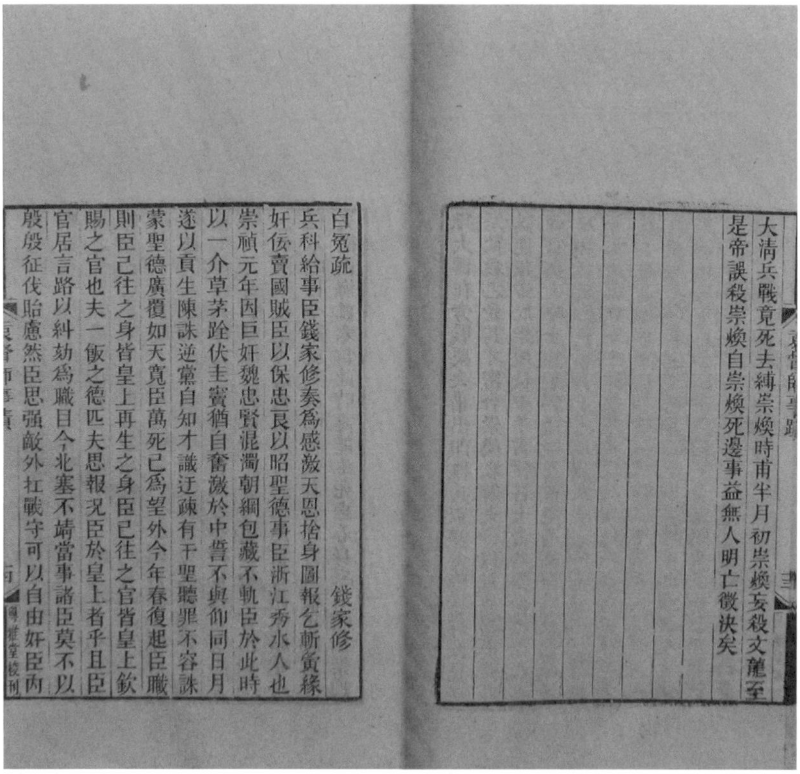
大清兵戰竟死去縛崇煥時甫半月初崇煥妄殺文龍至
是帝誤殺崇煥自崇煥死邊事益無人明亡徵決矣

白冤疏　錢家修
兵科給事臣錢家修奏爲感激天恩捨身圖報乞斬貪緣
奸佞賣國賊臣以保忠良以昭聖德事臣浙江秀水人也
崇禎元年因巨奸魏忠賢混濁朝綱包藏不軌臣於此時
以一介草茅跧伏圭竇猶自奮激於中誓不與仰同日月
遂以貢生陳誅逆黨自知才識迂疏有干聖聽罪不容誅
蒙聖德廣覆如天寬臣萬死已爲望外今年春復起臣職
則臣已往之身皆皇上再生之身臣已往之官皆皇上欽
賜之官也夫一飯之德匹夫思報况臣於皇上者乎且臣
官居言路以糾劾爲職目今北塞不靖當事諸臣莫不以
殷殷征伐貽慮然臣思強敵外扛戰守可以自由奸臣內

钱家修《白冤疏》书影

焕鞫问明白，即着前去边塞立功，另议擢用。”① 可见，此时崇祯帝还没有打算杀袁崇焕，问清楚情况了，还要让他去边塞立功，还要升他的官。只是后来越来越多诽谤袁崇焕的奏疏，使得多疑的崇祯帝逐渐改变对袁崇焕的看法，最终恨之入骨，选择残酷地凌迟处死他。

自称袁崇焕门生的程本直，其《矶声纪》也为袁崇焕的不白之冤申诉：

为督师蒙不白之冤，微臣甘同诛之罪。伏祈皇上骈斩臣头，以励忠臣，以成义士事。

窃惟“忠无不信，诚不见疑”。过听斯言，实为祸本，宁独昔邹阳寒心于梁狱哉！即如今日皇上，特鉴袁崇焕锦、宁战守两次殊功，起之田间，付以辽事，皇上任崇焕者千古无两；崇焕仰感信任之恩，特达之遇，矢心誓日，有死无生，以期报皇上者，亦千古无两。当兹兵氛孔棘，危急万分，群疑沸起，曾

① ［明］钱家修：《白冤疏》，阎崇年、俞三乐编：《袁崇焕资料集录》（下册），南宁：广西民族出版社，1984 年，第 115 页。

母投杼，此臣蒿目痛心，不得不仰皇上痛哭而流涕也。

夫以千里赴援，餐霜宿露，万兵百将，苦死无言，而且忍馁茹疲，背城血战，则崇焕之心迹，与诸将之用命，亦概可知矣。皇上一旦执崇焕而付之理，将将之微权，固有神武不测；而讹言流布，种种猜疑，其巷议街谈，不堪入耳者，臣不必为崇焕辩。惟是，有谓其坐守辽东，任敌越蓟者；有谓其往札蓟州，纵敌入京者；有谓其散遣援兵，不令堵截者，有谓其逗留城下，不肯尽力者。此皆未以崇焕之入卫，与诸将之血战一详，而按之耳！

臣从崇焕辗转行间，情形悉备，请得冒万死为皇上陈之，以待斧钺之诛可也。盖崇焕自任复辽，殚精拮据，甫及期年，锦宁一带，壁垒改观。正拟器械马匹，稍有头绪，决计渡河。惟虑蓟门单弱，请宿重兵，已特疏言之，再疏催之。蒙皇上发部著议，疏固犹在御前也。乃敌今日果自遵化突入，不出崇焕所料。脱令蓟镇豫为戒严，堡堡锦州，城城宁远，敌安得深入若尔？而大城小堡望风投降，遵抚不能一日守城，遂至于斯，则何得谓崇焕之坐守辽东，任其入蓟也？

至若崇焕自十月二十八日，一闻蓟警，即檄调诸辽将兵赴急西援。躬统马步二万有奇，逐路置防，逐城设守。戴星犯雪，于十一月初十日驰至蓟州，计图背捍神京，面拒敌众。十二日即发前拨，堵截于马升桥。十三日敌乃尽撤遵营，横札于蓟之东南角。林木茂密，山谷崎岖，两兵对垒，相持半日。不意宵遁而西，则安得谓崇焕驻扎蓟州，纵其入京乎？

若夫诸路援兵，岂不知多多益善？然兵不练习，器不坚利，望敌即逃，徒寒军心。故分之则可以壮声援，合之未必可以作敌忾也。况乎回尤世威于昌平，陵寝巩固；退侯世禄于三河，蓟有后应。京营素不习练，易为摇撼，以满桂边兵，据护京城，万万可保无虞。此崇焕千回万转之苦心也。以之罪崇焕，曰散遣援兵，不令堵截，冤哉！

至谓其逗留城下，不肯尽力者，尤为可痛痛！自敌人逸蓟入京，崇焕心焚胆裂，愤不顾死，士不传餐，马不再秣，间道飞抵郊外，方幸敌未近城，得以身翼神京。士马疲敝，请休息城中，未蒙谕允。出营广渠门外，两相鏖战。崇焕躬擐甲胄以督后劲。自辰至申，转战十余里，冲突十余合，竟至运河，血战殊劳，辽事以来，所未多有。此前月二十日也。至二十六日，又舍广渠门而攻左安门，亦时有杀伤，惟是由蓟趋京，两昼夜疾行三百里，随行营仅得马兵九千，步兵不能兼进。以故专俟步兵调到，随地安营，然后尽力死战。初二、初三计程可至，不期初一日再蒙皇上召对，崇焕奉有拿禁之旨矣！时未旬日，经战两阵，逗留乎非逗留乎？可不问而明矣！

总之崇焕恃恩太过，任事太烦，而抱心太热，平日任劳任怨，既所不辞，今日来谤来疑，宜其自取。独念崇焕就执，将士惊惶，彻夜号啼，莫知所处。而城头炮石，乱打多兵，骂詈之言，骇人闻听。遂以万余精锐，一溃而散。夫此关宁数万之众，实皇上竭天下之物力，养之千日，用之一朝者也。今日因群疑而执崇焕，执崇焕而轻弃数万习战敢死、屡用屡效之精锐，遂使敌骑纵横，今日陷良乡，明日陷固安。虽援兵云集，谁复抗之？此非群疑之误中，实敌间之密成；亦非崇焕之蒙冤，实天之不悔祸也。

臣故不避斧钺，洒血泣陈，万恳皇上天恩一垂，群疑自解。俾崇焕出而收诸辽兵将，如侯世禄、张鸿功之例，戴罪立功。诸辽将之于崇焕，恩信相结，骨肉弗逾，当必抱崇焕之冤，发崇焕之愤，感荷圣恩，踊跃同袍，事平然后执三尺法，以定其功罪。崇焕虽死，目瞑心甘。不然终疑莫释，天威难霁。则崇焕一出辽东，此身首不拟付之沙场，即拟付之法市，争早晚不争死生，崇焕筹之稔矣。

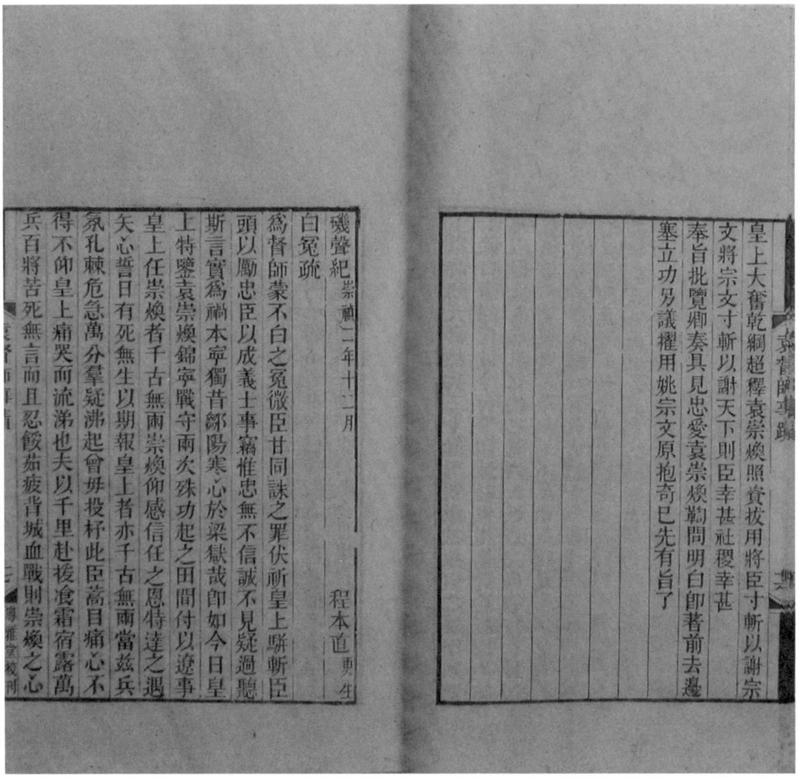
皇上大奮乾綱超釋袁崇煥照資拔用將臣寸斬以謝宗
文將宗文寸斬以謝天下則臣幸甚社稷幸甚
奉旨批覽卿奏具見忠愛袁崇煥鞫問明白即著前去邊
塞立功另議擢用姚宗文原抱奇已先有旨了

磯聲紀　崇禎二年十二月　程本直 更生
白冤疏
爲督師蒙不白之冤微臣甘同誅之罪伏祈皇上驟斬臣
頭以勵忠臣以成義士事竊惟忠無不信誠不見疑過聽
斯言實爲禍本寧獨昔鄒陽寒心於梁獄哉即如今日皇
上特鑒袁崇煥錦寧戰守兩次殊功起之田間付以遼事
皇上任崇煥者千古無兩崇煥仰感信任之恩特達之遇
矢心誓日有死無生以期報皇上者亦千古無兩當茲兵
氛孔棘危急萬分羣疑沸起曾毋投杼此臣蒿目痛心不
得不仰皇上痛哭而流涕也夫以千里赴援飡霜宿露萬
兵百將苦死無言而且忍饑茹疲背城血戰則崇煥之心

程本直《矶声纪》书影

惟是臣于崇焕，门生也，生平意气，豪杰相许。崇焕冤死，义不独生。伏乞皇上骈收臣于狱，俾与崇焕骈斩于市。崇焕为封疆社稷臣，不失忠；臣为义气纲常士，不失义。臣与崇焕虽蒙冤地下，含笑有余荣矣！况夫流言四布，人各自危，凡在崇焕之门者，窜匿殆尽。臣独束身就戮，哀吁昊天，实为事至今日，非辽兵莫能遏其势，非崇焕无能用辽兵。万万从国家生灵起见，非从崇焕起见也。臣无任惶栗，待命之至。①

程本直的《漩声纪》作于袁崇焕被杀后，他通过一问一答，辨析当时流传的各种对袁崇焕的非难：敌人从非袁崇焕防区的蓟门突入并非袁崇焕的罪责，袁崇焕在半年前就多次上疏崇祯帝提醒蓟门单弱要加强防守；袁崇焕与敌和谈只是愚敌的计谋；对杀毛文龙使得无人牵制敌军的说法进行批驳，指出当时后金军队攻击宁锦时不见毛文龙牵制，这时反而能够牵制的悖论，毛文龙被杀是其自身罪责造成，崇祯帝也一再斥责为毛文龙脱罪的行为；袁崇焕遣散援兵是遣散那些不能作战、善于逃跑的军队，为免逃兵扰乱军心而专用能征善战的辽兵，这是袁崇焕深思熟虑的谋略，不是其罪过；袁崇焕在“己巳之变”中的罪过是失机，没能将敌军阻击在蓟镇，而让其威胁京城，但他此前有大功，未尝不可以抵过，袁崇焕死于反叛的罪名是冤案。袁崇焕在京城外并非怯战求和，而是在寻找战机，如果惑于人言，迫于君命，轻易出战，即使侥幸获胜，也比失败更可怕。

程本直指出，自己与袁崇焕素未谋面，自己三次求见袁崇焕都没有见到，袁崇焕根本不认识自己，但他愿意为袁崇焕而死，是为公理而非为私情：

举世皆巧人，而袁公一大痴汉也。惟其痴，故举世最爱者钱，袁公不知爱也；惟其痴，故举世最惜者死，袁公不知惜也。于是乎举世所不敢任之劳怨，袁公直任之而弗辞也；于是乎举世所不得不避之嫌疑，袁公直不避之而独行也；而且举世所不能耐之饥寒，袁公直耐之以为士卒先也；而且举世所不肯破之体貌，袁公力破之以与诸将吏推心而置腹也。犹忆其自言曰：“予何人哉？十年以来，父母不得以为子，妻孥不得以为夫，手足不得以为兄弟，交游不得

① ［明］程本直：《矾声纪》，阎崇年、俞三乐编：《袁崇焕资料集录》（下册），南宁：广西民族出版社，1984 年，第 115—118 页。

以为朋友。予何人哉？直谓之曰：大明国里一亡命之徒也，可也。”噫！聆斯言也，而不为之恫乎其心者，其人未必其有心也。即今圣明在上，宵旰抚髀，无非思得一真心实意之人，任此社稷封疆之事。予则谓：掀翻两直隶，踏遍一十三省，求其浑身担荷，彻里承当如袁公者，正恐不可再得也。此所以惟袁公值得程本直一死也。①

布衣程本直以血与泪的文字，以付出生命的代价，朴素地评价并颂扬了袁督师在明末官场污浊、物欲饕餮的邪气中，表现出的浩然正气与爱国精神。袁崇焕为了保卫大明江山，不顾身家性命，不爱财，不顾父母妻子，献出了自己的一切，赤胆忠心与日月同辉。

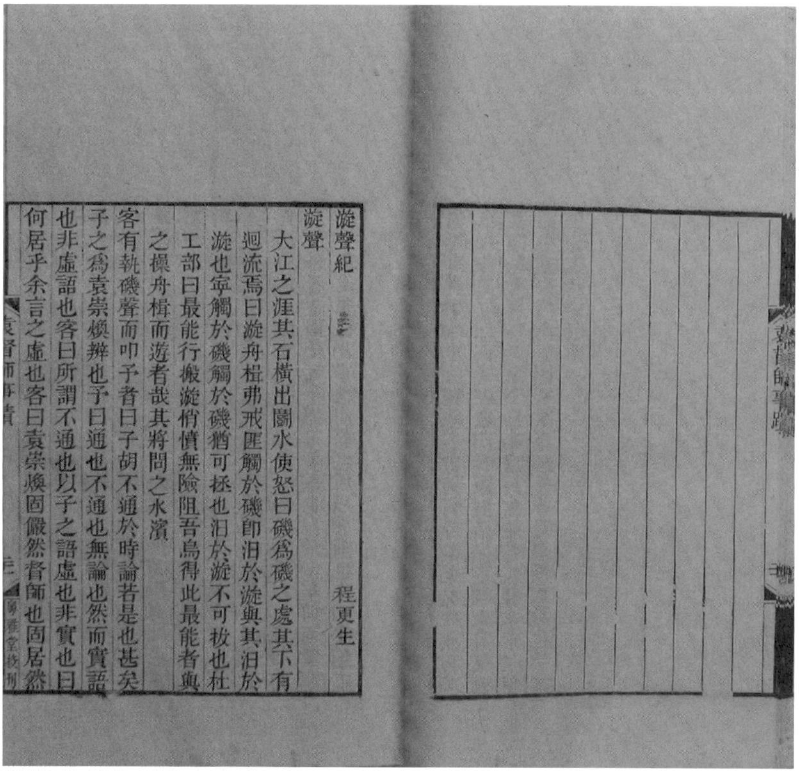
漩聲紀　程更生
漩聲
大江之涯其石橫出鬭水使怒曰磯爲磯之處其下有
洄流焉曰漩舟楫弗戒匪觸於磯卽汨於漩與其汨於
漩也寧觸於磯觸於磯猶可拯也汨於漩不可拔也杜
工部曰最能行撇漩梢憤無險阻吾烏得此最能者與
之操舟楫而遊者哉其將問之水濱
客有執磯聲而叩予者曰子胡不通於時論若是也甚矣
子之爲袁崇煥辨也予曰通也不通也無論也然而實語
也非虛語也客曰所謂不通也以子之語虛也非實也曰
何居乎余言之虛也客曰袁崇煥固儼然督師也固居然
袁督師事蹟

程本直《漩声纪》书影

孙承宗曾任明朝太子少师、兵部尚书、辽东督师，是袁崇焕的顶头上司，他对袁崇焕非常赏识，也非常了解袁崇焕。他听到袁崇焕被捕下狱，十分震

① ［明］程本直：《漩声纪》，见杨宝霖辑校：《袁崇焕集》附录卷三，上海：上海古籍出版社，2014 年，第 476 页。

惊，写下了《闻袁自如被逮》诗，表达了对袁崇焕的痛惜和对冤案的愤恨之情：

其一

甘泉烽火彻重纬，信手提戈护九扉。
一缕痴肠看赐剑，几行血泪洒征衣。
风惊鹤表丁威去，雪满鹅池中令归。
闻说长杨枝上鹊，羞同胡马向尘飞。

其二

练尔多方练未成，空闻曾铣尔前生。
恢疆五载承天语，却虏三师傍帝城。
魏绛偏和原有恨，汾阳单骑更无兵。
东江千古英雄手，泪洒黄龙半不平。①

“甘泉烽火彻重纬，信手提戈护九扉”，“甘泉烽火”是用典故，讲的是汉文帝时匈奴入侵中原，此处指后金军队进逼北京城，袁崇焕闻警后千里驰援。

“一缕痴肠看赐剑，几行血泪洒征衣”写的是袁崇焕忠心耿耿，流血流泪地为大明征战，功勋卓著。

“风惊鹤表丁威去，雪满鹅池中令归”引用的是两个典故，“丁威”即丁令威，或省作“丁令”“令威”，是古代传说中得道的仙人，他离家千年后化鹤归故里，发现城郭如故人事非，甚至被人引弓而射，被迫惆怅而去。后一句是指李愬雪夜奇袭蔡州之事，在蔡州城外，他令士兵惊扰鸭鹅群，使其发出叫声来掩盖行军声响，一举攻破叛军老巢，李愬立有大功。长庆元年（821），幽州、镇州又发生了叛乱，他在筹划平叛之际却因病不能继续有所作为，只能回京养病，功败垂成。此句意指己巳之变后袁崇焕虽然再次回到崇祯帝旁边，但物是人非，皇帝已经不再信任他了。

“闻说长杨枝上雀，羞同胡马向尘飞”是指诗人听说长阳宫树枝上的鸟雀，

① 李红权辑录点校：《孙承宗集》卷五《闻袁自如被逮二首》，北京：学苑出版社，2014年，第127页。

也不愿意随着胡马扬起的灰尘飞翔，意在驳斥当时朝野上下盛传的袁崇焕“通敌谋叛”的流言蜚语。

“练尔多方练未成，空闻曾铣尔前生”，曾铣是明代抗蒙名将，嘉靖时任三边总督，曾大败蒙古俺答汗，后来打算收复河套地区，但受严嵩诬陷含冤被杀，壮志未酬。孙承宗本想多历练历练袁崇焕，让他承担更重大的事务，但他仍然不成熟。可见孙承宗以严师自居，诗中包含师长对学生冲动、激进、不够深思熟虑的责备和失望，也有对自己教导无果的怨恨。孙承宗用曾铣这样一代名将成为残酷政治斗争的无辜牺牲品，来表达袁崇焕入狱之冤，落得与曾铣同样的命运，忠心报国不得善终，实在可叹。

“恢疆五载承天语，却虏三师傍帝城”，指袁崇焕向天子许下五年复辽的诺言，打败了围困京城的敌军。尽管如此，作为蓟辽督师是难辞其咎的。

“魏绛偏和原有恨，汾阳单骑更无兵”，这里引用了两个典故，“魏绛和戎”指春秋时期魏绛用议和的策略，与晋国周边各少数民族和睦相处，晋国得以稳定，国势日兴。“汾阳单骑”是指唐代郭子仪单骑退回纥一事，唐军与回纥握手言和，联合起来大败前来进犯的吐蕃军队。孙承宗借用这两个典故说明，在特殊情况下进行和谈也是可以接受的策略，是对当时京城内外纷纷指责袁崇焕“谋款通敌”罪状的辩驳。

“东江千古英雄手，泪洒黄龙半不平”，前一句是指袁崇焕采取果断措施，杀死割据一方、不受节制、通敌谋叛、专横跋扈的东江总兵毛文龙。在朝廷上下对毛文龙投鼠忌器、一筹莫展之际，袁崇焕深入虎穴，以雷霆手段轻而易举地诛杀毛文龙，被朝臣上下盛赞为英雄豪杰，千古难得。后一句写袁崇焕像岳飞一样不能直捣黄龙，恢复辽东，壮志未酬身陷囹圄，孙承宗对此半是惋惜半不平。

有人以为此诗是孙承宗讽刺袁崇焕的，值得商榷。从诗名“闻袁自如被逮”看，孙承宗用袁崇焕的号“自如”称呼他，而非直呼其名。用号作称谓，是对他人的一种尊称。孙承宗诗集另有一首《宁远闻袁自如宪副至自中右》有“知君定发黄公略，自昔王师贵万全”，该诗是对袁崇焕升任按察副使的祝贺，也是对其勉励，该诗也是称呼袁崇焕的号“自如”。袁崇焕的朋友鹿善继与他常有诗文往来，其《向袁自如索笔而得赠剑赋答》诗也是尊称袁崇焕的号。东莞人陈炅是崇祯十二年（1639）武举，他写的悼念袁崇焕的诗《挽袁自如大司马》也是尊称其号。明人沈长卿《沈氏日旦》对于当时同情袁崇焕的人提出的批评："乃有昏庸缙绅为之抱不平者，一则曰袁自如，字而不名；一则曰袁督师，爵而不名。其故何也?"① 可见在袁崇焕落难及死后仍称"自如"者，都是为袁崇焕抱不平的。《闻袁自如被逮》诗总的基调缺乏讽刺意味。

就孙承宗、袁崇焕两人的交往而言，他们的关系总体融洽，孙承宗对袁崇焕有知遇之恩，打算好好培养他；袁崇焕所执行的抗金政策，是在孙承宗所拟基础上的继承和发展，是孙承宗未竟事业的执行者。当然，袁崇焕在辽东一些军事策略上不同意孙承宗的做法，对孙承宗爱将马世龙柳河之役的败绩也有自己的看法，但袁崇焕都是光明磊落地表明自己的态度，袁、孙两人都具有君子风度。

袁崇焕下狱后，有很多辽东将士、官员、百姓去孙承宗处哭诉，请求他施救，"关外将吏士民，日诣督辅孙承宗号哭代雪"，但是"孙知内旨已定，不敢上请"。② 袁崇焕的冤屈，孙承宗是一清二楚的，作为一个正直的政治家，他不太可能在此时对袁崇焕落井下石，作诗去讽刺袁崇焕。如果是这样，当时的辽东将士都会指责孙承宗，而不会去求他救袁崇焕。孙承宗不施救，是因为他已经知道皇帝要杀袁崇焕，事情已经无法挽回，他再上疏也无益。"诸廷臣持焕者十之三，而心悯其冤者十之七。时以所坐甚大，且惮于体仁与栋，未敢救"，"在廷多心知其冤，然见龙锡等相继罪谴，无敢言者"，③ 其他大臣虽然知道袁崇焕蒙冤，但害怕受到打击报复，绝大多数不敢为其申冤。

金庸在谈及袁崇焕与孙承宗关系时也指出：

孙承宗是袁崇焕的上司，对他很是赏识，两人书信往来，孙承宗待他犹似平等的朋友，孙承宗的诗文集《高阳集》中有不少与袁来往的书信……崇焕于崇祯二年被捕，孙承宗有诗感叹，有云："一缕痴肠看赐剑，几行血泪洒征

---

① ［明］沈长卿：《沈氏日旦》卷十二，《四库禁毁书丛刊》（子部 12），北京：北京出版社，1997 年，第 398 页。

② ［明］余大成：《剖肝录》，杨宝霖辑校：《袁崇焕集》附录卷三，上海：上海古籍出版社，2014 年，第 482 页。

③ ［明］余大成：《剖肝录》，杨宝霖辑校：《袁崇焕集》附录卷三，上海：上海古籍出版社，2014 年，第 479、481 页。

衣。”又云：“东江千古英雄才，泪洒黄卷半不平。”两人是英雄重英雄。①

金庸引用了这首诗中的两句，最后一句略有修改，将“英雄手”改为“英雄才”，将“泪洒黄龙”改为“泪洒黄卷”，但意思不变。作为文学大家的金庸，不太可能曲解该诗诗意。

作为袁崇焕部下的辽东将士，对袁督师非常敬重和爱戴，听到袁崇焕被下狱，非常失望，军心动摇，同时也积极展开营救。朝鲜使臣李忔对袁崇焕入狱事件比较关注，从外国人的视角对此记载：

十二月八日，午，晴。昨闻袁爷被监之报……因责袁爷四罪而囚之。军情失望，向阙痛哭……传闻虽未可信，大概袁之被谗在监，则无疑也。若然，则天下事去矣。

十二月十日，庚申，晴……祖总爷志切，灭虏救生，激励将士，同心杀贼，上疏候旨云。汝众人能同心杀贼，以救袁爷，不然尔们都回去做不义不忠之人，我无钱粮吃，尔众人思想。此真激励将士之实话也。②

辽东将士“失望，向阙痛哭”，他们坚信袁督师是被冤枉的。祖大寿则激励将士做忠义之人，努力杀敌，以救督师。

前引余大成《剖肝录》也记载袁崇焕下狱后，有很多辽东将士、官员、百姓去孙承宗处哭诉，请求他施救，“关外将吏士民，日诣督辅孙承宗号哭代雪”③。

人们期望越大，失望也越大。所谓“五年复辽”成为泡影，后金军队甚至杀到京城，引起极大恐慌。京城上上下下都将怒火发泄到袁崇焕身上。

崇祯帝下定决心杀袁崇焕，与温体仁的诬陷有关。温体仁（1574—1638）

① 金庸：《袁崇焕评传》第四节注文，转载自罗志欢编选、东莞市政协编：《袁崇焕研究论文选集》，广州：广东人民出版社，2005 年，第 832 页。

② ［朝鲜］李忔：《雪汀先生朝天日记》，林基中《燕行录全集》（13），第 82、83 页。转引自刘亚芬：《〈雪汀先生朝天日记〉小考》，牛林杰、刘宝全主编：《中韩人文社会科学研究 · 2012 年》，第 117、121 页。

③ ［明］余大成：《剖肝录》，杨宝霖辑校：《袁崇焕集》附录卷三，上海：上海古籍出版社，2014 年，第 482 页。

是崇祯年间的内阁首辅之一，崇祯朝前后换了50个阁臣，温体仁在位共八年，居位最久，他以“孤忠”“廉谨”的形象取得崇祯帝的赏识与信任。在当时危如累卵的严峻形势下，他一味排斥异己、迎合皇帝，没有提出重要对策，没有任何建树，是明亡的罪人，清修《明史》将他列入“奸臣传”。温体仁为谋求入阁为相，以诬陷袁崇焕为抓手，要挤走当时的阁臣韩爌、钱龙锡，最终在崇祯三年（1630）六月如愿跻身内阁。温体仁的这些罪行，在他写给他弟弟的家书中表露无遗：

十一月间，连寄三信，至沛苍归，而敌骑已薄都城矣，赖满将军一战，人心始定，城守渐有次第，然引敌长驱欲要上以城下之盟者袁崇焕也。阁中素与袁通，倚为长城，不意误国至此，可恨可恨。赖腊月之朔，圣明立擒袁崇焕下诏狱，次早敌遂拔营而南云云。今真敌无几，皆流贼败兵假敌以肆劫掠，日惟淫酗为事，若得猛将率劲兵数千夜斫其营，可以立尽。恨诸将俱退缩观望，玩敌养乱。目下虽无可虞，倘来春敌知中国虚实，更图大举，则事不可知耳。崇焕之擒，吾密疏实启其端，此亦报国之一念也。

□□（虏兵）入犯，皆由袁崇焕以五年灭□（虏）欺皇上，而阴与华亭奸辅（笔者注：指内阁次辅钱龙锡）、临邑罪枢（笔者注：指兵部尚书王洽）密谋款敌，遂引之长驱，以胁城下之盟。及敌逼潞河，华亭犹大言恃逆督为长城，奸党交口和之，吾不得不密疏特纠，以破群欺。及逆督既擒，奸辅胆落，复挑祖大寿引兵东行，以为怙逆地，吾不得不再疏以坚圣断。两疏俱留中，故不抄传，然次疏特发阁票，中有奸臣密谏等语，蒲州（笔者注：指内阁首辅韩爌）、华亭见之，恨吾入骨，乘特简宜兴之日，即具揭力荐桐城（笔者注：指何如宠）、会稽（笔者注：指钱象坤），以阻吾晋用之路。不知此时七尺躯尚无安定处，何问功名哉?①

温体仁诬陷袁崇焕“密谋款敌，遂引之长驱，以胁城下之盟”。皇帝采纳了温体仁密疏的意见，下旨刑部、大理寺、都察院三法司：“崇焕擅杀逞私，

① ［清］叶廷琯：《鸥陂渔话》（第2版），温体仁家书，上海：广益书局，1942年，第55—56页。另有版本将书名写作《鸥波渔话》。

谋款致敌，欺藐君父，失误封疆，限刑部五日内具奏。”①

事实上，崇祯帝在这份旨意已经给袁崇焕的罪状定调了，即“擅杀”“谋款”“欺君”。三法司先后两次判定袁崇焕谋叛斩立决、谋叛凌迟处死立即执行，都被崇祯帝驳回重审，最后刑部判决：

> 会看得袁崇焕恃小有才，恣大无忌，当其以五年自期许也，岂真有扫荡之志哉？胸中久已安排款局一着，不敢谩言以欺皇上耳。夫自犯顺以来，虔刘我土地，杀戮我人民，国仇不共戴天，为人臣子者而忍言款乎？而敢言款乎？向使崇焕一意戮力，何至久留白喇嘛以通线索，何至市米高台堡以赍盗粮，抑又何至三坌〔岔〕河之渡匿不以报，及部文行查而硬为掩抵也。此等情形，明明通谋以款，盖包藏祸心，非一朝一夕之故已。是故毛文龙犄角东江，碍手款局者也，辄敢擅杀，罔所顾忌。文龙杀矣，尚何所惮而不内犯哉？及犯遵化，路逾二千里遥，佯勿侦探，任彼长驱，崇焕所督何师，夫非有以阴导之来乎？遵化既破之后，关上有兵二十万，谓宜多简精锐，星驰入授，而观望不进，屡勤圣谕，乃提师抵蓟。卒不以一矢相加遗，且并各路援师尽行撤散，以致敌骑径薄都城。崇焕间道驰来，犹然逗留勿战，而借口兵寡，夫调兵入援，孰主张是而寡之云何？则是崇焕原无战志也；坚求入城，且携白喇嘛于军中，意将何为？向非圣明在上，神谋容虑，防守严固，则有挟天子以城下之款盟耳。种种逆节，不待刑鞫而供吐最真，即崇焕亦无以自解，惟曰负罪深重，万死何辞，只听皇上之处分而已。案以逆条，置之上刑，臣等反复鞫讯，情真罪协，宜正国法，式彰天讨。②

崇祯帝这才认可这份把袁崇焕讲得一无是处的有罪判决。这些罪状，不是审讯得来，“不待刑鞫而供吐最真，即崇焕亦无以自解”，而是依据皇帝旨意拟定，“万死何辞，只听皇上之处分而已”。里面所谈基本不是事实，例如“关上有兵二十万”，而事实是当时辽镇本土、登莱、天津、东江等地方合共关宁军

① 《崇祯长编》卷三十七，崇祯三年八月癸丑，《钞本明实录》（第26册），北京：线装书局，2005年，第229页。

② ［明］涂国鼎：《性余堂集》卷五，《四库禁毁书丛刊补编》（第69册），北京：北京出版社，2005年，第420页。

只不过是十五万人而已。

崇祯帝处死袁崇焕的理由是："袁崇焕付托不效，专恃欺隐，以市米则资盗，以谋款则斩帅，纵敌长驱，顿兵不战，援兵四集，尽行遣散，及兵薄城下，又潜携喇嘛，坚请入城，种种罪恶，命刑部会官磔示。"[①] 这些理由是崇祯帝反复斟酌后给出的定论，反映崇祯帝对袁崇焕的终极评价，值得细细分析。

平心而论，袁崇焕五年平辽的承诺无法落实，"付托不效"确实一定程度存在。他提出如果五年不能复辽，就任由皇帝诛杀。这种绝对的承诺就把自己逼上绝路。平台召对中间休息时，许誉卿就问袁崇焕："上英明，安可漫对，异日按时责效，奈何?"[②] 但退一步讲，己巳之变时，离平台召对也只有一年多时间，还没到五年，崇祯帝此时就认定袁崇焕"付托不效"，有些急于求成了。

袁崇焕个别事情没有及时报告，"欺隐"一定程度存在，如杀毛文龙属先斩后奏。

"市米资盗"非袁崇焕本意，他市米于蒙古朵颜部是经过皇帝允许的。袁崇焕提出："只许布米易换柴薪，如违禁之物，俱肃法严禁"，崇祯帝对此下旨："其招来属夷果有饥困，查明部落多寡，计口量许换米，不得卖与布帛及夹带禁物"。[③] 可见在"市粟"一事上，袁崇焕无罪。袁崇焕的失误是对蒙古各部的反复无常缺乏足够认识，而给他们粮食，朵颜部却与后金勾结，一起进攻明朝。

"谋款"则是袁崇焕始终把和谈当作军事手段的补充策略，他在给皇帝的奏疏中一直光明正大地提出这个策略，并非有什么见不得人的私下交易。天启七年二月二十四日，明熹宗在袁崇焕奏疏批示："疏称守为正著，战为奇著，款为旁著，具见井井石画。"[④] 崇祯元年，袁崇焕在平台召对时，也向朱由检奏陈守、战、和三着，崇祯皇帝"旨嘉其忠劳久著，战守机宜，悉听便宜从

---

① 《崇祯长编》卷三十七，崇祯三年八月癸亥，《钞本明实录》（第 26 册），北京：线装书局，2005 年，第 234 页。

② ［清］张廷玉等：《明史》卷二百五十九《袁崇焕传》，北京：中华书局，1974 年，第 6713 页。

③ 《兵部行〈督师袁崇焕题〉稿》，国立中央研究院历史语言研究所编：《明清史料》（甲编 8），上海：商务印书馆，1936 年，第 707 页。

④ 《明熹宗实录》卷八十一，天启七年二月辛酉，《钞本明实录》（第 24 册），北京：线装书局，2005 年，第 357 页。

事”[1]。可见，两任皇帝都了解袁崇焕只是把和谈当作辽东战守的辅助手段。“携僧入城”也是以和谈为策略配合军事斗争的行为。[2]

“斩帅”是指责袁崇焕擅杀毛文龙。此事件中，袁崇焕的失误是没有提前报告，而非毛文龙不可杀，毛文龙被杀后，崇祯帝公开宣布的毛文龙罪状就是证明。袁崇焕并非因为私人恩怨而要致毛文龙死地，毛文龙确实是罪有应得。

可见，议和和斩帅并非袁崇焕罪状，是强加之罪。不过，议和之举也有缺乏战略全局通盘考虑之失，使得明朝盟友朝鲜及蒙古各部先后臣服于后金，使得后金消除了两翼威胁，可以专心攻打明朝。

“纵敌长驱”是指责袁崇焕纵容后金军长驱直入，威胁京师。事实上，袁崇焕此前一再提醒，后金军很可能从防守薄弱的蓟门突破而入，要加强蓟门的防守。崇祯元年（1628）十月，袁崇焕就上疏说：蒙古哈喇慎等部“处于我边外，经道惯熟，若仍诱入犯，则东至宁前，西自喜峰、古北，处处可虞，其为祸更烈”。[3] 崇祯二年（1629）三月，他又上疏：“蓟门单弱，宜宿重兵。”[4]

崇祯帝对此没有给予足够重视。袁崇焕还曾派谢尚政率军前去协助，被顺天巡抚王元雅遣回。己巳之变的发生，正如袁崇焕所料，其罪在朝廷及疏于防守的刘策、王元雅等人，要袁崇焕负这样的罪名，确实冤枉。后金军不是从袁崇焕防区突破而入，袁崇焕无罪。而且，袁崇焕接到后金军突破蓟门防线的消息，立即组织军队围追堵截，与后金军发生多次激战，哪来的“纵敌”？

“顿兵不战”是指责袁崇焕保存实力，不与后金军作战。这也不是事实，袁崇焕在只有9000骑兵的情况下，与后金军在广渠门外发生激战，杀伤大批后金兵将，袁崇焕和祖大寿的盔甲都被箭矢射中，幸而盔甲较厚，没有穿透。后几天，双方军队在左安门外再次激战，辽军再次获胜。前引程本直的《矶声纪》，对有人指责袁崇焕“逗留城下，不肯尽力”进行有力辩驳，指出袁崇焕

---

① 《崇祯长编》卷十一，崇祯元年七月乙亥，《钞本明实录》（第25册），北京：线装书局，2005年，第494页。

② 有关袁崇焕与后金和谈的更多研究情况，可以参考李光涛：《清人入关前求款之始末——兼论袁崇焕、陈新甲之死》，《中央研究院历史语言研究所集刊》1947年第9本。阎崇年：《袁崇焕“谋款”辨》，《光明日报》1984年6月6日史学版。

③ 《崇祯长编》卷十四，崇祯元年十月壬辰，《钞本明实录》（第25册），北京：线装书局，2005年，第530页。

④ ［明］余大成：《剖肝录》，见杨宝霖辑校：《袁崇焕集》附录卷三，上海：上海古籍出版社，2014年，第478页。

一直努力杀敌，他没有连续发动攻击，只是在等待辽军主力的到来，在选择最佳的攻击时间。袁崇焕还没来得及再次发动进攻就被下狱了，使得功败垂成。

“遣散援兵”也是崇祯帝的欲加之罪。战争爆发后，各地援军纷纷赶来，但这些军队的战斗力极差，程本直对此进行辩白：“兵不练习，器不坚利，望敌即逃，徒寒军心。故分之则可以壮声援，合之未必可以作敌忾也。况乎回尤世威于昌平，陵寝巩固；退侯世禄于三河，蓟有后应。京营素不习练，易为摇撼，以满桂边兵，据护京城，万万可保无虞。此崇焕千回万转之苦心也。以之罪崇焕，曰散遣援兵，不令堵截，冤哉！”①

经过仔细分析，崇祯帝提出的上述罪名只是杀袁崇焕的一个借口，袁崇焕实际上是“己巳之变”的替罪羊，是当时朝廷政治斗争的牺牲品。

后来，崇祯帝又给袁崇焕增加“通敌谋叛”的“莫须有”罪名，这更将袁崇焕推入万劫不复的境地，成为人人唾弃的罪人。由于有官方的定论，袁崇焕很长一段时间无法洗刷叛国的罪名。

① ［明］程本直：《矶声纪》，阎崇年、俞三乐编：《袁崇焕资料集录》（下册），南宁：广西民族出版社，1984年，第116页。

第二章 明末清初袁崇焕被杀后的评价

明清易代，士人们或自杀殉国，或坚持做明朝遗民不侍清，或是降清，明朝灭亡的阴影始终萦绕在他们心头，很多人著书立说，探讨明朝灭亡的原因。作为与明清政权兴亡密切相关的袁崇焕，自然是人们重点关注的对象。这一时期袁崇焕的形象非常负面，被当作“通敌叛国”的亡国罪人。当时肯定袁崇焕功绩的群体是少数正直的官员、师友故旧及家乡父老，但声音较为微弱，被强大的贬损袁崇焕的声浪淹没了。在广东士人坚持不懈的努力下，南明永历政权初步为袁崇焕平反，但影响十分有限。

一、时人对袁崇焕的负面评价

晚明遗民背负国破家亡的痛苦，在讨论、评价造成明朝灭亡的人或事时，带有强烈的感情色彩，难以做到客观公正。具体到袁崇焕的评价上，他们囿于崇祯帝对袁崇焕定罪的结论：“擅杀逞私，谋款致敌，欺藐君父，失误封疆”,[①]“付托不效，专恃欺隐，以市米则资盗，以谋款则斩帅，纵敌长驱，顿兵不战，援兵四集，尽行遣散，及兵薄城下，又潜携喇嘛，坚请入城，种种罪恶，命刑部会官磔示”[②]，大体也是从这些方面指责袁崇焕误国叛国。

明末士人、浙江平湖人赵维寰（1563—1644）在崇祯二年（1629）刻版的《雪庐焚余稿》就提出：

① 《崇祯长编》卷三十七，崇祯三年八月癸丑，《钞本明实录》（第 26 册），北京：线装书局，2005 年，第 229 页。

② 《崇祯长编》卷三十七，崇祯三年八月癸亥，《钞本明实录》（第 26 册），北京：线装书局，2005 年，第 234 页。

夫崇焕以五年灭奴面绐皇上，而乃阴为款计，酿祸殃民，欺君误国，诚断断无容逭者。①

认为袁崇焕以“五年灭奴”欺骗皇上，私下与后金和谈，祸国殃民，其罪无可饶恕。

明末崇祯帝太子的老师、南直隶（今江苏宜兴）人吴国华（1596—1668）于崇祯三年（1630）作《东江客问》，记录毛文龙及袁崇焕事迹。他在引言中说自己早就写好了这些文字，一直不敢刻印，直到看到了程本直为袁崇焕鸣冤的《矾声纪》《漩声纪》，觉得程本直的文字很是芜陋，才打算把这些文字刻印，他说：“余饮毛香名，未窥半面；程则师事焕，受其多金，孰公耶？孰私耶？”吴国华认为自己与毛文龙毫无关系，是局外人，而程本直却是袁崇焕的弟子，受益于袁崇焕，认为自己是客观公正的，而程本直的文字却带着浓厚的感情色彩，是不客观的。事实上，《东江客问》也是带着浓厚的扬毛诋袁的色彩，为毛文龙之死鸣冤叫屈。文中大力吹捧毛文龙的牵制之功，认定袁崇焕是因为打算与后金和谈和个人恩怨而杀害毛文龙。他也学袁崇焕公布毛文龙十二大罪状的样子，在文中列举了袁崇焕该杀之十大罪状：

老奴毙命，此天心厌乱，通国称快时也。焕办香束帛，吊死唁生，一。

向大廷入对，天威不违咫尺，辄敢浪谈五年平奴，出语人曰：“鞠躬尽瘁，死而后已，武侯不足效。”武侯何尝以灭魏自许哉？侯所不敢行之庸主者，焕行之英主，二。

焕与奴往来书札，悉抄白张之辕门，意欲诸将有起而言和者，了不可得。且每称奴“大金国汗”。汗者，华言帝也。堂堂衣冠，而帝外夷耶？抑以帝字羁縻之耶？三。

焕若以修战为事，则当选某宜大帅，某偏裨，某宜冲锋，某固守，胡日与郑秀才促膝，夜与白喇嘛抵掌也，四。

密属其党，设五问之说以问之，大抵谓辽复必不可守，然则两河版图，终沦腥膻，不拯斯民水火，五。

① ［明］赵维寰：《雪庐焚余稿·焚余续》卷一《议斩帅》，《四库禁毁书丛刊》（集部 88），北京：北京出版社，1997 年，第 592 页。

戊己之交，奴田荒食乏，有机可乘，焕则市米西虏，是与市奴一间耳，诚所谓赍盗粮，六。

奴雏之内掠也，焕与有谋，始而渡河，焕已知之，既而由蓟躏入，焕不奉檄，踉跄来矣！奴之西，而焕之东；奴之东，而焕之西，卒无一相遇，七。

奴驻毳幕近畿，人方恨援师之不集，焕力拒满、侯二帅，不使当奴，谓我辽兵尽足用矣，遂令两帅之军，涣散奔逸，不可收拾，八。

奴薄城下，焕亦在城下，不以一矢相加遗，挟虏以为重，欲要城下之盟，畏上不敢启齿，复恐奴子背约，固请入城，岂辽兵平原旷野，不能对垒，而能门斗巷战也哉？九。

后复召问机宜，焕向诸大老，止言奴骁悍难敌，而对上则曰三日退虏，是五年平奴之故智也。退奴者，则非斩将搴旗之谓矣，殆不明言和，而强名之曰退，十。

认为“崇焕之罪，可胜诛哉”，并把毛文龙与岳飞相提并论。[①]

吴国华所谓袁崇焕十大罪状，有些是对崇祯帝对袁崇焕定罪的复述，如第一、三、十点是说袁崇焕与后金和谈（谋款），第二点是浪言承诺五年复辽（付托不效），第六点是将粮食资盗（市米），第八点是遣散勤王军队（遣散援兵），第七、九点是不积极应战（不战）。前文已经分析过，这些罪状有的确实是袁崇焕的失误，有些则是不实之罪，如和谈始终是袁崇焕光明磊落的对敌策略，即“和为旁著”，且多次向朝廷汇报过此策略；所谓“不战”更不是事实，袁崇焕率领辽将辽兵在北京城下一直与后金军队恶战。另第四、五点是对袁崇焕军事指挥权的无端指责，说他不救辽东百姓更是子虚乌有，袁崇焕积极从后金铁蹄底下救助辽东百姓，与他们关系良好，得到辽人的大力支持。

浙江仁和人沈长卿（1573—1632）的《沈氏日旦》，刻于崇祯七年（1634），记崇祯三年事，极力贬诋袁崇焕：

时流演传奇者，以袁崇焕作正生，以魏、崔作丑。及崇焕引虏入犯被磔，时流复欲改去袁贼而另用一夫。其实袁与魏不甚相远，事已定于盖棺，惜始时

① ［明］吴国华：《东江客问》，《东江疏揭塘报节抄（外二种）》，杭州：浙江古籍出版社，1986年，第139—145页。

操笔之人以牺绣起见，识不定耳。①

逆贼袁崇焕叛迹昭昭，止于磔而不族，犹主恩也。乃有昏庸缙绅为之抱不平者，一则曰袁自如，字而不名；一则曰袁督师，爵而不名。其故何也？未必党其邪。只因初杀毛文龙时众口附和，视为奇举，以故后来十分回护耳。②

（袁崇焕）先除毛（文龙），后除满（桂），毒心辣手意欲何为……磔不足偿其罪也，百万生灵何辜而罗罹此劫耶。其事已往，不足辱吾笔。而近特愚绅有为崇焕抱不平者，只因杀毛帅后语言不慎，作此回护。③

沈长卿对同乡毛文龙被杀耿耿于怀，在其文中直呼袁崇焕为“逆贼”，认为他心毒手辣，即使被处以磔刑也不能弥补其罪过；那些为袁崇焕辩护抱不平者，在袁崇焕被杀后仍称他为督师、只称他的字“自如”而不直呼其名者，是昏庸愚蠢之人；将袁崇焕与奸臣魏忠贤相提并论，认为他们是同一类人。

明末学者、抗清名臣黄道周（1585—1646）在崇祯三年（1630）的《救钱龙锡疏》中也对袁崇焕批评道：“今累辅所坐，昏庸疏率，为罪督攀缘耳。督臣受剑制阃外，忘君忘亲，偾事误国，虽磔裂莫赎！”④ 他认为钱龙锡是受到袁崇焕牵连。袁崇焕欺君误国，罪行重大，即使是被凌迟处死，也无法赎罪。他还提出：“袁崇焕以七阅月之精神，仅杀一毛文龙，而欲持五年之期，坐收全胜，身卒磔死，为天下笑。”⑤ 黄道周勇于舍身救钱龙锡，是值得时人尊敬的正直人士，但他受朝廷定论影响，始终认为袁崇焕有罪。

吴桂森（1565—1632）是明末经学家，曾与顾宪成、高攀龙讲学东林书院。崇祯六年（1633）出版的《息斋笔记》论及袁崇焕：

---

① ［明］沈长卿：《沈氏日旦》卷十二，《四库禁毁书丛刊》（子部 12），北京：北京出版社，1997 年，第 390 页。

② ［明］沈长卿：《沈氏日旦》卷十二，《四库禁毁书丛刊》（子部 12），北京：北京出版社，1997 年，第 398 页。

③ ［明］沈长卿：《沈氏日旦》卷十二，《四库禁毁书丛刊》（子部 12），北京：北京出版社，1997 年，第 404 页。

④ 《崇祯长编》卷四十一，崇祯三年十二月癸亥，《钞本明实录》（第 26 册），北京：线装书局，2005 年，第 291 页。

⑤ 《崇祯长编》卷四十一，崇祯三年十二月癸酉，《钞本明实录》（第 26 册），北京：线装书局，2005 年，第 294 页。

袁之构虏未必本念也，皆起于轻许复辽东一言，后迫于计无所出，因而思款虏，因而戕毛帅，因而听虏入，成此滔天之恶，诚九死不足赎矣！而其初不过患得患失一念为之孽耳，袁无足论也。[①]

也认为袁崇焕因为五年复辽的诺言无法实现，就打算通过议和来达到目的，杀毛文龙，纵后金军长驱直入，都与此有关，遂犯下滔天罪恶，九死无以赎罪。

明代大儒刘宗周（1578—1645）在崇祯九年（1636）的上疏指出："己巳之变，误国者袁崇焕一人。"[②] 刘宗周也认为袁崇焕是误国罪人。

王在晋的《三朝辽事实录》成书于崇祯十一年（1638），袁崇焕被杀后，他在按语中也对袁崇焕与后金议和、杀毛文龙等都提出批评：

余归而崇焕得信心行事，中奴之诱，先杀毛文龙，除奴肘腋之患。己巳，虏遂从蓟镇深入，薄都城，舍山海，而以蓟、宣为屡犯之孔道。向使崇焕不使吊通奴，西夷必不叛，夷不叛则西路不可行。不杀岛帅，则奴顾巢穴，必不敢长驱而入犯。此虽崇焕之贾祸，亦由中枢把握之无人也。[③]

毛文龙径袭辽阳，旋兵相应，宁锦之围解，文龙与有力焉。此出于崇焕之自陈，剧称其牵制之功，则文龙何可杀耶？文龙杀而虏直犯京城，明知而故悖之，崇焕之祸，其真自取耳！[④]

王在晋认为袁崇焕与后金和谈而导致辽西蒙古部落叛明降金，使得西路门户洞开；袁崇焕杀了毛文龙，后金缺少了牵制力量而无后顾之忧，可以长驱直入侵犯北京城。袁崇焕杀毛文龙是自毁长城，其得祸是咎由自取。当然，王在晋的看法并不正确，蒙古各部一直是时附时叛，他们考虑的是利益，而非袁崇焕与后金和谈造成。毛文龙虽被杀，但皮岛上的驻军并没有撤掉，他们依然承

① ［明］吴桂森：《息斋笔记》卷下，《续修四库全书》（子部　第 1132 册），上海：上海古籍出版社，2002 年，第 475 页。

② ［清］张廷玉等：《明史》卷二百五十五《刘宗周传》，北京：中华书局，1974 年，第 6580 页。

③ ［明］王在晋：《三朝辽事实录》卷十一，天启二年九月，李澍田主编：《先清史料》，长春：吉林文史出版社，1990 年，第 283 页。

④ ［明］王在晋：《三朝辽事实录》卷十六，天启六年八月，李澍田编：《先清史料》，长春：吉林文史出版社，1990 年，第 402 页。该书成书于崇祯十一年，王在晋是在按语中提出批评。

担着牵制作用，而且由于新任命的指挥者陈继盛听从袁崇焕统一指挥，可以更好地按照统一部署进行有力牵制。当然，毛文龙被杀，对岛上毛氏亲信的战斗力是有影响的，《明史》对此就指出："岛弁失主帅，心渐携，益不可用，其后致有叛去者。"① 这些人开始离心离德，有些甚至叛逃。

明末士人文秉（1609—1699），是崇祯时礼部左侍郎兼东阁大学士文震孟之子，明亡后深受打击，不与清朝合作，隐居竹坞著书立说，自号"竹坞遗民"，他的《烈皇小识》也认可袁崇焕有勾结后金的叛国之罪，他说毛文龙在袁崇焕到任辽东督师前，曾与后金有用重金购买被后金占领土地的密约。袁崇焕因为五年复辽的承诺，也打算用此方法收回失地，但毛文龙已抢了先机，"觇知文龙有成约，急遣喇嘛僧入清，啖以厚利，欲解文龙议以就己。而清最重盟誓，坚持不可，强之再四，不听。喇嘛僧曰：'今惟有斩文龙耳，在清不为负约，在我可以收功。'"② 崇焕于是杀了毛文龙。后来后金找袁崇焕要钱，袁崇焕拿不出来，后金于是从喜峰口等突入遵化，攻打北京城。袁崇焕"虽名入援，听虏骑劫掠，焚烧民舍，不敢一矢相加"，他"辱国甚"而被杀。③

徐石麒（1577—1645）是浙江嘉兴人，官至刑部尚书、吏部尚书，他先后与魏忠贤、马士英等作斗争，几起几落，最终乞休。清军攻破嘉兴时，身穿明朝官服自缢殉国，是个正直和有骨气的官员。崇祯十七年（1644），福王政权的御史黄耳鼎弹劾他，他写下《奏为矫诬先帝者悖之极，欺罔圣明者奸之盛，事关封疆殷鉴，信史纪传，不得不据事验明，以存实录事》进行自辩，其中提到袁崇焕和谈一事：

袁崇焕遣喇嘛僧吊老酋，因以议款，未成而崇焕去位。迨先帝初立，意在灭敌，召崇焕授兵柄，崇焕阳主战而阴实主款也，甚至杀东江毛文龙以示信。嗣先帝不之许，进嗾敌阑入胁款，仍戒以勿得过关门一步。崇焕先顿兵以待，是夕敌至，牛酒相犒劳。夜未央，敌忽渝盟，拔骑突薄城下，崇焕师反殿其后。先帝于是逮崇焕诛之，而款议再败。④

---

① ［清］张廷玉等：《明史》卷二百五十九《袁崇焕传》，北京：中华书局，1974 年，第 6718 页。
② ［明］文秉：《烈皇小识》卷二，北京：北京古籍出版社，2002 年，第 46—47 页。
③ ［明］文秉：《烈皇小识》卷二，北京：北京古籍出版社，2002 年，第 49、65 页。
④ ［明］徐石麒：《可经堂集》卷三，沈乃文主编：《明别集丛刊》，第 5 辑，第 26 册，合肥：黄山书社，2015 年，第 81 页。

徐石麒也是认为袁崇焕为了求和示信后金而杀死毛文龙，因为崇祯帝不许和谈而纵敌突入京城，以此胁迫朝廷和谈。可见当时即使是正人君子也大多认为袁崇焕通敌叛国。孟森对此评述道：

又多一虚骄爱国者之兴奋，为清太宗反间所中，久而不悟，虽有正人，只能保钱龙锡之无逆谋，不敢信袁崇焕之不通敌。北都既覆之后，弘光朝尚持此论，且出于正人君子之言。如南都吏部尚书徐石麒专论历来款虏事一疏，录之可以备见明人对建州之认识不真，对力能抗敌之疆臣猜疑太过，皆为促亡之道……竟以杀文龙为示信于建州……建州兵由喀剌沁蒙古为向导，入遵化、迁安之洪山、潘家、大安等口及龙井关。崇焕自辽援蓟，自然出建州兵后。疏意谓犒劳建兵，自向朝廷胁款。旋变计真犯蓟门，仓皇赴救，故反殿其后，以成反间之说。①

孟森指出，时人为坐实袁崇焕谋叛，而把不相关的杀毛文龙之事，及殿后追击后金军队都当成证据，还杜撰了袁崇焕犒劳后金军队，双方私下约定不能跨过蓟门，但是后金军队突然违约，长驱直入进攻北京城等故事。

明末清初史学家谈迁（1594—1657）的《枣林杂俎》也记述了袁崇焕逸事：

袁崇焕备兵宁远，值枢相孙承宗于榆关。孙方被论，乞骸。崇焕曰：“相公果欲去，某愿捐三千金，助弹文。”孙笑曰：“若然，幸为籍重。（高）第不肖去后，经略必喻使君（安性），而足下代其巡抚。喻亦不久，又足下经略矣，未知巡抚又何人?”崇焕曰：“有刘诏。”后俱如孙所料，而崇焕轻脱可见。尝于演武场较阅，忽自起舞，防牌中蹶。

己巳四月，崇焕遣把总吴某、千总陈某使建州。以故辽人方君达来报二十四日阴谋，款索逋赏，且佯输彼情，约杀岛帅毛文龙，许之。又告饥，遂令都司蒋文举开粜于高台堡，名赈熟夷也，边储始竭。寻用都司吴先计，犒军，矫

① 孟森：《孟森讲明史》，北京：团结出版社，2019 年，第 302—303 页。

杀文龙。①

谈迁认为袁崇焕言语轻佻，行为怪异。他与后金私下和谈，并许诺给予钱财补偿，与后金勾结，矫旨杀死毛文龙，私下将粮食卖给敌方，犯了重罪被杀。《枣林杂俎》成书于崇祯十七年左右，是谈迁早期的笔记，他对袁崇焕的上述看法深受当时朝廷将袁崇焕当作叛国罪人的主流声音影响，对其评价很低。

谈迁还在《国榷》中对袁崇焕杀毛文龙提出批评：

袁氏便宜从事，天下闻之，诧为奇举，居亡何而郊原暴骨者如莽。袁氏身膺不道之罚，则杀岛帅适所以自杀也。才非周公，使骄且吝，又中建虏之诱，杀其所忌，能毋败乎?②

谈迁认为袁崇焕骄傲自满而自以为是，对别人很苛刻。而且才干不足，中了皇太极的反间计，才杀了让后金忌讳的毛文龙。谈迁将袁崇焕杀毛文龙事件加以夸大，“诧为奇举”，认为杀毛文龙等于自杀。这些都是当时的主流看法。

明末清初“浙东四大史家”之一的张岱（1597—1679）的《石匮书后集·袁崇焕列传》是最早的袁崇焕传记。受个人感情色彩影响，传记贬多褒少，袁崇焕的战功基本被忽略，宁锦大捷、北京广渠门、左安门血战只字未提，对宁远之战则认为是唐通判（实际上是金启倧）的功劳，他引用辽东民谣说道：“苦了唐通判，好了袁崇焕”，揶揄之意溢于言表。该传有关袁崇焕平台召对的内容约占全文三分之一，重点落在袁崇焕五年复辽的承诺，不像《明史》一样详细介绍袁崇焕对平辽方略的解释，意在显示袁崇焕是夸夸其谈之辈。张岱十分认同崇祯帝对袁崇焕通敌叛国罪状的宣判，并对老百姓争食袁崇焕之肉的细节多加描绘，体现他对袁崇焕被凌迟处死深表赞同，大快人心。

传记的最后对袁崇焕进行人身攻击，极力贬低，称：

① ［清］谈迁著，罗仲辉等点校：《枣林杂俎》智集，袁崇焕，北京：中华书局，2006年，第78—79页。

② ［明］谈迁：《国榷》卷九十，崇祯二年六月戊午，北京：古籍出版社，1958年，第5488页。

袁崇焕短小精悍，形如小猱，而性极躁暴，攘臂谈天下事，多大言不惭。而终日梦梦，堕幕士云雾中，而不知其着魅着魔也。五年灭寇，寇不能灭，而自灭之矣。呜呼！秦桧力主和议，缓宋亡且二百余载，崇焕以龌龊庸才，焉可上比秦桧；亦犹之毛文龙以幺魔小卒，焉可上比鄂王？论者乃取以比拟，不特开罪鄂王，亦且唐突秦桧矣。[①]

张岱把袁崇焕比作小猴，说他性格暴躁，言过其实。认为有人将袁崇焕比作秦桧是唐突秦桧，秦桧还让宋朝缓亡二百多年，他对宋朝还是有功的，袁崇焕则是“龌龊庸才”，比秦桧更加不堪。对此评价，清史专家孙文良指出：“张岱在《石匮书后集》里贬斥袁崇焕是‘龌龊庸才’，比秦桧不如，实在不公平，也极荒谬：袁崇焕精于兵法，注重实际。他曾亲自调查，听取老将退卒的意见，也能注意吸收其他抗战将领的经验，如孙承宗始创的‘逐步而前，战则一城援一城，守则一节顶一节’的战略战术，袁崇焕继续实施，收到良好成效，因此对袁崇焕这样有胆有识的杰出人物，不仅要高度评价他的英雄主义精神，还应肯定他的聪明。”[②]

除此之外，张岱在其《夜航船》中把袁崇焕列为崇祯朝四大奸佞之一，与周延儒、杜勋、马士英并列。[③] 他认定袁崇焕是比秦桧更差的奸臣，袁崇焕通敌卖国，引狼入室，最终造成明朝灭亡。张岱对袁崇焕可谓恨之入骨。

崇祯朝中级官员、江苏金坛人史惇（生卒年不详）的《恸余杂记·袁崇焕》记载：

袁自如斗筲小人，一味夸诞。于召对时敢为大言，自任五载灭奴，先帝倾心委用。其在关外，唯请撤喜峰诸口守军数百名，谓是冒滥，节省几何？卒以无备，奴骑长驱，震惊宗庙，实始于此。犹敢大胆要挟，几欲为城下之盟。此其目中视先帝为何如主！致先帝震怒，立逮下狱，虏便丧所怀来而去。先是毛文龙据有东江，正值奴酋后户。奴入犯，毛即直捣其虚，为奴心腹之患。袁受

① ［明］张岱《石匮书后集》卷十一《袁崇焕列传》，《石匮书　石匮书后集》（第3册），上海：上海古籍出版社，2008年，第497页。

② 孙文良：《论袁崇焕的英雄主义精神》，《满族崛起与明清兴亡论稿——孙文良明清史文集》，沈阳：辽宁民族出版社，2016年，第165页。

③ ［明］张岱撰，刘耀林校注：《夜航船》，杭州：浙江古籍出版社，1987年，第144页。

奴间云：能杀东江，永永不侵不犯。袁遂假以会师为名，至东江诱而杀之。主其议者华亭钱机山（龙锡），袁故钱声气门下士，而又先入盟名处士陈眉公（继儒）毛帅一除太平立睹之邪说。遂以国事侥幸，乃至于此。故袁诛而钱并戍。正不足以正误国之案也。①

史惇痛斥袁崇焕是气量窄、见识短的小人，一味讲虚夸不实的大话。不知事情轻重，为节省很少费用而裁撤喜峰诸口守军，导致后金军队从这些关口突破而入，威胁京都。他竟敢大胆要挟皇帝，谋划签订城下之盟。他中了后金计谋杀害牵制后金有功的毛文龙，是误国罪人。史惇称崇祯帝为先帝，此文应该是写于明亡之后。

清初谷应泰（1620—1690）所著《明史纪事本末》是综合多种明代史料编纂而成，较《明史》刊印早八十多年。其中《锦宁战守》所述袁崇焕杀毛文龙一事，与《烈皇小识》《幸存录》一致：

（崇祯）二年六月，袁崇焕诱杀毛文龙。崇焕再出督师，无以塞五年荡平之语，乃议讲款，恐文龙泄其谋，身入岛，诱杀之。②

谷应泰也是认为袁崇焕怕毛文龙阻碍他与后金和谈，才诱杀毛。

林时对（1623—1713）是明末清初浙江鄞县人，崇祯进士，官至右副都御史，曾参加南明福王、鲁王政权的抗清活动，入清后终身不仕。其《荷闸丛谈》（又作《荷牐丛谈》）论及袁崇焕：

袁崇焕，字自如，广东东莞人。少好谈兵，见人辄结为同盟，肝胆颇热。为邵武令，入计，匹马走山海关，周视形势，七日夜而返，人推其有雄略。

天启间，为宁前道，遂擢辽抚，宁远一捷，自矜敌已破胆，必当献地求和。因遣喇嘛僧往吊，即议款，会去任而罢。

威庙初立，廷臣交章荐为经略，赐尚方剑，隆重事权，召对面陈五年灭

① ［清］史惇：《恸余杂记》，袁崇焕，北京：中华书局，1959 年，第 76 页。
② ［清］谷应泰：《明史纪事本末（附补遗、补编）》，补遗卷五，锦宁战守，上海：上海古籍出版社，1994 年，第 367 页。

敌。上大悦，退语阁臣钱公机山。钱尤其失言，谓上英察，将循期责效。遂以措饷、用人等事再请，为推卸地。

时毛帅文龙镇皮岛，名为牵制，糜饷多。钱问袁方略，谓当从东江做起。又云文龙可用则用之，不可用则杀之，胸中业有成算。或云机山从田间大拜，陈山人继儒以文龙骄蹇，密劝机山令除之。机山因授意崇焕。盖崇焕阳主战，而阴实主款。故至东江，即杀文龙，示信以就款局。瞰上弗之许，遂嗾敌阑入胁款，仍戒以无得过蓟州一步。

庚午冬，东兵至，崇焕牛酒相慰劳。夜半，倏渝盟，拔骑突薄都门。崇焕入援，陛见，请统兵入城休息，上弗允。又请以三千人入城，上曰："三十人亦不可"，所以疑之者至矣。而崇焕不悟，人言籍籍。咸谓其召敌胁款，遂以杀文龙为崇焕罪，下诏狱，罹极典，妻子流三千里，并戍机山，而款议不成者一。①

林时对虽在文中肯定袁崇焕初期有雄才大略，但他认为袁崇焕在宁远大捷之后就一味谋和，他明里是主战派，实际上是主和派，他杀毛文龙是为了和后金议和而示信于他们。为了达到求和的目的，他唆使后金来攻，还为后金军队提供酒食，暗示袁崇焕有通敌叛国嫌疑。袁崇焕终因谋和不成而被处以极刑，是谋和失败的例子。林时对是有骨气的明末遗民，他说自己所写的《荷闸丛谈》"皆亲经目睹，或得之故老传闻，名贤手授，搜罗采摭，毫发靡爽，矢诸天日，鬼神鉴临，不敢以平生喜怒恩怨参错其间"②，所论皆有根据，不以自己个人喜怒恩怨等感情色彩掺杂其中。可见当时人们普遍认为袁崇焕为求和而杀毛文龙，"己巳之变"是袁崇焕为胁迫皇帝和谈而招致。

明末清初学者彭孙贻（1615—1673）的《山中闻见录》记载："磔袁崇焕于西市，以私款通敌、开门延寇也。"③ 也认为袁崇焕私下和谈，引狼入室，犯通敌叛国之罪。

---

① ［清］林时对：《荷闸丛谈》卷三《袁崇焕、方一藻、杨嗣昌、陈新甲、谢升等议款不终》，台湾文献史料丛刊，第8辑，台北：大通书局，1987年，第113—114页。

② ［清］林时对：《荷闸丛谈》卷三《袁崇焕、方一藻、杨嗣昌、陈新甲、谢升等议款不终》，台湾文献史料丛刊，第8辑，台北：大通书局，1987年，自序。

③ ［清］彭孙贻：《山中闻见录》，建州，李澍田主编：《东北史料荟萃·山中闻见录》，长春：吉林文史出版社，1990年，第61页。

明末清初史学家计六奇（1622—1687）的《明季北略》对袁崇焕的记载多加贬斥，《袁崇焕陛见》条记载：

先是，降将李永芳献策于清主天聪曰："兵入中国，恐文龙截后，须通书崇焕，使杀文龙，佯许还辽。"清主从之。崇焕答书密允，复以告病回籍，乃寝。至是再任，思杀文龙则辽可得，因奏减岛粮，兵变可图，遂减八万，止解二万八千，后竟不解。①

计六奇指责袁崇焕为了与后金和谈，中了后金佯装答应还辽的计，而谋杀了毛文龙，《袁崇焕谋杀毛文龙》一条，标题就使用"谋杀"一词。他在《袁崇焕陛见》条目后引用屯田主事徐尔一的话对毛文龙的功绩表示肯定，对袁崇焕裁减皮岛军饷进行批评：

辽左兴师十载，任东事者，如经略杨镐则丧师，袁应泰则陷城，熊廷弼则败逃，巡抚王化贞则失机，总兵刘綎则阵亡，马林则挫锋，其余不可胜述，而投清者亦不知几许，未有如毛帅开镇九年，护持两国，复城献俘者。而庙堂诸臣，反生异议，裁减军饷。军饷一减，则将士灰心矣。②

《明季北略·逮袁崇焕》还记载：

明年四月，诏磔西市。时百姓怨恨，争啖其肉。皮骨已尽，心肺之间叫声不绝，半日而止。所谓活剐者也……江阴中书夏复苏，尝与予云："昔在都中，见磔崇焕时，百姓将银一钱买肉一块，如手指大，啖之。食时必骂一声。须臾，崇焕肉悉卖尽。"③

计六奇认可老百姓争啖袁崇焕之肉之举，可见他对袁崇焕恨之入骨。他甚至把袁崇焕比成臭名昭著的奸臣秦桧，说："崇焕捏十二罪，矫制杀文龙，与

① ［清］计六奇：《明季北略》卷四《袁崇焕陛见》，上海：商务印书馆，1936年，第67—68页。
② ［清］计六奇：《明季北略》卷四《袁崇焕陛见》，上海：商务印书馆，1936年，第68页。
③ ［清］计六奇：《明季北略》卷五《逮袁崇焕》，上海：商务印书馆，1936年，第86页。

秦桧以十二金牌矫诏杀武穆古今一辙。”①

关于《明季北略》有关袁崇焕的记载，此前已有不少学者指出其错误，陈伯陶《明季东莞五忠传·袁崇焕》指出：“《明季北略》极诋崇焕”“他书纪杀文龙事，大都传闻之辞，且多袒文龙诬崇焕。如《明季北略》”“《明季北略》及毛先舒撰《传》，皆谓崇焕称有密旨，故文龙从容就戮。此为文龙呼冤而以矫诏诬崇焕，全非事实。”② 历史学家吕振羽也指出：“《明季北略》对袁崇焕事实的记载，完全是颠倒是非、混淆黑白的。”③

明代遗民查继佐（1601—1676）是崇祯时举人，明亡后在浙东地区进行抗清斗争，入清后隐居不出，是“浙东四大史家”之一。他的《罪惟录》是私修明史，查继佐将大臣分成“逸运”“启运”“抗运”“理学”“经济”“致命”“谏议”“清介”“乘时”“循谨”“文史”“武略”“讽谕”“庸误”“奸壬”“叛逆”等类别，袁崇焕被列入“列朝逸传”，看上去似乎是一种不褒不贬的中性评价，但该传对袁崇焕的功劳只字未提，简单叙述了平台召对的内容，突出袁崇焕的自夸。传记的重点在叙述袁崇焕不应该杀毛文龙上面，他说：

> 后在事无所见，只有诡致岛帅毛文龙杀之一节……
>
> 毛帅初岛捷似幸，只以朝无知兵，意欲藉之大恢复，不无溢美，遂使气高，稍有擅动。从来边将往往如是。果知其不当扼要，早加衔，移镇重用。彼所部皆逸材，自能展一臂之用。而必杀之，在帝意以靡饷故，即阁臣钱龙锡意有崇焕，可无文龙，亦不定杀之。而崇焕以计斩疆场大臣，专以坚帝眷，则无法矣，其中不可问也。且十一罪皆非不赦，且万无不再勘一辞而定之理。致使难民走活登莱，以酿后变。崇焕之罪，谁能曲解以宽之？或曰：“调文龙御险，如矫抗，可杀也。”④

查继佐对袁崇焕杀毛文龙颇有意见，认为袁崇焕是用诡计杀害毛文龙，是无法无天。他认为毛文龙罪非不赦，杀毛文龙的十一条罪名值得商榷。杀了毛

---

① ［清］计六奇：《明季北略》卷五《钟万里解梦》，上海：商务印书馆，1936 年，第 85 页。
② 九龙真逸（陈伯陶）：《明季东莞五忠传》，广州：广东人民出版社，2013 年，第 69、71、72 页。
③ 吕振羽：《简明中国通史》（下），北京：民主与建设出版社，2018 年，第 627 页。
④ ［清］查继佐：《罪惟录》，杭州：浙江古籍出版社，1986 年，第 2749 页。

文龙酿成巨变，袁崇焕罪不可恕。可见查继佐对袁崇焕的评价总体还是贬斥。查继佐与毛文龙都是浙江人，这种同乡关系或许影响了他的判断。

明末抗清名士、华亭（今上海松江）人夏允彝（1598—1645）的《幸存录》论及袁崇焕，指出袁崇焕最初因为没有深思熟虑，在平台召对时仓促提出“五年灭夷”，自感无法实现这一承诺时就一心想求和：

迨烈皇帝登极，磔魏珰，亟召袁崇焕以大司马经略边事，慰劳倍至。询以东夷何日可灭，崇焕以五年为期。及赐食出，至午门，群臣问可奏绩否？崇焕谓上期望甚迫，故以五年慰上心云。尔时有识者讶其不成功……上即命各部及言路如崇焕言。崇焕无何卸责，一至宁远，遂为讲款计。盖自崇焕宁远奏捷之后，即令番僧往吊东夷以讲和，以罢归未就，再出无以塞灭东夷之命，遂以平东夷自诡。虑岛帅毛文龙泄其计，遂身入岛，诱文龙斩之。①

夏允彝认为袁崇焕为了求和，怕毛文龙阻碍和谈计谋，泄露其计划，才杀死毛文龙。但夏允彝又说：“其论有极正者，有极偏者，不足尽信，存之可也。”② 既然如此，那袁崇焕为求和而杀毛文龙有可能不是事实。

明末遗民撰写的《謏闻续笔》，记载明末历史颇详，其中言及袁崇焕与毛文龙事：

会袁崇焕以五年平辽自任，意在讲和，以金帛岁饷，易还辽西地。敌亦患之，以为东江不除，则和议不成。于是锐意杀文龙。密谋于阁臣钱龙锡，龙锡报书，有“古人入三军斩大将头，而人不觉”之语。焕意遂决，疏赴东江，以四万金犒其军于岸上，而诱文龙入舟，放至中流，数其罪而杀之，自谓得计。然不敢讼言讲和也。密令举兵内向，要城下之盟。而兵既入，不能复敛，大肆杀掠，和迄不成。焕以误国受诛。③

---

① ［明］夏允彝：《幸存录》卷上《国运盛衰之始》，见夏于全、齐豫生主编：《四库禁书精华》第 5 卷（史部），长春：吉林摄影出版社，2001 年，第 3 页。

② ［明］夏允彝：《幸存录》卷上《国运盛衰之始》，见夏于全、齐豫生主编：《四库禁书精华》第 5 卷（史部），长春：吉林摄影出版社，2001 年，第 3 页。

③ 明遗民：《謏闻续笔》卷四，《笔记小说大观》（第 30　31 册），扬州：江苏广陵古籍刻印社，1984 年，第 291 页。

《謏闻续笔》所持观点也是袁崇焕意在讲和，受了后金蛊惑而杀死毛文龙。为胁迫朝廷讲和，勾结后金入侵，已达成城下之盟。作者认定袁崇焕是误国罪人。

顺治十八年（1661），明朝遗臣、大儒朱舜水（1600—1682）在《阳九述略·虏势二条》中斥责袁崇焕为卖国贼臣，使得后金势力一发不可收拾：

> 奴虏种类，原自不蕃。先年李宁远以奴隶儿子畜之，玩之掌股，使其长养内地，知我虚实情形；又加以龙虎将军名号，使得控制别部，狡焉启疆。失于防御，遂灭北关、白羊骨诸种，益致披猖。贼臣杨镐、袁崇焕前后卖国，继丧辽阳、广宁，滋蔓难图。①

以上明末清初士人对袁崇焕评价如此负面，这是因为他们当时所据材料基本上是官方邸报，看到的只是明朝廷对袁崇焕的有罪定论，无法看到清朝的档案。例如，谈迁撰写《国榷》，广泛搜集各种资料，崇祯朝之前史事，主要依据各朝实录及其它资料互为订正而撰写。崇祯朝以后没有实录，只能依据邸报及访谈明朝遗老等资料撰写。因此，他对袁崇焕的看法与当时主流看法一致，都是贬斥袁崇焕是误国罪人。张岱的《石匮书后集》记载崇祯朝及南明史事，也是根据大量的崇祯朝邸报材料编写而成，其对袁崇焕的评价不出官方邸报之外。谷应泰邀请张岱参编《明史纪事本末》，该书对袁崇焕的评价自然与《石匮书后集》类似。谈迁、张岱、查继佐等都是很有节气、使命感和责任感的史学家，他们如果看到明朝官方之外的其它资料，对袁崇焕的评价或许会不一样。谈迁就是其中一个例子。他在完成《国榷》写作过程中，有人告知他有关皇太极为害袁崇焕使用反间计之事，他后来对袁崇焕的评价就变得相对客观，详情见后文。

对袁崇焕的贬损还有阉党的大肆攻击。袁崇焕一直被人视为东林党一派，不为阉党所接纳，《明史·袁崇焕传》对此也有所揭示："忠贤因使其党论崇焕不救锦州为暮气，崇焕遂乞休。中外方争颂忠贤，崇焕不得已，亦请建祠，终不为所喜。"② 魏忠贤指使阉党爪牙攻击袁崇焕暮气，逼迫他辞职。尽管后来魏

① 许啸天整理：《朱舜水集》，北京：知识产权出版社，2012 年，第 176—177 页。
② ［清］张廷玉等：《明史》卷二百五十九《袁崇焕传》，北京：中华书局，1974 年，第 6712 页。

忠贤被杀，阉党受到打击，但他们在朝廷中的势力依然强大，伺机进行反扑。袁崇焕下狱之后，阉党余孽以此为抓手，打击东林党领袖、次辅钱龙锡等人。夏允彝指出：“盖以逆珰一案为附逆者所切齿，欲借崇焕亦起一逆案以相报。”① 参修明史的朱彝尊（1629—1709）也指出：“若袁崇焕之死，钱龙锡之获罪，负天下之至冤，而党人恨不食其肉。”②《明史·袁崇焕传》对此也有说明：“龙锡故主定逆案，魏忠贤遗党王永光、高捷、袁弘勋、史䇲辈谋兴大狱，为逆党报仇，见崇焕下吏，遂以擅主和议、专戮大帅二事为两人罪。捷首疏力攻，䇲、弘勋继之，必欲并诛龙锡。”③ 阉党分子少卿原抱奇、都御史姚宗文陷害袁崇焕也属于这一类。他们到处传播对袁崇焕的不实信息，极力诋毁袁崇焕，在当时形成了一股强大的舆论旋风。这些评价也被记入各类野史，流传甚广，影响甚大。

袁崇焕的负面评价还来自毛文龙浙江同乡的攻击。袁崇焕被杀的一个罪名是擅杀大帅毛文龙。朱舜水、刘宗周、张岱、林时对、彭孙贻等都是浙江人，他们基于乡谊，极力拔高毛文龙功绩，对袁崇焕杀死毛文龙深恶痛绝，他们异口同声谴责袁崇焕谋款杀帅，是误国罪人。清代著名史学家全祖望（1705—1755）对此就指出：“凡杭人无不诉毛文龙之冤者，其昧于乡里之私，而所见如伧父，可一哂也。文龙绝无可以牵制辽事者，而但以鞭长不及自大，跋扈恣雎，有取死之道，此了然者。”④

除此之外，袁崇焕还是明末遗臣的出气筒，他们把明朝灭亡的责任推给袁崇焕。如张岱斥责袁崇焕连误国奸臣秦桧都不如，刘宗周、计六奇、史惇、沈长卿、文秉等也把亡国之恨加于袁崇焕。

清末民初史学家陈伯陶指出，明末野史几乎众口一词诋毁袁崇焕叛国，实际上是受崇祯帝对袁崇焕的定罪“斩帅以践敌约”“市米以资盗粮”的影响而信以为真，而不知这都是高捷、史䇲、谢尚政的污蔑之词：“明季稗史纪崇焕事，多本此谕及诸诬疏而信以为真。如夏允彝、吴应箕、李逊之、文秉、谈迁

---

① ［明］夏允彝：《幸存录》，辽事杂志，见夏于全、齐豫生主编：《四库禁书精华》第5卷（史部），长春：吉林摄影出版社，2001年，第5页。

② ［清］朱彝尊：《曝书亭集》卷三十二《史馆上总裁第七书》，上海：世界书局，1937年，第408页。

③ ［清］张廷玉等：《明史》卷二百五十九《袁崇焕传》，北京：中华书局，1974年，第6719页。

④ ［清］全祖望撰，朱铸禹校注：《全祖望集汇校集注》（中），上海：上海古籍出版社，2018年，第1319页。

等，皆节士遗民之铮铮者，而亦皆为所惑，几于众口一辞。必审乎此，然后可以读明季诸稗史也。”① 即使是夏允彝、谈迁等明末正人君子、节气之士也不能无惑，后人采用明末野史记载当十分谨慎。

近代著名明清史专家孟森的《明本兵梁廷栋请斩袁崇焕原疏附跋》论及袁崇焕事时也提到：

阉党余孽，媒孽其间，思宗愚而自用，诸臣意气用事，崇焕至以磔死。定罪时本兵之疏如此，犹曰一时君臣之愦愦也。乃至北都既覆，弘光之朝，正人君子尚理崇焕通敌胁和之说，津津而道，若情事逼真。此则明统一日不绝，崇焕功罪一日不明。《天启朝实录》中，多有毛文龙之罪状；至归恶崇焕以后，反以文龙为贤，谓文龙为建州所深忌，非杀文龙，必不能取信于建州。夫而后崇焕之杀文龙，乃与通敌胁和并为一事。此不必佥邪为是言，贤者亦为是言，是可恫矣！②

不仅奸邪小人颠倒是非诬陷袁崇焕，连当时的正人君子也认为袁崇焕通敌，这才令人害怕。

有学者论及明末清初私史存在的问题，对理解袁崇焕负面评价产生的社会根源也有帮助：

明末清初私史作者论人，本其门户之见，每徇私舞弊，逞其胸臆，党见横生，未能公允，于其同党之人，曲为回护，而对异党之人，又肆意诋毁，以致褒贬不一，毁誉任意。这是明末私史最大的弊病。出于地主阶级的偏见和受到时代、历史的局限，私家南明史作者对明末农民军每肆诬蔑之词，故不待细论。

抗清失败后，幸存遗民隐居著述。由于晚明社会结党营社，积习已久，其生平党见习气在著述中会不自觉地流露出来，对私家撰述产生了深刻影响，使得在记载和评价上难免出现主观差异和片面性认识，或者偏见。这种门户之

① 九龙真逸（陈伯陶）：《明季东莞五忠传》，广州：广东人民出版社，2013 年，第 90 页。

② 孟森：《明本兵梁廷栋请斩袁崇焕原疏附跋》，《国立北平研究院史学集刊》1936 年第 1 期，第 90 页。

见，思想上的偏见，进而影响到私史作者论人的态度和评价方式。因此，他们的私史之作，既有门户之见，又多回护之词，甚至互相攻讦，难有公允之说。不管是举世闻名的“鸿儒硕学”，还是一般士人儒生，即使是那些标榜“东林”后劲的正人君子，所说并非谠论，难以看到中肯和客观的言论。①

二、时人对袁崇焕的正面评价

尽管当时绝大多数明末清初士人对袁崇焕极力诋毁、肆意污蔑，还是有一些人对袁崇焕持较为客观或者肯定的评价。这些声音尽管微弱，也算是透过浓密乌云的一缕阳光，给人们带来希望。

余大成（生卒年不详），字集生，号石衲，江宁（今江苏南京）人。余大成在兵部任职，与袁崇焕交往较多，也深知内情。余大成是个正直的官员，曾与魏忠贤作斗争，《明史》称赞其清明执着，“有清执名”②，崇祯时兵部职方员外郎华允诚称赞其“洁已爱民”③。袁崇焕下狱之后，余大成曾仗义营救，其所写《剖肝录》对此过程有详细记载：

今上崇祯二年己巳冬十月，敌由大安破遵化。十一月，围京城。先是，督师袁崇焕有疏谓：“臣在宁远，敌必不得越关而西。蓟门单弱，宜宿重兵。”不听，至是果如其言。焕自辽趋蓟入援。朝议罪其逗留。十二月朔，诏入城，下之狱。

辅臣温体仁，毛文龙乡人也，衔焕杀文龙，每思有以报之。适枢臣梁廷栋曾与焕共事于辽，亦有私隙。二人从中持其事，焕由是得罪。时有［中］官，在围城之中，思旦夕解围，咎焕不即战。而中官勋戚有庄店邱墓在城外者，痛其蹂躏，咸谓焕玩兵养敌。流言日布，加以叛逆。会总兵满桂，初与焕共守宁

① 吴航：《清代南明史撰述研究》，天津：天津人民出版社，2015 年，第 175—176 页。

② ［清］张廷玉等：《明史》卷二百四十八《余大成传》，北京：中华书局，1974 年，第 6432 页。

③ ［清］张廷玉等：《明史》卷二百五十八《华允诚传》，北京：中华书局，1974 年，第 6649 页。

远，丙寅之役，首主弃城，为焕所叱。至是入援，令其部曲大掠近郊，皆伪称袁兵，以鼓众怨。后因败入瓮城，浸润中官，乘机僭之。上遂不能无疑焉。然焕自蓟趋京，两日夜行三百里，所部马兵才九千人。广渠门一战，挫之。意俟步兵至，方合力逐北。而初一日之命下矣。诸廷臣持焕者十之三，而心悯其冤者十之七。时以所坐甚大，且惮于体仁与栋，未敢救。

石衲时任职方，独发愤对众曰："奈何使功高劳苦之臣，蒙不白之冤乎？"因往见廷栋曰："兵临城下，而自坏万里长城，岂计乎？"栋曰："此上意也。"石衲曰："焕非为无罪，实有大功。今日围城中，舍此难堪御敌者？朝廷置兵部官何用？使功罪倒衡若此？公宜率合部争之。"栋曰："人皆言焕畜逆。"衲曰："兵由蓟入，焕自辽来。闻报入援，誓死力战。不知所逆何事？所畜何谋也？"栋曰："焕杀文龙与王遵抚，非逆耶？"衲曰："焕斩文龙是已；王遵抚死于敌者，而谓焕杀之，何以掩天下人之口乎？"栋时声色俱厉曰："久知有书与焕，令杀御史中丞。焕常铭之座右。遵抚之死，焕特假手于敌耳。"石衲曰："书信有之，然在斩文龙之后。中引李临淮斩崔众事所云：'今斩御史，若拜中丞，即斩中丞；拜宰相，即斩宰相。'盖《唐书》中语，特借以称焕耳。若遵抚为焕所假手，则'宰相'一言又何所指？且此言何可为焕罪？叛逆当坐于某。"栋不怿而退。

次日初二。石衲又往见栋，曰："敌势甚炽，辽兵无主，不败即溃耳。今日之策，莫若出崇焕以系军心，责之驱逐出境自赎。既可以夺深入者之魄，又可以存辽左之兵。公为国大臣，当从国家起见，万无嫌隙起见也。"栋曰："辽兵有祖大寿在，岂遂溃哉？"石衲曰："乌有巢倾鸟覆，而雏能独存者乎？大寿武人，决不从廷尉望山头矣。"

栋时以其语闻之朝房，辅臣周延儒问曰；"公虑祖大寿反耶？"石衲曰："然。"儒曰："迟速？"石衲曰："不出三日。"儒曰："何也？"石衲曰："焕始就狱，寿初意其必释。今日则庶几有申救而出之者，至三日则知上意真不可回，而廷议果欲杀焕矣。寿与焕，功罪惟均者也。焕执而寿能已耶？不反何待？"儒点头曰："奈何？"体仁曰："不然，寿若与焕谋即合敌耳。否则必杀敌，反将安之。"次日，栋见石衲于朝房，曰："寿幸未反。"石衲曰："言而不中，国家之福也。"是日，寿果率所部逃出关外。报入，栋惧甚。至石衲私寓，曰："寿反矣！如之何？公能先事逆料，真神人也！"栋去，客曰："大司马心折公矣。”石衲曰：“是欲贻构我耳。”

初四日早，栋以寿反奏，且言：“臣司官余大成能先见，乞诏问之”。蒙上诏对，因奏曰：“寿非敢背反朝廷也。特因崇焕而惧罪耳。欲召寿还，非得崇焕手书不可。”上因让栋曰：“尔部运筹何事？动辄张皇。事有可行，宜急图无缓。”栋就出焕，石衲曰：“不可，旨意未明。狱中何地？而冒昧行之也。”延儒曰：“若何？”石衲：“须再请明旨，方可。”乃复入奏。上遣大珰出谕曰：“事急矣。当行即行，尚待甚么旨？”石衲曰：“此即明旨矣。公等见督师，善言之。”

时阁部九卿皆往狱所道意，焕曰：“寿所以听焕者，督师也。今罪人耳，岂尚能得之于寿哉？”众人开譬百端，终不可，且言：“未奉明诏，不敢以缧臣与国事”。石衲因大言，谓崇焕曰：“公孤忠请组，只手擎辽，生死惟命，捐之久矣。天下之人，莫不服公之义，而谅公之心。臣子之义，生杀惟君。苟利于国，不惜发肤。且死于敌，与死于法，孰得耶？明旨虽未及公，业已示意，公其图焉！”焕曰：“公言是也。”因手草蜡书，语极诚恳。

至则寿去锦州一日矣。驰骑追及，即遥道来意。军有教放箭者，骑云：“奉督师命来，非追兵也。”寿命立马待之，骑出书，寿下马捧泣，一军尽哭。然殊未有还意。寿母在军中，时年八十余矣，问众何为，寿告以故。母曰：“所以至此，为失督师耳。今未死，尔何不立功为赎，后从主上乞督师命耶？”军中皆踊跃。即日回兵入关，收复永平、遵化一带地方。

上初甚疑焕，及闻所复地方皆辽兵之力，复欲用焕于辽。又有“守辽非蛮子不可”之语颇闻外庭。仁与栋大惧，遂借杀毛文龙、市米二事，为焕资敌私通反迹。复援辽将谢尚政，饵以节钺，令揭证焕，栋再疏持之，体仁前后五疏，力请杀焕。凡诸为焕者，皆罪斥。削御史罗万爵官，以其为焕申辩，不证叛逆也。下辅臣钱龙锡、布衣程更生于狱，论死。龙锡曾与焕议杀毛文龙；更生则疏救焕者。御史毛羽健，曾有疏难焕五年方略，谓与款敌谋，亦谪戍去。旧额东江岁饷百万，大半不出都门，皆入权官囊中。自焕斩文龙，尽失其赂，佥与体仁、栋合谋倾焕，交致其罪，坐以大逆，夷三族。辅臣周延儒、成基命，冢宰王永光各疏救，不报。总兵祖大寿以官阶、赠荫请赎，亦不允。会审之日，风霾昼闭，白日无光。闻者莫不伤之。栋等复造为飞语，流布内外，传入禁中，达之天听，以甚其罪。在廷多心知其冤，然见龙锡等相继罪谴，无敢言者。

石衲往见廷栋，曰："公作此已甚。独不为身后计耶？某一任司官，凡六易尚书矣。前此者，非戍则斥，无有能免，公善为之。且今之所执为崇焕罪者，叛道也，擅主和议也。而所执以名叛者，曰杀文龙以去敌之所忌也。夫文龙有应得之罪，明旨业已言之，是焕杀文龙未尝不是。使焕当日能斩龙，又能使蓟门无警，岂尚有题目也哉？惟其不然，以至有此。公今日斩焕，而不能禁疆场之无事，吾恐异日将又将以焕为题目也。"栋色动，言诸体仁，得末减。以庚午年八月十六日弃市。家口在辽者，徙流浙，复改黔；在籍者流闽。罪止妻子女及同生兄弟，余俱免。

自焕下狱，关外将吏士民，日诣督辅孙承宗号哭代雪。孙知内旨已定，不敢上请。后栋以贪败，上震怒，下所司勘议，辞连辽将谢尚政。仁一力调护，止夺职回籍。中有"罪督一事，能破情面"等语，仁所票拟也。先是，督师部下辽将乡人谢尚政，诬揭主将督师，又馈银二千于廷栋，谋升闽镇，后为水道长参论事败。仁盖知公议难掩，而卸之于栋。

石衲后任山东巡抚，会饷乏兵变，不过罚俸。仁憾其为焕不平，恐后雪焕事，遂谪戍电白。

乙亥春，至戍所，晤焕弟崇煜，将所汇焕前后章疏十本，付煜藏之。盖自为督师至下狱时，所上职方副本也，中俱有督师钤印关防。石衲既还其疏，并为识其指罪本末于疏后。

昔宋岳武穆以忠蒙罪，至今冤之。督师力捍危疆，而身死门灭，其得罪大略相似，但武穆有子霖、孙珂，能白其冤。而督师竟胤绝，圣世谁复为《金陀粹编》者，可叹也！异日者，使余言而有征也，其在煜之子也夫。①

余大成在《剖肝录》里面详细叙述了毛文龙同乡、内阁大学士温体仁，怨恨袁崇焕杀毛文龙而时刻想着报复；兵部尚书梁廷栋与袁崇焕在辽东共事时有矛盾，而欲置袁崇焕于死地；宫内、朝内之官及功勋皇亲国戚，因为在北京城外的田庄、店铺、坟墓被后金军队损毁破坏，而迁怒于袁崇焕，污蔑他轻率用兵、养敌为患，有叛逆之迹；辽东总兵满桂与袁崇焕有矛盾，命令手下士兵假

① ［明］余大成：《剖肝录》，见杨宝霖辑校：《袁崇焕集》附录卷三，上海：上海古籍出版社，2014年，第478—482页。

扮袁崇焕手下在京城外大肆劫掠，嫁祸于人，陷害袁崇焕；梁廷栋威逼利诱东莞人、袁崇焕一手提拔的心腹大将、辽东副总兵谢尚政指认袁崇焕叛国，谢尚政为了升官昧着良心诬陷主帅；毛文龙的军饷大多用来贿赂朝中大员，权宦们因为袁崇焕杀毛文龙而断了他们财路也痛恨袁崇焕。这些人为了各自目的都欲除去袁崇焕而后快。

余大成对时人强加于袁崇焕的罪状也做了辩护：敌人长途绕行，攻破蓟门关，围困北京城。事实上，在此之前，袁崇焕已有奏疏上报朝廷，提出蓟门关兵力较弱，要增派重兵把守，但朝廷没有接纳，己巳之变主要责任不在袁崇焕。有人说袁崇焕救援不及时，落在敌人后面。事实上，袁崇焕接到警报，就率领骑兵日夜兼程，尽管人数不多，只有九千人，他们英勇杀敌，在广渠门之战中取得胜利。余大成认为袁崇焕是功高劳苦之臣，受不白之冤而下狱。他将袁崇焕得罪情况与岳飞比较，岳飞还有儿子、孙子为其鸣冤，袁崇焕没有子嗣，谁来为督师鸣冤，可悲可叹。

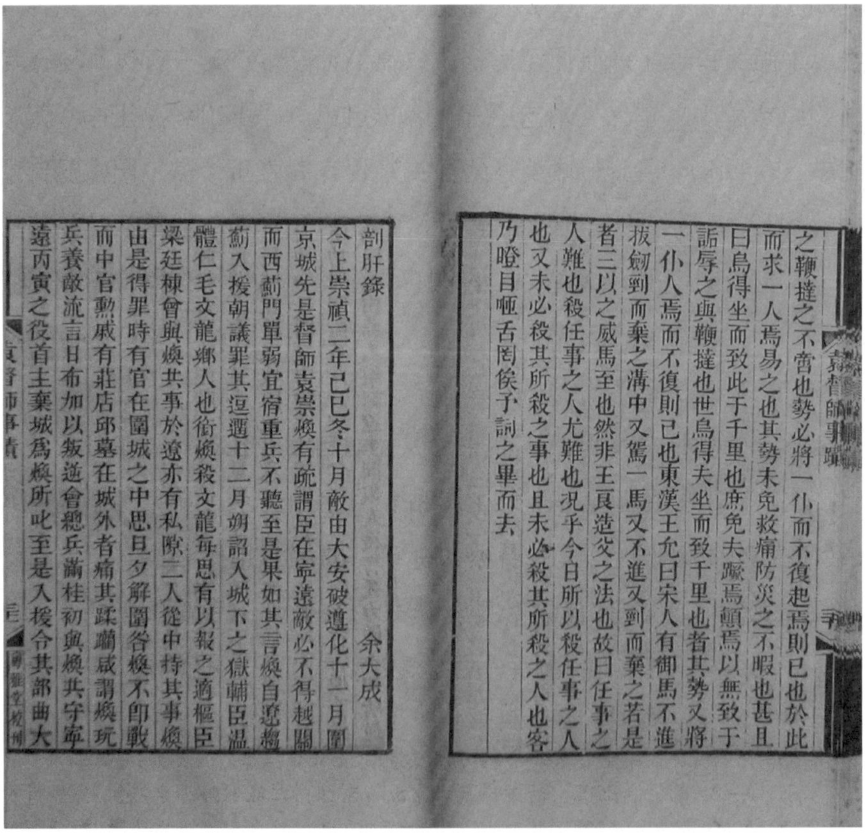
之鞭撻之不啻也勢必將一仆而不復起焉則已也於此
而求一人焉易之也其勢未免救痛防災之不暇也甚且
曰烏得坐而致此于千里也庶免夫蹶焉顛焉以無致于
詬辱之與鞭撻也世烏得夫坐而致千里也者其勢又將
一仆人焉而不復則已也東漢王允曰宋人有御馬不進
拔劍剄而棄之溝中又駕一馬又不進又剄而棄之若是
者三以之威馬至也然非王良造父之法也故曰任事之
人難也殺任事之人尤難也況乎今日所以殺任事之人
也又未必殺其所殺之事也且未必殺其所殺之人也客
乃瞪目啞舌罔倏予詞之畢而去

剖肝錄　　余大成
今上崇禎二年己巳冬十月敵由大安破遵化十一月圍
京城先是督師袁崇煥有疏謂臣在寧遠敵必不得越關
而西薊門單弱宜宿重兵不聽至是果如其言煥自遼趨
薊入援朝議罪其逗遛十二月朔詔入城下之獄輔臣溫
體仁毛文龍鄉人也銜煥殺文龍每思有以報之適樞臣
梁廷棟會與煥共事於遼亦有私隙二人從中持其事煥
由是得罪時有官在圍城之中思旦夕解圍咎煥不即戰
而中官勳戚有莊店邱墓在城外者痛其蹂躪咸謂煥玩
兵養敵流言日布加以叛逆會總兵滿桂初與煥共守寧
遠丙寅之役首主棄城為煥所叱至是入援令其部曲大

余大成《剖肝录》书影

袁崇焕的弟弟袁崇煜，因为受到牵连，被流放福建，流放途中，在极端伤感的情况下，写下一首长赋《问天赋》，为兄长鸣冤：

盖闻麟亡星陨，虎啸风霾。珠胎与月，等其盈亏；荆树因人，互为荣悴。物之相感，类有犹然；情所特钟，宁勿不尔？

矧巢倾峻宇，弱鷇与卵俱危；火燎平原，乔木与天胥烬。滩惟或断或续，响故难平；桐则半死半生，音由式叶。用是妄抒积悃，少展痴言。非骚非赋，总之哀不择声；可泣可歌，或亦诚能动物。昔灵均衍为《天问》，余谬举以问天。

若夫泉名交让，树曰连枝。首伦常而作翕，渐逵序以为仪。冈随陟而辄望，原虽在而如偲。仆本畸人，胤于旧族。禀川岳以含灵，藉阴阳而亭毒。家承肸蚃之休，代踵蹄轮之躅。弄柔翰以裁云，聘游词而转毂。皇考异余之修能，锡嘉名曰崇煜。

勔从鲤对，出齿雁行。请长缨于甲帐，托后乘于戎疆。第五之名不减，阿奴之掷滋狂。已而念切循墙，鉴存攲器。足每裹于公庭，频罕喧夫时事。聊俯拾以自敷，幸闲居而适志。

一朝事异，九篑功隳。犬马之劳不录，俎醢之祸旋挤。所谓天乎，维是彼苍之气；所谓地乎，畴为瘗碧之泥。耳嘈嘈如罔闻，神惘惘而忽见。肆骈首以请囚，敢掀唇而致辩。论既定而犹疑，恩已沛而尚战。

粤乃越扬，粤徙闽瓯。释嫌疑于阉者，贻哂笑于群咻。曾余生之足恤，恐后事之隐忧。挈雏婺而于迈兮，愍累累之载道；念亡兄之冰蘖兮，罄资橐已如扫。天乎天乎莫问，行矣行矣谁翻？

幸而闽境，道出武阳。为亡兄之治地，有勿伐之甘棠。问尸祝兮具在，荐明水兮增伤。昔领邑以治人，今受廛而甿隶。岂循环之固然，抑时命之偶值。倚蚊睫以栖身，又孰知其孔细已焉哉？

在汉法之三章，无申韩之惨酷；矧高帝之八议，有功过之可赎。岂臣妾之所敢言，有当事之所恤。

系曰：天道斡流兮邈无垠，山川修阻兮善阅人。惟未定兮弗胜，繄大梦兮难真。彼大人之达观，与时偕止。纳天地于毫发，喻万物于一指。失奚以悲，得奚以喜。巫咸有所不知兮，吾其如斯而已矣！①

该赋是袁崇煜满怀悲愤之情叩问苍天、为兄长鸣冤之作，他从屈原忠于国家而遭流放，悲愤地写下《天问》，想到自己家族的境遇，心中的苦闷久久无法释怀，《问天赋》的基调与《天问》一致，“非骚非赋，总之哀不择声；可泣可歌，或亦诚能动物”，悲哀至极，或许能够感动人与物。

对于哥哥，他认为是有大功劳的，但朝廷看不见，反而判以酷刑，“一朝事异，九篑功隳。犬马之劳不录，俎醢之祸旋挤”，不像汉高祖一样，给予以功赎过的机会，“矧高帝之八议，有功过之可赎。岂臣妾之所敢言，有当事之所恤”。他对朝廷对哥哥罪名的判决不认可，“论既定而犹疑，恩已沛而尚战”，判决的罪名虽已确定，我却仍然怀疑，不灭三族的皇恩虽已浩荡，而我内心却依然战战兢兢。

周文郁（？—1642），字蔚宗，号止庵，宜兴人，是袁崇焕麾下将领，官至副总兵。他在《边事小纪》中对袁崇焕练兵备战之法甚是佩服，“八月至宁，得觇公简练鼓励，气可吞胡，种种作略，出人意表”。他详细记载了己巳之变的前后经过，袁崇焕下狱，“将士放声大哭。从此人心惊惧，不复有固志矣”，他当时“暂主旗鼓，非专司兵马，既不能立歼狂奴以赎公罪，又不能长叩九阍以白公心”，不能为袁崇焕向皇帝表白而感到自责。由于袁崇焕下狱，“辽兵惊溃而东。其前所分守各州、县兵将，亦咸生猜忌，间有径自驱逐者。无何，良乡破，固安屠，房山下，迁安陷，滦、永据，芦沟桥则有申甫之败，永定门则有大将军满桂、孙祖寿之死，麻登云、黑云龙之执，马步数万，一掷而空。至蓟州更有兵侍刘公之纶之惨死。贼遂纵横畿辅，如入无人之境矣。”② 从这些描述中，可以反映袁崇焕在辽师中的无可替代的重要地位，将士们是高度认可自己的主帅。崇祯帝的不理性做法引发一系列恶果。

袁崇焕曾赠予周文郁铁如意，周文郁将其视若至宝，每拿起铁如意，就会想到袁督师被害之冤。番禺人黎遂球（1602—1646）与周文郁曾有过交往，他记载周文郁因为袁督师“坐以逆辟，为诬害，至眦淫淫欲泪，既出督师旧恒执

① ［明］袁崇煜：《问天赋》，见杨宝霖辑校：《袁崇焕集》附录卷三，上海：上海古籍出版社，2014 年，第 484—485 页。

② ［明］周文郁：《边事小纪》卷一《辽师入卫纪事》，阎崇年、俞三乐编：《袁崇焕资料集录》（下），南宁：广西民族出版社，1984 年，第 10—14 页。

铁如意示予，其意念殊深远笃切”[1]。黎遂球的《周蔚宗将军铁如意歌》感动于周文郁对袁督师的思念、伤怀而作：

将军示我铁如意，上有河图八卦之方位，下铭忠肝义胆两行字。将军泪垂乃相示，双手击案头捣地。此物君知从何来？故督袁公良痛哉！军中持携不释手，将军帐下曾相陪。惊传虏自蓟门度，督师驰保都门连营城下住。转战杀伤虏王子，□□如斗矢如雨。却别将军行军中，令执如意毋相从。忽然督师罪以谋逆磔西市，讹言蜂起多雷同。督师骨碎身无处，此物独存将军所。曾携入闽舟覆没，觅之即得如能语。英雄每讼督师冤，将军锓书数万言。会须将军杀□平辽后，绘容赐券入九阍，手持如意动至尊。[2]

诗中反映周文郁对袁崇焕被陷害致死深感悲愤，对袁崇焕十分敬重爱戴。黎遂球也对袁崇焕的冤死深抱不平，他本人也在抗击清军的过程中战死。

曾任崇祯朝翰林院检讨的杨士聪（1597—1648），其著作《玉堂荟记》成书距明朝灭亡仅百余日，记载崇祯朝史事，有些不见于其它史籍，有一定的史料价值。书中记载：

己巳之变，自嘉靖庚戌之后，仅再见焉。但士马物力仍足相当。袁督师初至一战，人心始定。迨后钤制诸将，不为无见。而袁为人疏直，于大珰少所结好，毁言日至，竟罹极刑。其后，满桂总督，一战而败，安见钤制诸将为非宜哉？乃京城小民亦群然以为奸臣卖国，此等事人多不敢言之。

袁既被执，辽东兵溃数多，皆言以督师之忠尚不能自免，我辈在此何为？盖袁在辽左最得将士之心，故致如此。上乃出谕，谓暂令解任听勘，而先入之言深，卒无转圜之意。其后再逾年而孔有德之乱，得非伤辽人之心而然欤？封疆之事自此不可问矣。[3]

① ［明］黎遂球：《莲须阁集》卷十八《周蔚宗将军诗序》，《四库禁毁书丛刊》（集部 183），北京：北京出版社，1997 年，第 255—256 页。

② ［明］黎遂球：《莲须阁集》卷四《周蔚宗将军铁如意歌》，《四库禁毁书丛刊》（集部 183），北京：北京出版社，1997 年，第 76 页。

③ ［清］杨士聪撰，于德源校：《玉堂荟记》，北京：北京燕山出版社，2013 年，第 98、99 页。

杨士聪认为袁崇焕为人坦率正直，在管理将士方面很有策略，最得将士之心，深受爱戴。他忠君报国，但被当权阉党诋毁为“卖国奸臣”而遭极刑。袁崇焕被杀后，十分伤心的辽军将士对明朝非常失望，纷纷投敌，封疆之事一发不可收拾，终使明朝覆灭。

福建晋江人黄景昉（1596—1662），崇祯十五年（1638）官至礼部尚书兼东阁大学士。他认为袁崇焕因为与后金和谈被处死，十分惋惜：“袁崇焕遣喇嘛僧越境吊孝，或云本魏忠贤意，迹露曲推之袁。后劾魏章奏亦有举是者。嗟乎！不能战，不能守，暂为保土息民之图，何必非策！然谈之于先，事殆矣，袁至身陷大戮，尤堪惋惜。”① 他还提出，当时有人提出袁崇焕参与和谈是根据魏忠贤旨意去办的。

朝鲜官员李景奭（1595—1671）得知袁崇焕被杀，十分悲痛，作诗《闻袁经略崇焕被戮痛惜口号》：“轻许全辽五载平，向来勋业复谁争。狂胡一入多凶计，坏却中原万里城!”诗前有序文说：

袁经略初出师，誓以五年平辽，言不可若是其期。而其守宁远卫，大败贼者屡矣，贼不敢近。去年贼锋进迫皇城，盖由喜峰口径突也。朝廷以经略专制关防，不能遮遏罪之，竟被戮，闻者莫不痛之。噫！始虽未及遮截，终能奋翼而击却之，解皇城之围，平关内之难者，皆公之功也。祖总兵大寿之能大捷，亦以公之得死力也。且以宁远时言之，前后杀贼，不知其几千。今虽曰有罪，其功亦足以暴于天下，卒不免焉。悲夫！始闻其死，尤以为疑。去年圣节使行之回，知其死的矣。海内远近悲之，如亲戚云。②

李景奭认为袁崇焕在守辽东过程中有大功，后金围攻北京城，也是袁崇焕拼死解围的，明朝廷不顾袁崇焕这些功劳杀害他，确实令人悲痛。海内外人都对袁崇焕被杀感到悲伤，就像死了亲戚。他对袁崇焕功过的评价比较客观。

抗清名士夏允彝的《幸存录》也指出明末可堪大用的辽东统帅只有熊廷弼、袁崇焕、孙承宗：

---

① ［明］黄景昉著，陈士楷、熊德基点校：《国史唯疑》卷十一，上海：上海古籍出版社，2002年，第341页。

② ［朝鲜］李景奭：《白轩集》，《闻袁经略崇焕被戮痛惜口号》，杜宏刚等主编：《韩国文集中的明代史料》（13册），桂林：广西师范大学出版社，2006年，第64页。

自有辽事，所用人鲜能有胜任者。当时所望成功，惟熊廷弼、袁崇焕、孙承宗为庶几；而武臣如刘綎、杜松、满桂、祖大寿、吴三桂，其最著也。①

明末清初著名学者、诗人屈大均（1630—1696），广州府番禺县（今广州市番禺区）人，与陈恭尹、梁佩兰并称“岭南三大家”，前半生致力于反清复明，后半生致力于著述讲学。顺治十五年（1658），他云游四方，北上京师，东出山海关，在辽东凭吊督师袁崇焕战斗故址，写下悼念袁崇焕的诗《吊袁督师》《再吊袁督师》：

吊袁督师

袁公忠义在，堪比望诸君。
百战肌肤尽，三年训练勤。
凉州无大马，皮岛有骄车。
一片愚臣恨，长悬紫塞云。②

该诗高度肯定了袁崇焕的忠义，认为他的功劳可以与战国时赵国名将乐毅（获封“望诸君”）相比，他身经百战、练兵勤苦、呕心沥血、恪尽职守，组建了辽东铁骑，杀死骄横的皮岛统帅毛文龙，但不幸被杀，忠臣的遗恨，永远飘荡在边塞之上。

再吊袁督师（五首）

其一

汉家恩未薄，竟失李将军。
碧血流燕市，丹心结塞云。
封侯原有数，破敌岂无勋。
愁见卢龙上，黄榆覆一坟。

① ［明］夏允彝：《幸存录》卷上《辽事杂志》，见夏于全、齐豫生主编：《四库禁书精华》第5卷（史部），长春：吉林摄影出版社，2001年，第5页。

② 石瑞良编注：《咏叹袁崇焕诗鉴赏》，广州：广东人民出版社，2018年，第157页。

其二

一自诛庄贾，群公谤乐羊。
扬威几虎视，持重可龙骧。
玉帐兵机密，金牌国恨长。
可怜躯七尺，不得死封疆。

其三

辽蓟应居守，分兵援帝州。
惰归吾可击，深入彼难留。
计拙遭谗小，身歼快寇仇。
长城从此坏，权相欲何求。

其四

载读愚忠纪，凄然泪数行。
为秦诛李牧，救魏少冯唐。
三至伤慈母，群阴夺太阳。
锦宁功业在，一战作金汤。

其五

劳臣遭反间，蠢尔善愚人。
马喋三韩血，旗扬九塞尘。
丸泥难守险，集羽竟摧轮。
一自镯镂赐，无人更致身。①

屈大均在这组诗中指出袁崇焕功勋卓著却遭杀害，他与岳飞一样冤屈，不死在边疆与敌人战斗中，而死在昏君奸臣之手。袁崇焕坚守蓟辽，率兵驰援京师是对的，他本可以等后金军队疲惫回撤时加以截击，但他却勤王心切，率军深入京师禁地，触犯大忌。这点失误被小人攻击，致使袁崇焕被杀，正中敌寇

① 石瑞良编注：《咏叹袁崇焕诗鉴赏》，广州：广东人民出版社，2018 年，第 159—160 页。

下怀。自毁长城，奸臣权相又能得到什么？他读了《愚忠纪》（即程本直的《漩声纪》）后凄然泪下。谗言使得赵王杀了李牧，反助秦国灭赵；冯唐救了魏尚，助力汉文帝富国强兵。谗言会遮蔽事实，但袁崇焕宁锦关上的功劳不可磨灭，永存天地间。袁崇焕劳苦功高却遭反间计被杀，明廷易被愚弄，真是愚蠢。皇帝任性诛杀边关大将，造成无人守关、国家败亡的悲剧。

屈大均在诗中披露后金使用反间计谋害袁崇焕，比《明史》的记载要早八十一年，比其它野史记载也要早。除此之外，屈大均受袁崇焕幕僚王亹（字予安，或作子安）之托，保存了一批珍贵的袁崇焕奏疏底稿及余大成、程本直救袁崇焕的疏揭，将其带回广东，通过不同途径公布于众。康熙七年（1668），他在听闻王亹去世的消息后，作《王子安先生哀辞（有序）》，在序中痛诉他与王亹交往的深情，并述及袁崇焕蒙冤事，替袁崇焕伸冤，让更多人了解袁崇焕之忠：

庚子之冬，予谒禹陵于会稽，有王子安先生者，延予馆其家，时先生七十有四，予三十有一。计先生举贤书之岁，乃予生之岁。齿相悬，德业又相远也。先生顾忘其为丈人行，而与予约为兄弟，谓“君子论道而不论年”。予则有愧于先生焉。先生尝谓予曰：“子之乡有大司马袁公崇焕者，方其督师蓟辽，予以诸生居幕下，其为国之忠勤，予独知之。其不得死于封疆，而死于门户，天下人更未必知之也。自大司马死，而辽事遂不可为。吾三十年以来，每一念至，未尝不痛心切齿于当日之权奸也。大司马无子，其疏稿及余集生、程更生讼冤诸疏，予藏之笥中久矣，今将授子，其为他日国史之采择，其可乎？”……临别，嘻吁呜咽，复执予手曰：“曩当丧乱时，予不能死，不惟有愧于吾乡九公，且无以见袁大司马。使大司马被逮时，予以一死明其冤，以十口保之，天怒或回；使大司马得立功自赎，则辽事庶几可为。而吾乃葸弱不能，郁郁至今，悔之无及。惟斯疏草，子其采入《大司马列传》，使后世获知其忠，亦吾所以下报大司马也。”予拜，先生亦拜。[①]

① ［清］屈大均：《王子安先生哀辞》，《翁山文抄》卷十，欧初、王贵忱主编：《屈大均全集》（第三册），北京：人民文学出版社，1996年，第419页。

屈大均通过袁崇焕冤案的重要历史见证人王亹之口，道出袁崇焕为国之忠勤，他不是死于疆场，而是死于权奸的陷害。王亹委托屈大均为袁崇焕作传，屈大均却表述他“有愧于先生焉”，因为《皇明四朝成仁录》没有为袁崇焕作传，他愧对王亹。屈大均在此书中为何没有为袁崇焕作传？可能与《皇明四朝成仁录》的主旨相冲突。在屈大均笔下，《皇明四朝成仁录》中的崇祯皇帝勤于国事，为国献身，是一个很正面的形象。若写袁崇焕被冤杀，则是显现崇祯皇帝的昏聩。为尊者讳起见，故不为袁崇焕立传。① 虽然如此，屈大均通过其它诗文，以及传播袁崇焕疏稿资料等形式，表达对袁崇焕的敬意。

王世德（生卒年不详），字克承，大兴人（今北京市大兴区），是崇祯朝锦衣卫指挥佥事，深谙朝廷内幕及崇祯朝的史事，为了保存史实，驳斥各种野史的荒谬虚妄，“录其闻见，凡野史之伪者正之，遗者补之”，他写下《崇祯遗录》，书中所述都是作者亲身经历，与道听途说野史笔记相比，其史料价值较为珍贵。其中谈及袁崇焕获罪情况：

先是，袁崇焕密受大学士钱龙锡意旨，绐杀总兵毛文龙，中军何可刚曰：“是谓三不幸。”崇焕问之，曰“生文龙，天不幸；用文龙，朝廷不幸；杀文龙，公不幸。”未几，京师告警，崇焕入援，召对平台，赐貂裘、綵币、银牌，兵屯畿南，一战败绩。复召，诘云：“尔擅杀大帅，以至今日。今又不能捍患御侮，则平日恢复之言何在？”命锦衣卫拿问，总兵何可刚、祖大寿闻之，引兵去。

前巡捕营获一木工，云崇焕谋反，以为谍，下镇抚司勘。掌刑指挥李若琏鞫得其枉，奏之，复下锦衣卫以为实。于是，喧传崇焕谋反，人人切齿。及行刑，百姓脔食其肉。崇焕误国之罪无所逃，以为谋反，冤矣。

都下流言多出三大营官军口，一人造谣，传之一队，一队传之一营，一营传之都下。不三日，连诸内廷闻达御前矣。大臣黜陟，往往由此。朝廷以为舆论无私，而不知其由于匹夫恩仇，奸人反间，殊可恨也。②

---

① 相关内容可参考王富鹏：《屈大均与王亹之交游——兼论袁崇焕非〈皇明四朝成仁录〉传主之因》，东莞市袁崇焕纪念园等编：《袁崇焕历史评价与精神文化研究论文集》，广州：广东人民出版社，2013年，第38—43页。

② ［明］王世德：《崇祯遗录》，崇祯二年，《四库禁毁书丛刊》（史部72），北京：北京出版社，1997年，第10页。

王世德认为袁崇焕是受钱龙锡意旨杀了毛文龙，这是他获罪的缘由之一。京畿战败，崇祯帝就以此定其罪。他有罪，但将其定为谋反罪却是冤案，是他的仇人到处造谣中伤，以及后金的反间计，导致崇祯帝做出错误决定。

崇祯时期，朝廷上下对袁崇焕案讳莫如深，除了少数几位袁崇焕身边人士曾上疏喊冤之外，绝大多数人相信崇祯帝给袁崇焕的定罪。然而，在袁崇焕的家乡东莞县，当地人始终不相信袁崇焕是卖国贼。当地士人在紧张的政治氛围下，依然通过各种可能，表达对袁崇焕的支持。崇祯《东莞县志》有关袁崇焕的内容就体现了编撰者的良苦用心。

崇祯《东莞县志》撰于崇祯十二年（1639），当时袁崇焕仍背负"叛国"罪名，没有平反，县志还不能为他立传。但他又是东莞的重要人物，如果缺漏不记则会留下遗憾，为此，该志的编纂人员知县汪运光、东莞人张二果、南海人曾起莘等独创了一种体例加以记载。该志《政治志·事纪》中分"总部""郡""县"三个层次，"总部"记与东莞有关的全国大事，"郡"记与东莞有关的广东省内大事，"县"记东莞本县大事。在"事纪"中，袁崇焕的事都列入"总部"记载：

（天启）六年春正月，奴酋倾国入寇，薄宁远，宁前道袁崇焕大破之。老奴寻死。升崇焕佥都御史，寻升兵部侍郎，荫一子锦衣卫千户。

崇祯二年，手诏起袁崇焕为督师、尚书，召对，晋宫保，辞。枭帅毛文龙扬帆登莱，渐见跋扈，崇焕渡海入其军斩之。疏请备蓟镇，不行，奴竟从此入。

（崇祯）三年八月十五日，杀督师、尚书袁□□〔崇焕〕。①

崇祯《东莞县志》的体例设计颇有深意，即编修者在凡例中所说的"若事之去取，中不无微意焉"。其中之一，就是隐晦地表彰袁崇焕，为其冤死鸣不平。我们从这些文字也能体会到这一点，它一方面肯定袁崇焕取得宁远大捷、致死努尔哈赤，对袁崇焕被杀的罪状之一"斩帅"——杀毛文龙提出异议，认

① ［明］汪运光修，张二果纂，曾起莘重修：《东莞县志》卷二《政治志》，崇祯十二年修，清抄本，载广东省地方史志办公室编：《广东历代方志集成·广州府部（22）》，广州：岭南美术出版社，2007年，第89、90页。

同袁崇焕的做法，认为毛文龙是枭雄，嚣张跋扈，死有余辜。对于袁崇焕所谓的“叛国”罪，该志也指出袁崇焕曾上书皇帝，请求加强蓟镇的战备，以防清军突袭，但该建议不被采纳，导致皇太极率军从蓟镇突入京城下，隐晦地表达袁崇焕并未叛国。文中对袁崇焕之死，使用的是“杀”字，而不是用“诛”字，并依然称呼他为督师、尚书，这些表达方式也是隐晦地对袁崇焕表示肯定，体现了编撰者对袁崇焕的同情。

崇祯《东莞县志》还在《学校志》设置了“封赠”一目，通过袁崇焕祖父、父亲曾被封赠功名来记述袁崇焕功业，“袁世祥，以孙崇焕贵，累赠兵部右侍郎，右佥都右都御史”，“袁子鹏，以子崇焕贵，封副使，累赠兵部右侍郎，右佥都右都御史”。① 这里只提崇焕祖、父受封赠，不写崇焕获罪后取消封赠之事，可见编纂者的良苦用心。

崇祯《东莞县志》是袁崇焕被冤杀九年后，在其它官方史书众口一词贬斥袁崇焕为叛国贼的情况下，东莞官方志书首次记载袁崇焕事迹，这有可能招致杀身之祸，从中体现了编纂者的胆识与担当，反映了东莞当地官员及士民对袁崇焕的崇敬，对袁崇焕冤死的深刻同情和愤愤不平。

除此之外，袁崇焕东莞故里乡亲们也在私下纪念他。崇祯三年（1630），袁崇焕被杀后不久，水南村陈日昌等人感念袁督师忠义，冒着生命危险，自发在水南三界庙后堂悬挂袁崇焕《待漏图》，此处就成了纪念袁崇焕的祠堂。

东莞人陈炅，是崇祯十二年（1639）武举，作诗《挽袁自如大司马》诗二首：

一出关门任是非，忽来萋菲动天威。
当时共喜平台对，今日翻从大理归。
本谓五年期雪耻，谁令六月见霜飞？
长城万里今何在，闻道关山数被围。

男子当为天下奇，满朝交赞圣明知。

① ［明］汪运光修，张二果纂，曾起莘重修：《东莞县志》卷二《政治志》，崇祯十二年修，清抄本，载广东省地方史志办公室编：《广东历代方志集成·广州府部（22）》，广州：岭南美术出版社，2007年，第149页。

已忘白马图家计，直抵黄龙誓自期。
韩范在军胡胆落，苏张当国士心疑。
千年幽恨还谁似？读罢《金陀》有所思。①

陈炅在诗中刻画了一个以身许国，以边关安危为己任的英雄形象，在他正要施展五年复辽大计之时，却蒙冤获罪。在边关屡屡被围的时候，不禁感慨"长城万里今何在"。袁崇焕是满朝人交口称赞的奇男子，他蒙冤受难，与岳飞类似。该诗表达了作者对袁崇焕的深切缅怀之情。

东莞人张家玉为明末清初岭南抗清之领袖人物，被誉为岭南三忠之一。他在国家危亡之际，多次写诗凭吊袁崇焕。崇祯十六年（1643），他赴京应试，凭吊袁崇焕鏖战旧迹，写了《燕市吊袁督师》，称赞袁崇焕劳苦功高，却遭人毁谤：

黄沙白雾皂雕旗，独赖孤臣两臂挥。
啮血作书招死士，裹疮临战立重围。
逐令汉卒闻笳奋，共扫妖氛奏凯归。
劳苦功高谁得似，中山何事谤书飞。

永历元年（1647），张家玉在东莞道滘起兵抗清，专程到水南村拜谒袁崇焕祠堂，写有《谒大司马自翁袁老先生遗祠》诗：

司马遗忠尚有祠，重来客泪洒荒碑。
长城若得先生在，不致中原苦乱离。

又有《谒大司马自翁袁老先生遗祠怆然有感》诗：

吊罢遗祠泪几挥，辽阳回首事成非。
空留冷庙沧江上，不见黎亭铁马归。
星落尚疑阴雨暗，风高犹忆阵云飞。

① 石瑞良编注：《咏叹袁崇焕诗鉴赏》，广州：广东人民出版社，2018年，第134页。

只今羽檄方驰急，哪得先生再解围？①

张家玉在清军围城、战事危急之际，倍加思念多次打败清军的忠臣袁大司马，如果有袁崇焕的庇护，百姓就不致如此流离失所。袁大司马被杀了，如今还有谁能来解围？这些诗文反映了张家玉对崇焕舍身为国精神的崇敬，以及对他的怀念。

明清之际官员、学者孙承泽（1593—1676），字耳北，一作耳伯，号北海，又号退谷，上林苑（今北京大兴区）人。明崇祯四年进士，官至刑科给事中。甲申之变时，多次自杀殉国，但都为人所救。入清后，初任清朝吏科给事中，后历任太常寺卿、大理寺卿、吏部左侍郎、兵部右侍郎、都察院左都御史等职。晚年专心著述，编纂史籍，其所著《畿辅人物志》所述袁崇焕获罪情况与《崇祯遗录》可以互相对照，记载了毛文龙在京党羽以及朝廷勋贵无中生有，陷害袁崇焕情况：

《畿辅人物志·成文穆基命》载：

崇焕先杀毛文龙，文龙私人在都者已广布流言。及东兵入，每扬言曰："袁督师约我来耳。"都人啧有繁言。督师又请罗城休兵，谗口益力。②

《畿辅人物志·李锦衣若琏》又记：

一日，巡捕营获一木工，谓为督师崇焕奸细。奉旨打问。君问原缉员役曰："袁督师现在辽东，即有异志，渠之提塘、承差俱在京，何必用一木匠为奸细？"众坚以为真。及讯，犯人随口直认云："袁督师修盖衙门，戴方巾，穿白绫袍。知我常在京中，遂差打听京中有多少兵马，欲起手反叛。"君再四诱问，始痛哭曰："捕营苦刑，叫如此说，不然驳回，当时夹死。我是山西人，在京作木匠，何曾到辽东？"

① ［明］张家玉撰，杨宝霖点校：《张家玉集》，广州：广东高等教育出版社，1992 年，第 120、144、149 页。

② ［清］孙承泽著，李洪波点校：《畿辅人物志》卷十三《成文穆基命》，北京：北京出版社，2010 年，第 143 页。

君据实上报。上令锦衣卫帅刘侨再审，乃以为真，立付重辟。君失出，降二级，回卫。君笑曰："吾不以人命博一官也。"①

抗清名士夏允彝的《幸存录·辽事杂志》指出：

崇焕少好谈兵，见人辄拜为同盟，肝肠颇热。为闽中县令，分校闱中，日呼一老兵习辽事者，与之谈兵，绝不阅卷。或问之，则曰："士子宜中者，自有命在，随意抽取可也。"斯岂执事必敬者乎？宁远一捷，实为有功，遂自矜为东夷已破胆，必肯献地讲和。召对自言五岁灭东夷，了无成算……赴援都城，召见，即请统兵入城休息，上不可，以三千骑入城请，上曰："三十亦不可。"上之所以疑之者至矣，而崇焕绝不悟也……盖以逆珰一案为附逆者所切齿，欲借崇焕亦起一逆案以相报……崇焕先置极刑，妻子流数千里，刑浮于罪多矣。②

夏允彝认为袁崇焕从小有志于军事，乐于结交志同道合之士，是个热心肠的人，"肝肠颇热"。他任邵武知县，对工作非常敬业，"执事必敬者"。他在宁远大捷中是有功劳的，但他打胜仗后开始骄傲了，认为后金已经吓破胆了，必定会求和。他心中没有完整的谋划，提出五年灭后金的鲁莽轻率、不着边际的承诺。他的政治敏感性不强，没有觉察到崇祯帝的多疑，最终在阉党残余势力诽谤之下而被处以极刑，但罪罚不当，"刑浮于罪多矣"。总体而言，除前述所谓袁崇焕为求和而杀死毛文龙的看法外，夏允彝对袁崇焕功过的评价相对客观，他的观点不少为《明史》采纳。

明末清初思想家和政论家唐甄（1630—1704）论及崇祯帝败亡时指出：

当是之时，非无贤才也，袁崇焕以间诛，孙传庭以迫败，卢象升以嫉丧其功。此三人者，皆良将，国之宝也，不得尽其才而枉陷于死，使当日者有一张居正为之相，则间必不行，师出有时，嫉无所施，各尽其才，而明之天下犹可不至于亡。然而迹庄烈之所为，虽有居正，不能用也。庄烈居高自是，举事不

① ［清］孙承泽著，李洪波点校：《畿辅人物志》卷十六《李锦衣若琏》，北京：北京出版社，2010年，第189页。

② ［明］夏允彝：《幸存录》，辽事杂志，见夏于全、齐豫生主编：《四库禁书精华》第5卷（史部），长春：吉林摄影出版社，2001年，第5页。

当，委咎于人。无择相之明，执国政者，皆朋党之主，数举数罢，易于敝帚。百职之任，何由得人乎！是以援私植党，充于朝廷；倾人夺位，险于仪、秦；将卒无忌，诛焚劫略，毒于盗贼；百姓畏兵如虎狼，望贼如汤武。迨乎季年，主虑瞀乱，无所适从；诛戮亟行，四方解体，而明遂不可为矣。①

唐甄称赞袁崇焕是国宝级良将，但被“居高自是，举事不当，委咎于人”的崇祯帝杀了，明朝也就国将不国了。

三、南明永历政权为袁崇焕初步平反

明末清初，袁崇焕的冤情最先公开是在顺治六年（1649）开始纂修《清太宗文皇帝实录》的过程中，参与实录撰写者查看了老满文档案，里面在叙述清太宗功绩时谈到了皇太极使用反间计陷害袁崇焕，使得崇祯帝最后中计。此档案的公开，使得一部分看到这些史料的人最先改变对袁崇焕的看法。明末清初史学家谈迁就是其中一位。他从朋友处得知《清太宗实录》“载计杀袁崇焕事颇详”②，他部分修改了《国榷》里面有关袁崇焕的记载，为袁崇焕鸣不平：

藤县（指袁崇焕）之于东陲，亦勋劳多矣。初，经略高第议弃宁前锦右，果如其说，则辽西将非国之有也。藤县力持，成宁远之功，士气少奋。仗钺以来，极受知遇，兵势不加于往日，强敌尤迫于目前。思以捭阖纵横出表饵之愚计，其失在愎谏怯战，避难规利也。范仲淹答元昊书，岳武穆阴间刘豫，古人未始无之。特所用喇嘛，非种世衡之清涧僧王嵩耳。今俱谓其通建虏，一时难民忿祸，众喙漂山，而爰书三尺，真同反叛，安能折其心使不断断地下哉。呜呼！戍之辟之可也，寸而磔之，果法之平乎？③

---

① ［清］唐甄撰，《潜书》注释组注：《潜书注》，成都：四川人民出版社，1984年，第350—351页。

② ［明］谈迁：《北游录》，纪闻下·修史，《笔记小说大观》七编，台北：新兴书局有限公司，1982年，第349页。

③ ［明］谈迁：《国榷》卷九十一，崇祯三年八月癸亥，北京：古籍出版社，1958年，第5544页。

谈迁认为袁崇焕在辽东还是有功劳的，他在高第下令弃守宁前锦右时坚守宁远，取得大捷，鼓舞了士气。他的失误是坚持己见，不听规劝，坚持要和谈。但他并未叛国，朝廷以叛国罪对他处以磔刑，难以使袁崇焕心服，他在九泉之下也在抗辩。谈迁所述，相对客观，与他此前对袁崇焕负面评价有所改变。这是因为他看到了清朝披露的皇太极使用反间计的史料，知道了袁崇焕和谈的本意是离间敌人，没有通敌叛国，故态度发生了变化。

南明永历政权也开始为袁崇焕平反。伸冤得成，一方面是由于清朝档案有关皇太极反间杀袁崇焕的记载流传；另一方面是由于袁崇焕幕僚、亲友等一直坚持申诉，坚定地认为袁崇焕没有叛国，是被陷害冤杀的。

弘光政权时，就曾有人上疏为袁崇焕请恤，由于当时南明朝廷仍视袁崇焕是叛国罪人，提议没有得到批准。南明政权最终为袁崇焕平反在永历朝，出力最多的是广东士人梁稷、邝露。

梁稷（生卒年不详），字非馨，广东南海人，袁崇焕出任督师时，他是重要幕宾。邝露（1604—1650），字湛若，广东南海人。袁崇焕以督师复出时，广东士人曾在广州光孝寺为其饯行，梁稷、邝露都曾与了这项活动，留有诗作。邝露在《留都赠梁非馨》诗作文后的自注写到："非馨为袁督师重客。督师以孤忠见法，天下冤之。后十二年，予与非馨同朝：非馨在主政，予在史馆。疏白其冤，服爵赐葬，非馨真信友矣。"① 永历二年（1648），邝露在永历政权任中书舍人，梁稷则任祠祭主事，两人同朝为官，共同为袁崇焕伸冤。袁崇焕冤情得到永历朝廷的认可，给予恢复官爵、赐葬。据推算，袁崇焕是于1648年六月至1650年二月桂王在粤时得以平反。

全祖望《鲒琦亭集外编》卷二八《跋〈明史·袁崇焕传〉后》对袁崇焕平反过程也有较为清楚的记载："南都已有为崇焕请恤者，未得施行。桂王在粤，争请之。会北来者以太宗档子所言，雪崇焕之冤，始复官，赐谥曰襄愍。此见吾乡高武选宇泰集。按邝舍人《峤雅》已有诗纪此事，但未及其易名耳。其以太宗密谋死，亦以之得雪，异事也。"② 邝露的诗注只谈到桂王给袁崇焕复官、赐葬，尚未给他赐谥号"襄愍"，后来有来自北方的人汇报了清太宗档案

① ［明］邝露撰，黄灼耀校点、杨明新注释：《峤雅》，广州：广东高等教育出版社，1990年，第265页。

② ［清］全祖望撰，朱铸禹校注：《全祖望集汇校集注》（中），上海：上海古籍出版社，2018年，第1312页。

记载的反间计，再次确认袁崇焕是被冤杀的，才给他赐谥号。《逸周书·谥法》说："甲胄有劳曰襄"，"在国逢难曰愍"。[①] 襄愍，也就是抗敌保国有功，却蒙难而死。

永历政权此时能够为袁崇焕平反，是多方面原因促成：首先是所谓袁崇焕叛国之事确实是冤案；其次有广东士人梁稷、邝露等的多方奔走；再次是清太宗反间计档案内容的传播；最后是永历政权需要忠义人士支撑残局，需要两广士绅的支持。

综上所述，在明末清初袁崇焕定罪被杀，直至初步平反时期，当时社会上的主流声音认为袁崇焕是叛国贼，以崇祯帝为首的京城内外的皇亲国戚、达官贵人，散播或者相信各类袁崇焕谋反的谣言，以置其于死地而后快。由于有官方的正式定罪，使得一些正直的士人也不得不相信袁崇焕叛国。这也影响了普通民众，他们对袁崇焕恨之入骨。当时朝中一些正直的大臣也清楚袁崇焕是被冤枉陷害的，但害怕温体仁等奸臣的报复，昏庸刚愎的崇祯帝已丧失理性，他们只能在心中怜悯袁崇焕，除成基命、钱家修等个别人敢出面为袁崇焕申辩外，大多数人不敢出手援救。一些人只能将其怜悯之情感留存在笔记、文集中。

袁崇焕手下的辽东将士，他们与袁崇焕同生死共患难，深知袁督师劳苦功高，他们非常拥护爱戴袁督师，清楚他是被冤枉的。祖大寿请求以自己的官阶和历次封赠来为袁崇焕赎罪。何之壁请求率全家四十余人替袁崇焕坐牢。辽东军民通过各种途径，为袁崇焕鸣冤。

由于袁崇焕斩杀了毛文龙，毛文龙是浙江杭州人，其亲属到处诋毁袁崇焕的名声，不少江浙士人昧于乡谊，也纷纷著书立说，贬损袁崇焕的声誉。

福建邵武百姓感念袁崇焕在当地做官时的贡献，对袁崇焕印象良好，当袁崇焕亲属流放到邵武时，他们纷纷出手加以照顾。

而在袁崇焕家乡广东，人们纷纷表达惋惜与同情。他的亲友积极奔走伸冤，最终使得袁崇焕的冤情能在南明永历政权得以初步平反。袁崇焕家乡东莞县人通过各种途径纪念他，体现他们崇敬、爱戴袁崇焕的真情。

---

① 张闻玉译注：《逸周书全译》，谥法第五十四，贵阳：贵州人民出版社，2000 年，第 222、229 页。

第三章　康熙嘉庆间的袁崇焕评价

袁崇焕冤死，他的亲友、部下、家乡父老及正直人士，通过各种途径为其叫屈。南明永历政权虽然为袁崇焕平反，但由于它偏安岭南一隅，影响十分有限，知晓此事的人不多。明末清初，改朝换代的社会动荡之际，崇祯时期官方定论影响广泛、深入人心。这些为袁崇焕平反的努力所产生的社会影响还不大，绝大多数人并未改变袁崇焕是通敌叛国罪人的看法。清初康雍乾时期，政府着手修撰《明史》，清朝官方才给了袁崇焕一个较为客观的评价。这个评价随着正史的传播，逐渐深入人心。清代中期之前有关袁崇焕的评价，基调与《明史》基本一致。

一、《明史》修撰过程中对袁崇焕的评价

《明史》修撰历经顺治、康熙、雍正、乾隆四朝，历时近百年，最终于乾隆四年（1739）刊行。其中内容经过万斯同（1638—1702）、王鸿绪（1645—1723）、张廷玉（1672—1755）等人反复修订，事实较详，考订精核。《明史·袁崇焕传》也是历经多次修改才定稿，反映了清初史家对袁崇焕的评价。

《明史·袁崇焕传》的修撰，首先是确定修史体例。《明史》总裁官徐乾学（1631—1694）所制定的《修史条议》对于人物传记的写法有如下建议：

有卓然名世而间有微疵者，既有行事之可议，何妨瑕瑜之并存。若为贤者讳过，亦当讳之于本传而见之于他传，傥止有褒无贬，何以取信将来。

赏罚在一时，褒贬在万世，故史之有作，前贤比之衮钺，然使钩稽冗琐，苛摘细微，高下在心，爱憎由己，殊非忠厚之道，则又刘知几辈所深诫者也

……是非当以并存，功罪不妨互见。①

从《修史条议》可见，史官们对于重要人物的评价，要尽量做到客观，是非并存，功罪互见，有褒有贬，才能经得起历史的检验，成为一代信史。

具体到袁崇焕，在《修史条议》拟定之前，参修明史的朱彝尊就曾致函当时修史总裁徐元文（1634—1691），提出：

若袁崇焕之死，钱龙锡之获罪，负天下之至冤，而党人恨不食其肉，非睹《太宗实录》，何由知计出于反间乎？盖以本朝档子，合之崇祯邸报，远不相蒙，是必兼听并观，而后可审其功罪。②

该建议也认为要兼听并观，对人物功罪要客观评价。袁崇焕之死是天下至冤，崇祯邸报对袁崇焕“通敌”的结论是冤案，“是时朝中朋党，坚不可化。封疆将帅，率以爱憎废置，而贤、不肖无分焉”③，要结合其它档案材料对其做全面的评价。这个正确意见也得到当时主修明史的万斯同的认可。

很可惜，徐乾学、徐元文兄弟总裁的《明史》初稿的今存稿中未见《袁崇焕传》，无从了解详情。此后，康熙三十三年（1694），康熙帝以张玉书、熊赐履为监修官，王鸿绪相继任总裁，继续修撰明史，王鸿绪继续邀请万斯同核定明史稿。由于万斯同去世，钱名世入值南书房，王鸿绪离任户部尚书，这次续修没有最后完成。康熙四十一年（1702），熊赐履急于完成任务，在与众人商量后，将徐氏《明史稿》稍作修订后呈给康熙帝，康熙帝看后不满意，“四十一年冬，熊公来商于诸公，犹以徐稿进呈，上览之不悦，命交内阁细看”④。现国家图书馆藏抄本《明史》应该就是熊赐履进呈本。徐氏《明史稿》由“监

① ［清］徐乾学：《憺园文集》卷十四《修史条议》，《四库全书存目丛书》（集部 第243册），济南：齐鲁书社，1997年，第37—38页。

② ［清］朱彝尊：《曝书亭集》卷三十二《史馆上总裁第七书》，上海：世界书局，1937年，第408页。

③ ［清］朱彝尊：《曝书亭集》卷三十二《史馆上总裁第七书》，上海：世界书局，1937年，第408页。

④ 杨椿：《再上明鉴纲目馆总裁书》，魏源全集编辑委员会编校，贺长龄辑，魏源编次，曹堉校勘：《魏源全集》（第16册），《皇朝经世文编》，卷54—69，礼政，湖南：岳麓书社，2004年，第693页。

修徐公发凡起例，历十二年而史稿粗就，凡四百一十六卷”①，与馆藏抄本卷数相同。黄爱平将此抄本与其它《明史》稿本勘校后，也认为此本是万斯同校定的徐氏《明史稿》。② 综合前述内容，徐氏《明史稿》已为袁崇焕作传。

徐氏《明史稿》中的袁崇焕传记应该就是万斯同拟定、撰写的，《袁崇焕传》列于卷 364，与孙承宗（丘禾嘉附）、刘策、魏云忠、张宗衡、赵光抃、范志完（杨绳武附）同在一卷。参与编修《明史》的史学家杨椿就提到：“椿时年二十余，尝屡至其馆中，见万君作一传，集书盈尺者四五，或八九不止，与钱君商榷，孰为是，孰为非，孰宜从，孰不宜从，孰可取一二，孰概不足取。商既定，钱君以文笔出之。故其辞达，其事明，有远出唐宋二史上者，而熊廷弼、袁崇焕、李自成、张献忠诸传尤善。”③ 万斯同对人物传记写作十分谨慎，故其评价比较客观。

笔者对万斯同版《袁崇焕传》和今流行的中华书局版《袁崇焕传》进行细致比对，发现其中除个别字不同外，绝大部分内容相同。王荣湟的研究也表明，万斯同校定的徐氏《明史稿·袁崇焕传》，与王鸿绪删定的《横云山人明史稿·袁崇焕传》，以及后来的武英殿本、四库全书本、中华书局点校本所述的袁崇焕事迹，内容大同小异，只有个别字句的小修小改，④ 可见今本《袁崇焕传》由万斯同定稿。

以下是万斯同校定本《袁崇焕传》叙述宁远之战的部分内容：

我大清知经略易与，六年正月举大军西渡辽河。二十三日抵宁远。崇焕闻，即偕大将桂，副将左辅、朱梅，参将大寿，守备何可纲等集将士誓死守。崇焕更刺血为书，激以忠义，为之下拜，将士咸请效死。乃尽焚城外民居，携守具入城，清野以待。令同知程维楧诘奸，通判启倧具守卒食，辟道上行人。

---

① 杨椿：《再上明鉴纲目馆总裁书》，魏源全集编辑委员会编校，贺长龄辑，魏源编次，曹堉校勘：《魏源全集》（第 16 册），《皇朝经世文编》，卷 54—69，礼政，湖南：岳麓书社，2004 年，第 692 页。

② 黄爱平：《〈明史〉稿本考略》，《文献》1983 年第 4 期，第 95—96 页。

③ 杨椿：《再上明鉴纲目馆总裁书》，魏源全集编辑委员会编校，贺长龄辑，魏源编次，曹堉校勘：《魏源全集》（第 16 册），《皇朝经世文编》，卷 54—69，礼政，湖南：岳麓书社，2004 年，第 693 页。

④ 参见王荣湟：《〈明史·袁崇焕传〉编纂考》，《元史及民族与边疆研究集刊》，第三十七辑，2019 年，第 249—252 页。

檄前屯守将赵率教、山海守将杨麒，将士逃至者悉斩，人心始定。明日，大军进攻，戴楯穴城，矢石不能退。崇焕令闽卒罗立，发西洋巨炮，伤城外军。明日，再攻，复被却，围遂解，而启倧亦以然炮死。

启倧起小吏，官经历，主赏功事，勤敏有志介。承宗重之，用为通判，核兵马钱粮，督城工，理军民词讼，大得众心。死，赠光禄少卿，世荫锦衣试百户。

初，中朝闻警，兵部尚书王永光大集廷臣议战守，无善策。经略第、总兵麒并拥兵关上，不救。中外谓宁远必不守。及崇焕以书闻，举朝大喜，立擢崇焕右佥都御史，玺书奖励，桂等进秩有差。

我大清初解围，分兵数万略觉华岛，杀参将金冠等及军民数万。崇焕方完城，力竭不能救也。高第镇关门，大反承宗政务，折辱诸将，诸将咸解体。遇麒若偏裨，麒至，见侮其卒。至是坐失援，第、麒并褫官去，而以王之臣代第，赵率教代麒。

我大清举兵，所向无不摧破，诸将罔敢议战守。议战守，自崇焕始。三月复设辽东巡抚，以崇焕为之。①

这些内容与通行本中华书局点校本《明史》内容一样。以下就以通行本的叙述来讨论清初时人对袁崇焕的评价。

《明史》卷259《袁崇焕传》记载：

袁崇焕，字元素，东莞人。万历四十七年进士。授邵武知县。为人慷慨负胆略，好谈兵。遇老校退卒，辄与论塞上事，晓其阨塞情形，以边才自许。

天启二年正月朝觐在都，御史侯徇请破格用之，遂擢兵部职方主事。无何，广宁师溃，廷议扼山海关，崇焕即单骑出阅关内外。部中失袁主事，讶之，家人亦莫知所往。已，还朝，具言关上形势。曰："予我军马钱谷，我一人足守此。"廷臣益称其才，遂超擢佥事，监关外军，发帑金二十万，俾招募。时关外地悉为哈喇慎诸部所据，崇焕乃驻守关内。未几，诸部受款，经略王在晋令崇焕移驻中前所，监参将周守廉、游击左辅军，经理前屯卫事。寻令赴前

① ［清］万斯同：《明史》卷三百六十四《袁崇焕传》，抄本影印本，上海：上海古籍出版社，2008年。

屯安置辽人之失业者。崇焕即夜行荆棘虎豹中，以四鼓入城，将士莫不壮其胆。在晋深倚重之，题为宁前兵备佥事。然崇焕薄在晋无远略，不尽遵其令。及在晋议筑重城八里铺，崇焕以为非策。争不得，奏记首辅叶向高。

十三山难民十余万，久困不能出。大学士孙承宗行边，崇焕请："将五千人驻宁远，以壮十三山势，别遣骁将救之。宁远去山二百里，便则进据锦州，否则退守宁远，奈何委十万人置度外。"承宗谋于总督王象乾。象乾以关上军方丧气，议发插部护关者三千人往。承宗以为然，告在晋。在晋竟不能救，众遂没，脱归者仅六千人而已。及承宗驳重城议，集将吏谋所守。阎鸣泰主觉华，崇焕主宁远，在晋及张应吾、刑慎言持不可，承宗竟主崇焕议。已，承宗镇关门，益倚崇焕。崇焕内拊军民，外饬边备，劳绩大著。崇焕尝核虚伍，立斩一校。承宗怒曰："监军可专杀耶?"崇焕顿首谢，其果于用法类此。

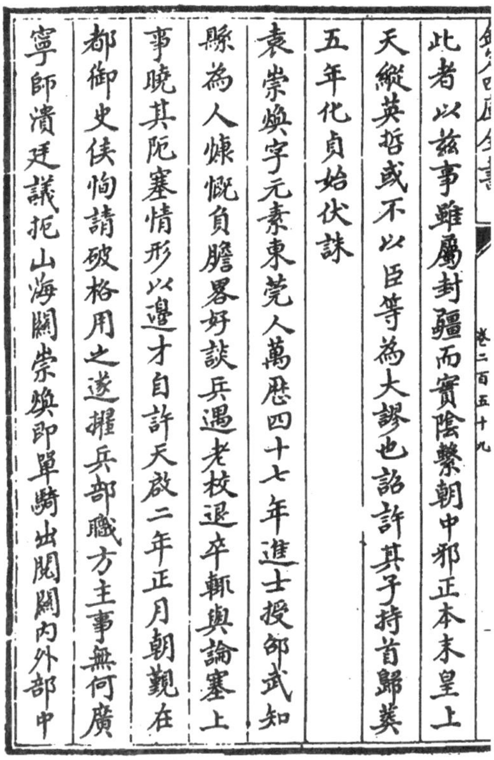
卷二百五十九

此者以兹事雖屬封疆而實陰繫朝中邪正本末皇上
天縱英哲或不以臣等為大謬也詔許其子持首歸葬
五年化貞始伏誅
袁崇煥字元素東莞人萬歷四十七年進士授邵武知
縣為人慷慨負膽畧好談兵遇老校退卒輒與論塞上
事曉其阨塞情形以邊才自許天啟二年正月朝覲在
都御史侯恂請破格用之遂擢兵部職方主事無何廣
寧師潰廷議扼山海關崇煥即單騎出閱關內外部中

《明史·袁崇焕传》书影

三年九月，承宗决守宁远。佥事万有孚、刘诏力阻，不听，命满桂偕崇焕往。初，承宗令祖大寿筑宁远城，大寿度中朝不能远守，筑仅十一，且疏薄不中程。崇焕乃定规制：高三丈二尺，雉高六尺，址广三丈，上二丈四尺。大寿与参将高见、贺谦分督之。明年迄工，遂为关外重镇。桂，良将，而崇焕勤职，誓与城存亡；又善抚，将士乐为尽力。由是商旅辐辏，流移骈集，远近望为乐土。遭父忧，夺情视事。四年九月偕大将马世龙、王世钦率水陆马步军万二千，东巡广宁，谒北镇祠，历十三山，抵右屯，遂由水道泛三岔河而还。寻以五防叙劳，进兵备副使，再进右参政。

崇焕之东巡也，请即复锦州、右屯诸城，承宗以为时未可，乃止。至五年夏，承宗与崇焕计，遣将分据锦州、松山、杏山、右屯及大、小凌河，缮城郭居之。自是宁远且为内地，开疆复二百里。十月，承宗罢，高第来代，谓关外必不可守，令尽撤锦、右诸城守具，移其将士于关内。督屯通判金启倧上书崇焕曰："锦、右、大凌三城皆前锋要地。倘收兵退，既安之民庶复播迁，已得之封疆再沦没，关内外堪几次退守耶！"崇焕亦力争不可，言："兵法有进无退。三城已复，安可轻撤。锦、右动摇，则宁、前震惊，关门亦失保障。今但择良将守之，必无他虑。"第意坚，且欲并撤宁、前二城。崇焕曰："我宁前道也，官此，当死此，我必不去。"第无以难，乃撤锦州、右屯、大、小凌河及松山、杏山、塔山守具，尽驱屯兵入关，委弃米粟十余万。而死亡载途，哭声震野，民怨而军益不振。崇焕遂乞终制，不许。十二月进按察使，视事如故。

我大清知经略易与，六年正月举大军西渡辽河。二十三日抵宁远。崇焕闻，即偕大将桂，副将左辅、朱梅，参将大寿，守备何可刚〔纲〕等集将士誓死守。崇焕更刺血为书，激以忠义，为之下拜，将士咸请效死。乃尽焚城外民居，携守具入城，清野以待。令同知程维楧诘奸，通判启倧具守卒食，辟道上行人。檄前屯守将赵率教、山海守将杨麒，将士逃至者悉斩，人心始定。明日，大军进攻，戴楯穴城，矢石不能退。崇焕令闽卒罗立，发西洋巨炮，伤城外军。明日，再攻，复被却，围遂解，而启倧亦以燃炮死。

启倧起小吏，官经历，主赏功事，勤敏有志介。承宗重之，用为通判，核兵马钱粮，督城工，理军民词讼，大得众心。死，赠光禄少卿，世荫锦衣试百户。

初，中朝闻警，兵部尚书王永光大集廷臣议战守，无善策。经略第、总兵麒并拥兵关上，不救。中外谓宁远必不守。及崇焕以书闻，举朝大喜，立擢崇焕右佥都御史，玺书奖励，桂等进秩有差。

我大清初解围，分兵数万略觉华岛，杀参将金冠等及军民数万。崇焕方完城，力竭不能救也。高第镇关门，大反承宗政务，折辱诸将，诸将咸解体。遇麒若偏裨，麒至，见侮其卒。至是坐失援，第、麒并褫官去，而以王之臣代第，赵率教代麒。

我大清举兵，所向无不摧破，诸将罔敢议战守。议战守，自崇焕始。三月复设辽东巡抚，以崇焕为之。魏忠贤遣其党刘应坤、纪用等出镇。崇焕抗疏谏，不纳。叙功，加兵部右侍郎，赉银币，世荫锦衣千户。

崇焕既解围，志渐骄，与桂不协，请移之他镇，乃召桂还。崇焕以之臣奏留桂，又与不协。中朝虑偾事，命之臣专督关内，以关外属崇焕画关守。崇焕虞廷臣忌己，上言：“陛下以关内外分责二臣，用辽人守辽土，且守且战，且筑且屯。屯种所入，可渐减海运。大要坚壁清野以为体，乘间击瑕以为用。战虽不足，守则有余；守既有余，战无不足。顾勇猛图敌，敌必仇；奋迅立功，众必忌。任劳则必召怨，蒙罪始可有功。怨不深则劳不著，罪不大则功不成。谤书盈箧，毁言日至，从古已然，惟圣明与廷臣始终之。”帝优旨褒答。

其冬，崇焕偕应坤、用、率教巡历锦州、大、小凌河，议大兴屯田，渐复第所弃旧土。忠贤与应坤等并因是荫锦衣，崇焕进所荫为指挥佥事。崇焕遂言：“辽左之坏，虽人心不固，亦缘失有形之险，无以固人心。兵不利野战，只有凭坚城用大炮一策。今山海四城既新，当更修松山诸城，班军四万人，缺一不可。”帝报从之。

先是，八月中，我太祖高皇帝晏驾，崇焕遣使吊，且以觇虚实。我太宗文皇帝遣使报之，崇焕欲议和，以书附使者还报。我大清兵将讨朝鲜，欲因此阻其兵，得一意南下。七年正月再遣使答之，遂大兴兵渡鸭绿江南讨。朝议以崇焕、之臣不相能，召之臣还，罢经略不设，以关内外尽属崇焕，与镇守中官应坤、用并便宜从事。崇焕锐意恢复，乃乘大军之出，遣将缮锦州、中左、大凌三城，而再使使持书议和。会朝鲜及毛文龙同告急，朝命崇焕发兵援。崇焕以水师援文龙，又遣左辅、赵率教、朱梅等九将将精卒九千先后逼三岔河，为牵制之势，而朝鲜已为大清所服，诸将乃还。

崇焕初议和，中朝不知。乃奏报，优旨许之，后以为非计，频旨戒谕。崇焕欲藉是修故疆，持愈力。而朝鲜及文龙被兵，言官因谓和议所致。四月，崇焕上言：“关外四城虽延袤二百里，北负山，南阻海，广四十里尔。今屯兵六万，商民数十万，地隘人稠，安所得食？锦州、中左、大凌三城，修筑必不可已。业移商民，广开屯种。倘城不完而敌至，势必撤还，是弃垂成功也。故乘敌有事江东，姑以和之说缓之。敌知，则三城已完，战守又在关门四百里外，金汤益固矣。”帝优旨报闻。

时率教驻锦州，护版筑。朝命尤世禄来代，又以辅为前锋总兵官，驻大凌河。世禄未至，辅未入大凌，五月十一日大清兵直抵锦州，四面合围。率教偕中官用婴城守，而遣使议和，欲缓师以待救。使三返不决，围益急。崇焕以宁远兵不可动，选精骑四千，令世禄、大寿将，绕出大军后决战。别遣水师东出，相牵制。且请发蓟镇、宣、大兵，东护关门。朝廷已命山海满桂移前屯，三屯孙祖寿移山海，宣府黑云龙移一片石，蓟辽总督阎鸣泰移关城；又发昌平、天津、保定兵驰赴上关；檄山西、河南、山东守臣整兵听调。世禄等将行，大清已于二十八日分兵趋宁远。崇焕与中官应坤、副使毕自肃督将士登陴守，列营濠内，用炮距击。而桂、世禄、大寿大战城外，士多死，桂身被数矢。大军亦旋引去，益兵攻锦州。以溽暑不能克，士卒多损伤，六月五日亦引还，因毁大、小凌河二城。时称宁、锦大捷，桂、率教功为多。忠贤因使其党论崇焕不救锦州为暮气，崇焕遂乞休。中外方争颂忠贤，崇焕不得已，亦请建祠，终不为所喜。七月遂允其归，而以王之臣代为督师兼辽东巡抚，驻宁远。及叙功，文武增秩赐荫者数百人，忠贤孙亦封伯，而崇焕止增一秩。尚书霍维华不平，疏乞让荫，忠贤亦不许。

未几，熹宗崩。庄烈帝即位，忠贤伏诛，削诸冒功者。廷臣争请召崇焕，其年十一月擢右都御史，视兵部添注左侍郎事。崇祯元年四月命以兵部尚书兼右副都御史，督师蓟、辽，兼督登、莱、天津军务，所司敦促上道。七月，崇焕入都，先奏陈兵事。帝召见平台，慰劳甚至，咨以方略。对曰：“方略已具疏中。臣受陛下特眷，愿假以便宜，计五年，全辽可复。”帝曰：“复辽，朕不吝封侯赏。卿努力解天下倒悬，卿子孙亦受其福。”崇焕顿首谢。帝退少憩，给事中许誉卿叩以五年之略。崇焕言：“圣心焦劳，聊以是相慰耳。”誉卿曰：“上英明，安可漫对。异日按期责效，奈何？”崇焕怃然自失。顷之，帝出，即奏言：“东事本不易竣。陛下既委臣，臣安敢辞难。但五年内，户部转军饷，工部给器械，吏部用人，兵部调兵选将，须中外事事相应，方克有济。”帝为饬四部臣，如其言。

崇焕又言：“以臣之力，制全辽有余，调众口不足。一出国门，便成万里。忌能妒功，夫岂无人。即不以权力掣臣肘，亦能以意见乱臣谋。”帝起立倾听，谕之曰：“卿无疑虑，朕自有主持。”大学士刘鸿训等请收还之臣、桂尚方剑，以赐崇焕，假之便宜。帝悉从之，赐崇焕酒馔而出。崇焕以前此熊廷弼、孙承宗皆为人排构，不得竟其志，上言：“恢复之计，不外臣昔年以辽人守辽土，以辽土养辽人，守为正著，战为奇著，和为旁著之说。法在渐不在骤，在实不在虚。此臣与诸边臣所能为。至用人之人，与为人用之人，皆至尊司其钥。何以任而勿贰，信而勿疑？盖驭边臣与廷臣异，军中可惊可疑者殊多，但当论成败之大局，不必摘一言一行之微瑕。事任既重，为怨实多。诸有利于封疆者，皆不利于此身者也。况图敌之急，敌亦从而间之，是以为边臣甚难。陛下爱臣知臣，臣何必过疑惧，但中有所危，不敢不告。”帝优诏答之，赐蟒玉、银币，疏辞蟒玉不受。

是月，川、湖兵戍宁远者，以缺饷四月大噪，余十三营起应之，缚系巡抚毕自肃、总兵官朱梅、通判张世荣、推官苏涵淳于谯楼上。自肃伤重，兵备副使郭广初至，躬翼自肃，括抚赏及朋椿二万金以散，不厌，贷商民足五万，乃解。自肃疏引罪，走中左所，自经死。崇焕以八月初抵关，闻变驰与广密谋，宥首恶杨正朝、张思顺，令捕十五人戮之市；斩知谋中军吴国琦，责参将彭簪古，黜都司左良玉等四人。发正朝、思顺前锋立功，世荣、涵淳以贪虐致变，亦斥之。独都司程大乐①一营不从变，特为奖励。一方乃靖。

关外大将四五人，事多掣肘。后定设二人，以梅镇宁远，大寿仍驻锦州。至是梅将解任，崇焕请合宁、锦为一镇，大寿仍驻锦州，加中军副将何可刚〔纲〕都督佥事，代梅驻宁远，而移蓟镇率教于关门，关内外止设二大将。因极称三人之才，谓“臣自期五年，专藉此三人，当与臣相终始。届期不效，臣手戮三人，而身归死于司败”。帝可之，崇焕遂留镇宁远。自肃既死，崇焕请停巡抚。及登莱巡抚孙国桢免，崇焕又请罢不设。帝亦报可。哈剌慎三十六家向受抚赏，后为插汉所迫，且岁饥，有叛志。崇焕召至于边，亲抚慰，皆听命。二年闰四月叙春秋两防功，加太子太保，赐蟒衣、银币，荫锦衣千户。

崇焕始受事，即欲诛毛文龙。文龙者，仁和人。以都司援朝鲜，逗留辽东。辽东失，自海道遁回，乘虚袭杀大清镇江守将，报巡抚王化贞，而不及经略熊廷弼，两人隙始开。用事者方主化贞，遂授文龙总兵，累加至左都督，挂将军印，赐尚方剑，设军镇皮岛如内地。皮岛亦谓之东江，在登、莱大海中，绵亘八十里，不生草木，远南岸，近北岸，北岸海面八十里即抵大清界，其东北海则朝鲜也。岛上兵本河东民，自天启元年河东失，民多逃岛中。文龙笼络其民为兵，分布哨船，联接登州，以为掎角计。中朝是之，岛事由此起。

四年五月，文龙遣将沿鸭绿江越长白山，侵大清国东偏，为守将击败，众尽歼。八月遣兵从义州城西渡江，入岛中屯田。大清守将觉，潜师袭击，斩五

① 程大乐应为祖大乐之误，祖大乐是明朝辽东将领，祖大寿之堂弟。《崇祯长编》卷一二载：“宁城十三营俱乱，惟都司祖大乐一营不动，命奖之。”

百余级，岛中粮悉被焚。五年六月遣兵袭耀州之官屯寨，败归。六年五月遣兵袭鞍山驿，丧其卒千余。越数日又遣兵袭撒尔河［应为撒尔湖，即萨尔浒］，攻城南，为大清守将所却。七年正月，大清兵征朝鲜，并规剿文龙。三月，大清兵克义州，分兵夜捣文龙于铁山。文龙败，遁归岛中。时大清恶文龙蹑后，故致讨朝鲜，以其助文龙为兵端。

顾文龙所居东江，形势虽足牵制，其人本无大略，往辄败衄，而岁糜饷无算；且惟务广招商贾，贩易禁物，名济朝鲜，实阑出塞，无事则鬻参贩布为业，有事亦罕得其用。工科给事中潘士闻劾文龙糜饷杀降，尚宝卿董茂忠请撤文龙，治兵关、宁。兵部议不可，而崇焕心弗善也，尝疏请遣部臣理饷。文龙恶文臣监制，抗疏驳之，崇焕不悦。及文龙来谒，接以宾礼，文龙又不让，崇焕谋益决。

至是，遂以阅兵为名，泛海抵双岛，文龙来会。崇焕与相燕饮，每至夜分，文龙不觉也。崇焕议更营制，设监司，文龙怫然。崇焕以归乡动之，文龙曰："向有此意，但惟我知东事，东事毕，朝鲜衰弱，可袭而有也。"崇焕益不悦。以六月五日邀文龙观将士射，先设幄山上，令参将谢尚政等伏甲士幄外。文龙至，其部卒不得入。崇焕曰："予诘朝行，公当海外重寄，受予一拜。"交拜毕，登山。崇焕问从官姓名，多毛姓。文龙曰："此皆予孙。"崇焕笑，因曰："尔等积劳海外，月米止一斛，言之痛心，亦受予一拜，为国家尽力。"众皆顿首谢。

崇焕因诘文龙违令数事，文龙抗辩。崇焕厉色叱之，命去冠带縶缚，文龙犹倔强。崇焕曰："尔有十二斩罪，知之乎？祖制，大将在外，必命文臣监。尔专制一方，军马钱粮不受核，一当斩。人臣之罪莫大欺君，尔奏报尽欺罔，杀降人难民冒功，二当斩。人臣无将，将则必诛。尔奏有牧马登州取南京如反掌语，大逆不道，三当斩。每岁饷银数十万，不以给兵，月止散米三斗有半，侵盗军粮，四当斩。擅开马市于皮岛，私通外番，五当斩。部将数千人悉冒己姓，副将以下滥给札付千，走卒、舆夫尽金绯，六当斩。自宁远还，剽掠商船，自为盗贼，七当斩。强取民间子女，不知纪极，部下效尤，人不安室，八当斩。驱难民远窃人参，不从则饿死，岛上白骨如莽，九当斩。辇金京师，拜魏忠贤为父，塑冕旒像于岛中，十当斩。铁山之败，丧军无算，掩败为功，十一当斩。开镇八年，不能复寸土，观望养敌，十二当斩。"数毕，文龙丧魂魄不能言，但叩头乞免。崇焕召谕其部将曰：“文龙罪状当斩否?”皆惶怖唯唯。中有称文龙数年劳苦者，崇焕叱之曰：“文龙一布衣尔，官极品，满门封荫，足酬劳，何悖逆如是!”乃顿首请旨曰：“臣今诛文龙以肃军。诸将中有若文龙者，悉诛。臣不能成功，皇上亦以诛文龙者诛臣。”遂取尚方剑斩之帐前。乃出谕其将士曰：“诛止文龙，余无罪。”

当是时，文龙麾下健校悍卒数万，惮崇焕威，无一敢动者，于是命棺敛文龙。明日，具牲醴拜奠曰：“昨斩尔，朝廷大法；今祭尔，僚友私情。”为下泪。乃分其卒二万八千为四协，以文龙子承祚、副将陈继盛、参将徐敷奏、游击刘兴祚主之。收文龙敕印、尚方剑，令继盛代掌。犒军士，檄抚诸岛，尽除文龙虐政。还镇，以其状上闻，末言：“文龙大将，非臣得擅诛，谨席稾待罪。”时崇祯二年五月也。帝骤闻，意殊骇，念既死，且方倚崇焕，乃优旨褒答。俄传谕暴文龙罪，以安崇焕心；其爪牙伏京师者，令所司捕。崇焕上言：“文龙一匹夫，不法至此，以海外易为乱也。其众合老稚四万七千，妄称十万，且民多，兵不能二万，妄设将领千。今不宜更置帅，即以继盛摄之，于计便。”帝报可。

崇焕虽诛文龙，虑其部下为变，增饷银至十八万。然岛弁失主帅，心渐携，益不可用，其后致有叛去者。崇焕言：“东江一镇，牵制所必资。今定两协，马军十营，步军五，岁饷银四十二〔三〕万，米十三万六千。”帝颇以兵减饷增为疑，以崇焕故，特如其请。

崇焕在辽，与率教、大寿、可刚〔纲〕定兵制，渐及登、莱、天津，及定东江兵制，合四镇兵十五万三千有奇，马八万一千有奇，岁费度支四百八十余万，减旧一百二十余万。帝嘉奖之。

文龙既死，甫逾三月，我大清兵数十万分道入龙井关、大安口。崇焕闻，即编督大寿、可刚〔纲〕等入卫。以十一月十日抵蓟州，所历抚宁、永平、迁安、丰润、玉田诸城，皆留兵守。帝闻其至，甚喜，温旨褒勉，发帑金犒将士，令尽统诸道援军。俄闻率教战殁，遵化、三屯营皆破，巡抚王元雅、总兵朱国彦自尽，大清兵越蓟州而西。崇焕惧，急引兵入护京师，营广渠门〔左安门〕外。帝立召见，深加慰劳，咨以战守策，赐御馔及貂裘。崇焕以士马疲敝，请入休城中，不许。出与大军鏖战，互有杀伤。

时所入隘口乃蓟辽总理刘策所辖，而崇焕甫闻变即千里赴救，自谓有功无罪。然都人骤遭兵，怨谤纷起，谓崇焕纵敌拥兵。朝士因前通和议，诬其引敌胁和，将为城下之盟。帝颇闻之，不能无惑。会我大清设间，谓崇焕密有成约，令所获宦官知之，阴纵使去。其人奔告于帝，帝信之不疑。十二月朔再召对，遂缚下诏狱。大寿在旁，战栗失措，出即拥兵叛归。大寿尝有罪，孙承宗欲杀之，爱其才，密令崇焕救解。大寿以故德崇焕，惧并诛，遂叛。帝取崇焕狱中手书，往召大寿，乃归命。

方崇焕在朝，尝与大学士钱龙锡语，微及欲杀毛文龙状。及崇焕欲成和议，龙锡尝移书止之。龙锡故主定逆案，魏忠贤遗党王永光、高捷、袁弘勋、史𡎖辈谋兴大狱，为逆党报仇，见崇焕下吏，遂以擅主和议、专戮大帅二事为两人罪。捷首疏力攻，𡎖、弘勋继之，必欲并诛龙锡。法司坐崇焕谋叛，龙锡亦论死。三年八月遂磔崇焕于市。兄弟妻子流三千里，籍其家。崇焕无子，家亦无余赀，天下冤之。

崇焕既缚，大寿溃而去。武经略满桂以趣战急，与大清兵战，竟死，去缚崇焕时甫半月。初，崇焕妄杀文龙，至是帝误杀崇焕。自崇焕死，边事益无人，明亡征决矣。①

《明史·袁崇焕传》是万斯同等史学家广泛查阅资料，反复斟酌而定稿，所述内容较为符合历史事实。该传评价袁崇焕：①有胆略，如说他“为人慷慨负胆略”“夜行荆棘虎豹中，以四鼓入城，将士莫不壮其胆”等。②忠于明朝，有济国安邦的抱负和才能，如“以边才自许”“‘予我军马钱谷，我一人足守此。’廷臣益称其才”点明他有为国守边的抱负；他坚守宁远城，提出：“我宁前道也，官此，当死此，我必不去。”“崇焕内拊军民，外饬边备，劳绩大著”“崇焕勤职，誓与城存亡；又善抚，将士乐为尽力”“崇焕更刺血为书，激以忠义，为之下拜，将士咸请效死”，说明他忠诚爱国，尽心尽职，能力强，善于笼络人心，取得很好功绩。③是战略家和国家栋梁，是明清斗争中的重要人物，“我大清举兵，所向无不摧破，诸将罔敢议战守。议战守，自崇焕始。”他是开创一代局面的战略家。“自崇焕死，边事益无人，明亡征决矣”，他是大明江山的擎天柱石，他一死，明朝离灭亡也不远了。他的生死与明朝兴亡密切相

① ［清］张廷玉等：《明史》卷二百五十九《袁崇焕传》，北京：中华书局，1974 年，第 6707—6719 页。

关，此话虽有所夸大个人在历史发展中的作用，但可以反映时人对袁崇焕评价极高。④过于耿直，如他越过王在晋，向首辅叶向高报告事情就属于当时官场十分忌讳的越级奏事，但袁崇焕为了疆场大事，顾不了那么多。高第认为关外无法守，下令尽撤锦州、右屯诸城，袁崇焕据理力争而不获接纳，袁崇焕最后选择不执行命令，死守宁远。袁崇焕耿直有余，圆滑不足，不太懂官场险恶，导致最后被恶人中伤而被冤杀。⑤过于越权专断。"崇焕尝核虚伍，立斩一校。"此越权擅杀之举受到督师孙承宗严厉斥责。《明史》本传评价他"果于用法"。后来袁崇焕杀毛文龙，《明史》本传称之为"妄杀"也比较中肯。袁崇焕虽有尚方宝剑，但无权杀毛文龙这一级别的边疆大将，袁崇焕自己在向崇祯帝请罪时也说："文龙大将，非臣得擅诛，谨席藁待罪。"⑥宁远大捷后开始有点骄傲，"志渐骄"，与满桂、王之臣不和，产生矛盾。后来满桂在袁崇焕被捕后落井下石，诬告袁崇焕谋反，也是导致袁崇焕惨死的原因之一。在崇祯平台召对时，提出"五年复辽"考虑欠周详，为后来被杀留下把柄。⑦不贪财，袁崇焕被杀后被抄家，"家亦无余赀"，袁崇焕任官多年，家里没有多余财产，较为拮据。他廉洁奉公，不贪公帑，不收贿赂，这在当时受贿公行的社会背景下是非常难得的。⑧袁崇焕获罪是天下冤狱，"天下冤之"。《明史》在该卷传后的"赞"言及："崇焕智虽疏，差有胆略，庄烈帝又以谗间诛之。国步将移，刑章颠覆，岂非天哉！"[①] 再次点明袁崇焕聪明才智虽有点欠缺，但有胆略。崇祯帝杀了他是自毁长城，国运将移，不可避免。

总体而言，《明史》本传对袁崇焕的评价非常高，当然，"人无完人"，该传也指出袁崇焕的一些缺点。该传对袁崇焕功过的评价比较客观，彻底洗刷袁崇焕是卖国罪人的恶名，指出他是忠臣，是明清易代中具有重要影响的人物。

二、康熙时期的评价

《明史》颁行于乾隆四年（1739），然而由于此前有清太宗反间计档案的传播，有永历政权的平反，有《明史》纂修者对袁崇焕功过的探讨，这些都逐渐影响时人对袁崇焕的评价。事实上，在《明史》颁行前，一些人已逐步改变

---

① ［清］张廷玉等：《明史》卷二百五十九《袁崇焕传》，北京：中华书局，1974年，第6723页。

对袁崇焕的评价。

1. 康熙时期各地方志对袁崇焕的评价

方志中最先为袁崇焕立传的是康熙二十八年（1689）刻印的《东莞县志》。此前崇祯《东莞县志》虽然隐晦地肯定袁崇焕的言行，但在当时崇祯帝将袁崇焕定为叛国罪人的特殊政治氛围之下，也未敢为袁崇焕立传。

康熙《东莞县志》卷12《人物·袁崇焕传》，将袁崇焕列入“卿贰”类人物，即他是次于卿相的朝中大官，该传叙述：

袁崇焕，字元素，水南人，多才略。由广西乡荐登万历己未进士，授知县，升兵部主事。时广宁丧师，当事者欲划关而守，崇焕谓：“守关当在关外”。遂毅然受甲，□□〔由主〕事历宁前道，丁外艰，有旨夺情，崇焕乃披荆立军门，吊死问伤，与将士同生死，绝烽燧者五载。丙寅正月，宁远复警，焕竭力守御，特诏嘉焉，擢巡抚。先是柳河之败，经略高第檄撤锦右、宁前兵，崇焕力争不可，曰：“宁前道与宁前为存亡，撤宁前，我必不入。”第不得已，止撤锦右兵。崇焕乃定守法，量埤堄为信地，而兵棋布其下，续为十八垛，造直庐三，以车营号令为城操，耳目不惊。攻打彻日，子母炮更迭不穷，已而果用以胜。明年丁卯夏，复有锦州之捷。当是时，十年积靡，一朝复振。会魏珰蓄有异志，忌崇焕，崇焕因请终制，遂罢归。珰诛，手诏起用，赐召对，晋兵部尚书，授以专阃。而岛帅毛文龙，恃其腹党布满中外，冒功养寇，渐跋扈。崇焕渡海，入其军，数文龙十二罪，斩之，一时皆惊其能，而识者以为崇焕自此不知死所矣。时蓟门单弱，崇焕请宿重兵，遵抚力却不用，后果有警。崇焕乃星夜入援，日驰三百里，兵不解甲，驻兵砂窝门。会总兵满贵〔桂〕战死，毛党遂构流言，诬崇焕将为变。阴以节钺诱崇焕，裨将证成其罪，乃置极典。阁臣成基命、冢宰王永光皆疏申救，不报。

崇焕无子，籍没之日，一无所积。时有江南布衣程更生，冒死白其冤，其疏略曰：“窃惟‘忠无不信，诚不见疑’。过听斯言，实为祸本，宁独昔者邹阳寒心于梁狱哉！如皇上今日特鉴袁崇焕锦、宁战守两次殊功，起之田间，付以重事，皇上信任崇焕者千载无两；崇焕仰感信任之恩、特达之遇，矢心誓日，有死无生，以期报皇上者，亦千古无两。夫以千里赴援，餐霜宿露，万兵百将，苦死无言。而且忍馁茹疲，背城血战，则崇焕之心迹，与诸将之用命，亦概可知矣。今一旦执崇焕而付之理，将将之微权，固自神武不测；而讹言流布，种种猜疑，其巷议街谈，不堪入耳者，臣不必为崇焕辩。总之崇焕恃恩太过，任事太繁，而抱心太热。平日任劳任怨，既所不辞，今日来谤来疑，宜其自取。独今崇焕就执，将士惊惶，彻夜啼号，莫知所处。而城头炮石，乱打多兵，骂詈之言，骇人闻听。遂以万余精锐，一溃而散。夫此宁关数万之众，皆皇上竭天下物力，养之千日用之一朝者也。今日因群疑而执崇焕，执崇焕而轻弃数万生灵，亦非崇焕之蒙冤，实天之不悔祸也。崇焕一出辽东，此身此首不拟付之沙场，即拟付之法市，争早晚原不争生死，崇焕筹之稔矣。惟是臣于崇焕，门生也，生平意气豪杰相许，崇焕冤死，义不独生。伏乞皇上并收臣狱，与崇焕并斩于市。崇焕为封疆社稷臣，不失忠；臣为崇焕纲常士，不失义。臣与崇焕虽蒙冤地下，含笑有余荣矣。”书上，与崇焕并戮于市。更生，徽州人。

前《志》论曰：当辽事倥偬之时，疆吏寒心，朝端束手，袁崇焕甫入枢曹，毅然受甲。其死生利败，固已付之度外矣，岂复有存躯保妻子之念哉？卒之谗仇交构，骈首就戮，伤哉冤乎？读余石衲《剖肝录》、程更生《矶声疏》，直一字一血矣。虽然事之本［末］未至于水落石出，国史自有定评，千秋自有公论，聊以俟之。独是崇焕只手擎天，位都通显，而籍没之时，搜索家资，曾无半亩之田，一椽之屋，此真国尔忘家，一丝不挂者。是又前《传》中之所未及，所宜表而出之者也。①

康熙《东莞县志》记述了袁崇焕在国家危难之际，毅然投笔从戎，将生死置之度外。出征关外后，在前线与边关将士同生共死，取得宁远、宁锦两次大捷。后因魏忠贤陷害，被迫辞职。崇祯帝诛杀魏忠贤后，重新启用袁崇焕，授以专权。袁崇焕杀了犯下冒功养寇等十二罪状的毛文龙，毛文龙之死罪有应得，为所谓袁崇焕“妄杀”毛文龙辩护。虽然此举彰显了袁崇焕的雷厉风行、敢作敢为，但袁崇焕侵犯了至高无上的皇权，为后来惨死埋下伏笔。袁崇焕提出蓟镇空虚，要加强防守，但没有引起朝廷重视，最终使清军从此破关而入，

① ［清］郭文炳修，张朝绅、李作楫纂：《东莞县志》卷十二《人物一》，康熙二十八年刻本，载广东省地方史志办公室编：《广东历代方志集成·广州府部（22）》，广州：岭南美术出版社，2007年，第560—562页。

围困京师。袁崇焕虽奋力救援京师，终因谗言被杀。该志还引用程本直的上疏说明袁崇焕对明朝是忠心耿耿。该志最后发表的议论高度评价袁崇焕“真国尔忘家，一丝不挂”，为了国家大事而不顾家庭，身居高位却财产稀少，宜大书特书加以表彰。该志认为袁崇焕的冤屈当时虽然未能水落石出，但历史自有公论，人们将拭目以待。当然，该志所述袁崇焕事迹略显简略，对其监军山海关前拜谒熊廷弼、宁远大捷、宁锦大捷以及京师保卫战的过程、平台召对等语焉不详。

清朝统治者入关后，虽于顺治二年（1645）设置明史馆着手修撰《明史》，但并未有实质性的编写工作。康熙十八年（1679），在全国政局趋于稳定的情况下，清政府再次启动《明史》的编撰工作。万斯同主笔的《明史稿》纂成于康熙四十一年（1702），这是《明史》的最初版本。康熙《东莞县志》刊刻于康熙二十八年（1689），距《明史稿》初成还早十三年，该志的袁崇焕传记虽是感情色彩浓重，但所记事实较为客观，与后来《明史》有关袁崇焕的评价出入不大，反映了志书编纂者的史识。纂修者张朝绅是张家玉堂叔，而张家玉一向敬佩袁崇焕，写有多首悼念袁崇焕的诗。这或许也是因为张朝绅特别注重袁崇焕传记的书写。

该志最后的议论有“前《志》论曰”，从字面上看，好像评论内容是引用此前旧志。事实上，康熙《东莞县志》之前的一部县志——崇祯《东莞县志》并未给袁崇焕立传，而且在当时对袁崇焕“叛国”之事讳莫如深的政治氛围下，要公开给予表扬是不可能的，要承担很大的风险。这些议论是纂修者张朝绅等所作，伪托它是前人之言，是因为当时清政府还未正式为袁崇焕平反，县志里公开为其鸣冤，表彰其功德，有可能存在一定风险。

除此之外，康熙《东莞县志》还在其它地方，通过相关人物或事件记载袁崇焕事迹。

康熙《东莞县志》卷八“选举二”载：明万历四十七年进士，“袁崇焕，庄际昌榜，官至宫保、尚书，巡抚辽东。”“封赠”条又记：“袁世祥，以孙崇焕贵，累赠兵部右侍郎，右佥都右都御史”，“袁子鹏，以子崇焕贵，封副使，累赠兵部右侍郎，右佥都右都御史”。[①] 这些内容与崇祯《东莞县志》相同，

① ［清］郭文炳修，张朝绅、李作楫纂：《东莞县志》卷八《选举三》，康熙二十八年刻本，载广东省地方史志办公室编：《广东历代方志集成·广州府部（22）》，广州：岭南美术出版社，2007年，第485、505页。

是袭用旧志内容。

康熙《东莞县志》卷十二还通过《余大成传》来记载袁崇焕之冤：

余大成，字集生，别号石衲，负才喜侠，料事有先见。由进士任兵部职方司郎中，因论救督师袁崇焕，为权相所中，谪戍电白。入广，特登罗浮，取道东莞，以吊祭督师，慷慨呜咽，不能仰视。吊毕，将崇焕前后所上职方有黔［钤］印副本，手付焕弟袁崇煜，并著《剖肝录》于疏后，记督师得罪本末甚详。又为大书其末曰："督师得罪大略与岳武穆相似。然武穆有子霖、孙珂能白其冤，而督师竟尔嗣绝，谁复为《金陀粹编》者？可叹也！"词甚激切，读者伤之。①

余大成因为上疏救袁崇焕被贬，但他保留有袁崇焕上兵部的奏疏副本，他写的《剖肝录》详细记载了袁崇焕获罪始末，为袁崇焕鸣冤，言辞激切，读者神伤。该志《流寓》一目只编入苏轼、罗通、余大成三人，可见余大成在时人中的重要位置，他是因为袁崇焕而与东莞发生联系的。

康熙《东莞县志》还记载，袁崇焕被乡人供奉祭祀至少在明清之际已开始。该志卷九《祠庙》记载：

三界庙在水南内，祠大司马袁公崇焕。

并在此条内容下收录了张家玉拜谒该祠庙的诗。此文后还附有五首袁崇焕所作的诗，这些诗都表明袁崇焕一心为国的心迹：

《度岭诗》

功名劳十载，心迹渐依违。
忍说还山是，难言出塞非。
主恩天地重，臣遇古今稀。
数卷封章外，浑然旧日归。

① ［清］郭文炳修，张朝绅、李作楫纂：《东莞县志》卷十二《人物八》，康熙二十八年刻本，载广东省地方史志办公室编：《广东历代方志集成·广州府部（22）》，广州：岭南美术出版社，2007年，第625页。

《南还别陈翼所总戎诗》

慷慨同仇日，间关百战时。
功高明主眷，心苦后人知。
麋鹿还山便，麒麟绘阁宜。
去留都莫讶，秋草正离离。

《边中送别诗》

五载离家别路悠，送君寒浸宝刀头。
欲知肺腑同生死，何用安危问去留。
杖策只因图雪耻，横戈原不为封侯。
故园亲侣如相问，愧我边尘尚未收。

《山海关送季弟南还诗》

公车犹记昔年情，万里从戎塞上征。
牧圉此时犹捍御，驰驱何日慰升平。
由来友爱钟吾辈。肯把须眉负此生。
去住安危俱莫问，燕然曾勒古人名。

弟兄于汝倍关情，此日临歧感慨生。
磊落丈夫谁好剑？牢骚男子尔能兵？
才堪逐电三驱捷，身上飞鹏一羽轻。
行矣乡邦重努力，莫耽疏懒堕时名。

《偕诸将游海岛诗》

战守逶迤不自由，偏因胜地动深愁。
荣华我已知庄梦，忠愤人将谓杞忧。
边衅久开终是定，室戈方操几时休？

片云孤月应肠断，椿树凋零又一秋！①

袁崇焕这些诗，都是表明他早已将生死度外，不为功名利禄、荣华富贵，誓死为国守边、建功立业的决心，“杖策只因图雪耻，横戈原不为封侯”，为读者传递一个有血性有担当的袁大将军形象，是从另一个角度称赞袁崇焕的好品德。

康熙《东莞县志》除了通过收录袁崇焕诗歌来赞誉他之外，在卷十三《艺文三》中收录了袁崇焕的《乞守制疏》：

臣于本月十二日奏：“为君恩当报，子道难亏，伏乞皇明，俯容守制，以重彝伦，以崇孝治事。”奉圣旨：“边疆重任，袁崇焕着遵前旨，照旧供职，不必再陈。该部知道，钦此。”切惟臣何官也，而再辱皇上之明命，将趋跄捐糜之不暇，何敢再陈。但守制大典至大，典之不克遂，则曰夺情。夫情而夺之，事为拂经，心为残忍，残忍拂经，尚何颜以抗于将吏之上。军中少长有礼，吉凶以时，臣先为不律之身，执何纪以律兵士。而天理良心，寸衷有赫，臣亦欲夺情，而情之不可夺者，已煎灼于臣之肺腑矣。况臣绝裾以出，臣父再见无期，舐犊之思，忧郁而没。臣父之死因臣，而臣之身不还之于父，令其九原贻痛，仍是望子之魂。一夫足关天地之和，是父是子，遂不足动皇上之恻隐乎？若从封疆起见，代臣者壮心伟略，过臣数倍。阁督抚之为封疆计，当不后于皇上。若敌情之急，臣必衰服临戎，自不能去，焉用皇上之督促？忆广宁初溃之日，皇上何尝督促，而臣自匹马遄行，身既在朝，为臣死忠，业已蒙皇上之许可。今终天之恨，为子死孝，独不蒙皇上之矜怜，如使臣还任而有补也。臣亦何惜裂此身之检，以为皇上驰驱。但闻讣至今，泪血已枯，气息将尽，即勉强撑离魂之壳以回车，终必哀毁忧思而待尽。皇上留一死臣以在边用而不得用，何如放一生臣以还里不用而后日仍用之。此臣极悲极苦沥血而再控之皇上者也。臣岂不知身位微薄，不宜再渎天聪，然思从中来，遂已冒皇上之斧钺矣。伏乞皇上孝思遐布，恩恤臣私，容臣回籍守制。用其身而且烛其隐，天下将仰

① ［清］郭文炳修，张朝绅、李作楫纂：《东莞县志》卷九《祠庙》，康熙二十八年刻本，载广东省地方史志办公室编：《广东历代方志集成·广州府部（22）》，广州：岭南美术出版社，2007 年，第 525—526 页。

明主之能曲体臣私，应马骨以来者，不期而至矣。臣再冒天威，不胜悚惧陨越之至。①

纂修者收录此疏，意在表明袁崇焕乃孝子，是十分重视纲常伦理之人，即使是冒着触怒皇帝的危险，在皇帝已经明令夺情的情况下，依然上疏请求守制。袁崇焕要为边关将士树立起榜样，律己才能律人。同时也向家乡父老说明袁崇焕不能为父守制，完全是朝廷夺情之故。袁崇焕泣血上书，言辞悲哀，痛苦万分，着实可怜。

同卷《艺文四》还收录了崇祯时曾任刑部尚书的东莞人李觉斯的《〈剖肝录〉〈矶声〉小引》一文，李觉斯高度赞扬袁崇焕的忠贞：

督师自如袁公，天生忠烈，热血满腔，以一力而捍御危疆，多年间关战阵，劳苦功高，不幸忠而见忌，遂殒身于二三谗邪之手。此段冤抑，天地为愁，鬼神为泣，比之岳武穆，当亦古今同慨者。于是朝宁上有识者何尝不知之惜之，而谁敢声言之？值此危疑之际，不谓余、程二公竟敢挺身为之洗雪，在程且又杀身而不顾。今观其《剖肝录》与《矶声》，言言实迹，字字肺肝，读之直一字一血，可歌可哭，殆令人感叹欷嘘，而不能自已者。吁！公可谓一代幽忠矣！余石衲、程布衣不亦千古义侠哉！总之，天地间直道常存，精忠难没，从来忠臣烈士，纵能掩抑一时，而终不能不表暴于烟消雾散之日，有此二编为公案，异日自当光昭史册，公亦可以破涕为笑，瞑目九原矣。独谓均是人耳，有仗义执言之良友，而又有下石卖主之辽将（原小字注：“此指谢尚政”），何人品之熏莸顿殊也。曰：此天地之所以为大也，并表而出之可也。②

李觉斯高度评价袁崇焕劳苦功高，是一代忠臣，他是被奸臣陷害致死，其冤情惊天地泣鬼神，与岳飞之冤屈同类。通过表彰不惜杀身成仁的程本直、仗

---

① ［清］郭文炳修，张朝绅、李作楫纂：《东莞县志》卷十三《艺文三》，康熙二十八年刻本，载广东省地方史志办公室编：《广东历代方志集成·广州府部（22）》，广州：岭南美术出版社，2007 年，第 674 页。

② ［清］郭文炳修，张朝绅、李作楫纂：《东莞县志》卷十三《艺文四》，康熙二十八年刻本，载广东省地方史志办公室编：《广东历代方志集成·广州府部（22）》，广州：岭南美术出版社，2007 年，第 690—691 页。

义执言之余大成两位千古义侠，说明袁崇焕光明磊落、一心为国，高尚的人品使得友人可以为其献身。同时，文中还鞭挞了落井下石、卖主求荣、人品很差的谢尚政。认为袁崇焕之冤屈终将大白于天下，精忠报国之事迹必将彪炳史册。

李觉斯在此文中强调精忠报国、高尚人品，他本人在明清易代时的所作所为却让人不齿。他推崇忠君报国，自己却主动剃发降清。张家玉在东莞等地抗清，给养困难，就向退隐还乡的李觉斯借钱筹饷，但他却断然拒绝。张家玉在他门前等候了数日，向他晓以大义，声泪俱下，但他不为所动。张家玉部下实在看不下去了，就没收了他的财产。李觉斯就此与张家玉结下不共戴天之仇，借助清军之手，挖了张家玉先人的坟墓，毁坏其家庙，灭了张家玉族人，将其村子夷为平地。《明史·张家玉传》记载："觉斯怨家玉甚，发其先垄，毁及家庙，尽灭家玉族，村市为墟。家玉过故里，号哭而去。"① 张家玉悲愤写下诗句"可怜司寇堂堂职，忍负君王作叛奴"②，对"叛奴"李觉斯进行讽刺和批判。后张家玉自杀殉国，李觉斯还帮清军指认尸首。乾隆中，进士檀萃在《楚庭稗珠录》也对李觉斯进行批评："尚书以重臣遭国难，犹自怙其资，（张家玉）乞而不与，然后籍之，良不为过；乃恃前隙，反面倒戈，灭文烈之宗，真不齿人数矣！事具《明史》，岂可讳之？乃《广志》犹列尚书于名臣传，与香山何相国一列褒之，载笔者伊谁，能无受金之疑乎？"③ 李觉斯可以作为一面镜子，反照袁崇焕的忠贞。

清朝第一部广州府志于康熙十二年（1673）开始着手纂修，当时有上谕命各省府州县修志，康熙《广州府志》纂修者之一余云祚在序言中说："今都宪大中丞奉上谕命纂修《广东通志》，广虽一郡，然地当都会，实为岭南十郡兵戍财赋之区，维时郡太守汪实总裁焉，乃趣予不佞勷所未逮"④。该志由时任广州知府汪永瑞主修，聘请余云祚、杨锡震等人撰写。汪永瑞，江南吴县（今江苏）人，顺治进士，康熙九年（1670）任广州知府。余云祚，顺德人，历官知县、中书等。杨锡震，字宝山，号勉庵，香山人。康熙三十二年（1693）举人。由于汪永瑞死于任上，失去官方的支持，该志纂修一度中断。杨锡震于康

① ［清］张廷玉等：《明史》卷二百七十八《张家玉传》，北京：中华书局，1974 年，第 7133 页。
② ［明］张家玉撰，杨宝霖点校：《张家玉集》，广州：广东高等教育出版社，1992 年，第 151 页。
③ ［清］檀萃：《楚庭稗珠录》卷三《粤囊下》，广州：广东人民出版社，1982 年，第 108 页。
④ 李默：《广东方志要录》，广州：岭南美术出版社，2014 年，第 20 页。

熙三十二年（1693）后归乡，才重新整理此志。杨锡震是以平民身份续修，自然无力刻印卷帙浩繁之作。现今所见《新修广州府志》为抄本，没有刊刻。

《新修广州府志·袁崇焕传》具体传文内容，很有可能来自康熙二十八年（1689）刻印的《东莞县志》。府志修撰一般会要求所属各县提供资料。通过比较广州府志和东莞县志传文，也可以发现《新修广州府志》的袁崇焕传，除删除康熙《东莞县志·袁崇焕传》传文最后的议论文字、改动个别语句和删减个别句子之外，绝大部分内容与之相同。由于《新修广州府志·袁崇焕传》较为少见，为便于读者比较，此处全文照录：

袁崇焕，字元素，东莞人，生有四方之志，多才能，遇事有经济。登广西乡荐，万历己未成进士，授知县，升兵部主事。辽左发难，自万历末年，时承平日久，民不知兵。经、督委非其任。将军刘铤、杜松、陈策等皆威望素著，血战沙场，卒以身殉。天启壬戌，广宁师溃，当事者欲划关而守，崇焕愤不顾身，谓守关当在关外，遂毅然受甲，由主事历宁前道。丁外艰，有旨夺情，崇焕乃披荆立军府，吊死问伤，与辽人同生死，绝烽燧者五载。丙寅正月，宁远复警，崇焕竭力守御，功高，诏嘉焉，擢巡抚，与金吾俱受世荫。丁卯夏，复有锦州之捷。魏珰尽攘为己功。时珰已有异志，素忌崇焕。会崇焕固请终制，遂罢归。崇祯初，上思其才，手诏起之田间，召对优异，晋大司马，授以专阃。崇焕受事，时毛文龙在东江，縻金钱数十万，无尺寸之功，扬帆登莱，渐示跋扈，腹党布满中外。崇焕渡海，入其军，数文龙十二罪，立斩之，一军帖然。据实奏闻，席藁待辜。有旨褒美。举朝皆惊其能，然识者以为崇焕自此不知死所矣。党兴之众，贿赂之多，其能一朝居乎？崇焕亦自言于上，谓：“用臣信臣，虽谤盈不问，臣得一意向前，义无返顾。如或不然，独力何施。今匿名文帖中外已不少，臣死何足惧，但恐罹不测，则人将以臣为戒，而东何由平，臣心知而危之。”时蓟门单弱，崇焕早虑之，请宿重兵。遵抚力却不用，后果有警。崇焕乃星夜入援，日驰三百里，兵不解甲，砂窝门一战，胜之。竟以同事者谗构，流言四出，逮置极典。阁臣成基命、冢宰王永光皆疏申救，不报。籍没之日，无子，亦无所积。时有江南布衣程更生，冒死白其冤，其疏略曰：“窃惟‘忠无不信，诚不见疑’。过听斯言，实为祸本，宁独昔者邹阳寒心于梁狱哉！如皇上今日特鉴袁崇焕锦、宁战守两次殊功，起之田间，付以辽事，皇上信任崇焕者千载无两；仰感信任之恩、特达之遇，矢心誓日，有死无生，以期报皇上者，亦千古无两。夫以千里赴援，餐霜宿露，万兵百将，苦死无言。而且忍馁茹疲，背城血战，则崇焕之心迹，与诸将之用命，亦概可知矣。今一旦执崇焕而付之理，将将之微权，固自神武不测；而讹言流布，种种猜疑，其巷议街谈，不堪入耳者，臣不必为崇焕辩。总之崇焕恃恩太过，任事太繁，而抱心太热。平日任劳任怨，既所不辞，今日来谤来疑，宜其自取。独念崇焕就执，将士惊惶，彻夜啼号，莫知所处。而城头炮石，乱打多兵，骂詈之言，骇人闻听。遂以万余精锐，一溃而散失。此宁关数万之众，实皇上竭天下物力，养之千日用之一朝者也。今日因群疑而执崇焕，执崇焕而轻弃数万生灵，亦非崇焕之蒙冤，实天之不悔祸也。崇焕一出辽东，此身此首不拟付之沙场，即拟付之法市，争早晚原不争死生，崇焕筹之稔矣。惟是臣于崇焕，门生也，生平意气豪杰相许，崇焕冤死，义不独生。伏乞皇上并收臣狱，与崇焕骈斩于市。崇焕为封疆社稷臣，不失忠；臣为崇焕纲常士，不失义。臣与崇焕，虽蒙冤地下，啣笑有余荣矣。”书上，与崇焕并戮于市。更生，徽州人。[1]

《新修广州府志》卷三十一在“忠贞列传”条目下为袁崇焕立传，可见编纂者认可袁崇焕为忠贞之臣。该传高度赞扬袁崇焕有远大志向，有经邦济国之才。袁崇焕遭奸人谗言被害，是天下奇冤。

清代第一部《广东通志》也于康熙十二年（1673）开始编纂，由两广总督金光祖主持，莫庆元等人纂修，在初稿即将完成之际，“三藩之乱”爆发，战乱导致此志无法刊行，直到康熙三十六年（1697）才面世。康熙《广东通志》卷一六《人物上》也为袁崇焕立传。传文与康熙《新修广州府志》几乎一样，两者可能都来自康熙《东莞县志》。康熙《广东通志》卷一六也为抗清殉国的陈子壮、张家玉、陈邦彦等“岭南三忠”立传，可见此时“文字狱”尚不严重，修撰者尚可较为自由地表达自己的感情。而且，忠君爱国是统治者乐于推崇的永恒话题。

① ［清］汪永瑞修，余云祚、杨锡震纂：《新修广州府志》卷三十一《人物志三》，康熙十二年抄本，载广东省地方史志办公室编：《广东历代方志集成·广州府部（3）》，广州：岭南美术出版社，2007年，第764—765页。

2. 康熙时期的其它评价

吴伟业（1609—1672）是明末清初著名诗人，其《鹿樵纪闻》记载明末事迹。康熙年间，太仓文人唐孙华是吴伟业、吴暻父子的朋友，读了《鹿樵纪闻》后，唐孙华作诗《读梅村先生〈鹿樵纪闻〉有感题长句》六首，诗之四是悼念袁崇焕之死：

一旅谁知扼紫荆，蜩螗聒耳正纷争。
腹书竞伏狐鸣火，手庶频惊鹤唳兵。
直待临危思翦牧，可应先事戮韩彭。
石头袁粲真堪惜，自坏边关万里城。①

下注：“指东莞督师袁公崇焕。”唐孙华指出，在辽东局势纷扰不宁的情况下，袁崇焕孤军扼守边关，积极动员老百姓参与抵抗，屡次取得战争胜利。他将袁崇焕比作王翦、李牧、韩信、彭越等名将，分量极重。他以南朝宋室忠臣袁粲反抗把持朝政的萧道成而被杀的典故，对袁崇焕被杀表示惋惜，认为崇祯帝杀袁此举是明廷自毁边关长城。该诗集选编者沈德潜（1673—1769）是乾隆时期翰林院编修、诗人、学者，他编写《清诗别裁集》其中一个用意就是指陈得失，他在唐孙华诗后发表了议论：“诛袁崇焕，此我朝用间，而前明为间所愚也。事后追悔，何益哉！”②

今本《鹿樵纪闻》中没有反映袁崇焕案件的文字，但从唐孙华的诗文中，我们可以推知吴伟业曾明确表示袁崇焕之死是冤案。

屈大均姻亲、东莞人蔡均在康熙二十年（1681）前后辑录《东莞诗集》，以表彰忠烈，其中就有袁崇焕的《率性堂诗集》。蔡均在《〈率性堂诗集〉序》中高度评价了袁崇焕的功勋：

大司马督师袁公以明季进士，由县历西曹，因辽左发难，毅然请缨，以副

① ［清］唐孙华：《读梅村先生鹿樵纪闻有感题长句》，沈德潜选编，吴雪涛、陈旭霞点校：《清诗别裁集》，石家庄：河北人民出版社，1997年，第313页。

② ［清］唐孙华：《读梅村先生鹿樵纪闻有感题长句》，沈德潜选编，吴雪涛、陈旭霞点校：《清诗别裁集》，石家庄：河北人民出版社，1997年，第313页。

使监辽军守山海，迁参政，擢中丞，晋大司马，加宫保，赐尚方，督师阃外，威振边庭，慨然以收复全辽为己任。迹其行军决策，莫不动出万全，以战则胜，以守则固。其丰功伟略，抑何懋也！至所陈备蓟诸疏，累累千言，指陈利害，事无遗算。诚忠肝义胆，忧国深心，而形诸辞者也。及读其诗，虽存十一于千百，然孤忠自矢，洋溢笔端。故观公之诗，而公之心可共白于天下；想公之志，徒令人遗恨千古，则公之为人忠贞节烈，虽死犹生矣。然公之诗文奏疏不下数十卷，奈兵燹之余，遗失殆尽，几使忠臣心血，泯灭于荒烟蔓草中。余所辑遗篇及年时手迹，留在人间者虽不多见，然本于心，发于志，成于诗，与三百篇诗人贞、淫、邪、正并垂不朽。余窃幸正气存此一线，则公之一片孤忠，不与杞宋共叹无征，其在斯乎，其在斯乎！①

蔡均用了很多褒义词“威振边庭”“动出万全”“丰功伟略”“忠肝义胆，忧国深心”“孤忠自矢”“忠贞节烈，虽死犹生”高度赞扬袁崇焕。

明末清初著名思想家黄宗羲（1610—1695）在康熙三十年（1691）撰写的《大学士机山钱公神道碑铭》，对袁崇焕下狱、被杀经过及原因有较为详细的介绍，同时也给予他高度评价：

己巳之冬，大安口失守，兵锋直指阙下，崇焕提援师至。先是，崇焕守宁远，大兵屡攻不得志，太祖患之。范相国文程时为章京，谓太祖曰：“昔汉王用陈平之计，间楚君臣，使项羽卒疑范增而去楚。今独不可以踵其故智乎?”太祖善之，使人掠得小奄数人，置之帐后，佯欲杀之。范相乃曰：“袁督师既许献城，则此辈皆吾臣子，不必杀也。”阴纵之去。奄人得是语，密闻于上，上颔之，而举朝不知也。崇焕战东便门，颇得利。然兵已疲甚，约束诸将不妄战，且请入城稍憩，上大疑焉。复召对，缒城以入，下之诏狱。上虽疑崇焕，犹未有指实，止以逗留罪之。而逆党之恨公（指钱龙锡）者，以为不杀崇焕，无以杀公；不以谋叛，无以杀崇焕；不为毛帅讼冤，则公与崇焕不得同罪。于是出间金数十万，飞箝上下，流言小说，造作端末。不特烈皇证其先入，朝野传告，亦为信然。崇焕之磔，酣讴竟路……崇焕为人粗豪，不持士节，然甲士

① 杨宝霖辑校：《袁崇焕集》附录卷4《〈率性堂诗集〉序》，上海：上海古籍出版社，2014年，第497页。

精强，边备修举，自熊襄愍以后，未见其比。关兵之在城外者，闻其下狱，哄然称乱，矢集皇城，兵部从狱中出其手书止之，其得士心如此。顾使之诬死，从此精锐尽丧，士卒不可以经战阵矣……烈皇在位，两大冤案：郑鄤之狱，督师之叛。①

黄宗羲指出，崇祯帝怀疑袁崇焕通敌是源于后金使用反间计，但初始还不确定。袁崇焕被杀的主要原因是阉党分子到处造谣中伤袁崇焕，他们是以袁崇焕案件为抓手，罗织罪名，以便置钱龙锡于死地。黄宗羲评价袁崇焕为人豪爽，在行军打仗方面很有一套，很得士卒敬重，袁崇焕被诬致死，关宁军也失去了主心骨，军队战斗力基本丧失，不能再作战了。崇祯帝定袁崇焕叛国罪是大冤案，是崇祯帝的失误。当然，这里所说施反间计者是清太祖努尔哈赤则有误，应该是清太宗皇太极。

赵吉士（1628—1706）是清代学者，历任山西省交城县知县、山西清吏司主事、通州中南仓主管等职。在任期间，主持编修史书多部，著有诗作多篇。官声较好。康熙三十七年（1698），赵吉士编著的《二续表忠记》记载明万历年间死于魏忠贤之祸和明末抗清逊节志士事迹，卷二《督师袁公传》为袁崇焕立传，表彰他是明末忠义之士。

明崇祯己巳六月，督师袁崇焕奉赐剑，诛总兵毛文龙于皮岛。十一月京师戒严，下崇焕于狱。庚午八月，亦死于西市。

崇焕，字元素，东莞人。万历己未进士，知邵武县，慷慨饶胆智，好谈兵，恒以边才自许。天启二年正月，朝觐在京，御史侯恂荐其经济，遂擢兵部职方主事。广宁师溃，议守山海关，此职方专责也。而司中忽不见袁主事，询其家人，亦莫知所向。一部诸司皆大骇。已而还朝，历指关上情形，并山川阨塞。在廷益称其才。擢臬佥监关外军务。

寻赴前屯安置辽人之失业者，奉符即于黑夜驰虎狼荆棘中，四鼓叩城而入，将士莫不壮其胆。经略王在晋深倚任之，题为宁前兵备。

议筑重城于八里铺，内阁孙承宗行边，驳之，更议所守，崇焕独主宁远，

① ［清］黄宗羲：《大学士机山钱公神道碑铭》，《黄宗羲全集》第20册，《南雷诗文集》（中），杭州：浙江古籍出版社，2012年，第296、297、298页。

当承宗意，遂以入告，令崇焕同满桂往大兴版筑。阅五月讫工。桂固良将，而崇焕勤于其职，又善抚，将士乐为尽力。商旅集而播迁归，遂为关外重镇。

遭父忧，夺情视事，进参政。

五年十月，承宗罢，高第来代。谓关外必不可守，尽撤锦、右诸城守具，移其将士于关内。督屯通判金启倧上书崇焕曰："锦、右、大凌三城，皆前锋要地，倘收兵退守，既安之百姓复罹播迁，已得之封疆再遭沦没，榆关内外更堪几次退守耶?"崇焕首肯其说，力争不可，而第意不可回，欲并撤宁前。崇焕曰："我宁前监司也，官于此，当死于此。我必不去。"第无以难，乃撤锦州、右屯、大小凌河及松山、杏山、连山、塔山守具，尽驱屯兵屯民入关，委弃米粟十余万，死亡载道，号哭震野，民怨而军声亦以不振。

崇焕乞终制，不允。十二月进按察使，视事如故。

六年正月，大兵渡辽河，直抵宁远。崇焕集将士，刺血为书，誓以死守。椎牛杀马，引佩刀自割其肉，烹以饷士。见者为之堕泪。尽撤城外居民入城，清野以待。城中亦不得私自往来，间谍尽绝。又移檄前屯守将赵率教、山海守将杨麒，将士溃逃至者，悉斩以狥，人心始定。大兵临城，百道进攻，不能克，乃退。

当是时，朝中闻警，咸震惧，本兵恇扰，莫知所出。集廷臣议战守，迄无成策。经略高第、总兵杨麒假护关为名，拥兵不救，中外皆以宁远必不能守。及捷书至，若出意外，举朝大喜，得旨立擢崇焕佥都御史。桂等亦进秩有差。第与麒咸褫官去。

辽土多故以来，文武将吏罔敢挺身任疆事者。自有此捷，而士气渐奋。中朝之议战议守，亦自此始。叙功，加兵部右侍郎，世荫锦衣千户，复设辽东巡抚，以崇焕为之。

其冬，巡历锦州、大小凌河，将大兴屯田。渐复高第所弃旧土。魏忠贤方用事，兵部因以为功，列爵五等。崇焕亦荫指挥佥事。

崇焕复言辽左之坏，虽由人心不固，亦缘失有形之险，无以固人心。只有凭坚城、用大炮一策。今山海四城既新，亦当修理松、杏诸城。从之。

崇焕锐意图恢复，乘大兵渡鸭绿讨朝鲜，因遣使议和，将以其间缮治锦州、中左、大凌三城，使既往，然后疏闻。会朝鲜、毛文龙俱告急，咸言议和所致。崇焕疏辩。七年五月大兵再围锦州，分攻宁远，旋亦引去。

时中外章奏无不颂忠贤功德，崇焕疏亦及之，而终不为忠贤所喜。因使其党劾崇焕不救锦州为暮气难鼓，崇焕引疾乞休。七月遂允其去，而以王之臣代之。

八月，崇祯即位，廷臣咸请召崇焕。擢为兵部添注右侍郎。元年四月，命以兵部尚书兼副都（御史），督师蓟辽，兼督登津军务。

七月，崇焕入朝，召见平台，对以五年全辽可复。帝退而少憩。给事中许誉卿诘以五年之说。曰："圣心焦劳，姑以是相慰尔。"誉卿曰："上英明，安可漫对。异日按期责效，奈何?"崇焕怃然自失。

顷之，帝出，因奏："东事本不易竣，臣为五年之期，必须兵马钱粮事事凑手。"帝即召户、兵二部，申饬如其言。又奏："臣一出国门，便成万里，忌能妒功，夫岂无人。即不以权力掣臣之肘，亦能以意见乱臣之谋。"帝起立耸听，曰："朕自有主持。"

阁臣刘鸿训请收回王之臣、满桂尚方剑以赐崇焕，假之便宜。帝悉允之。

崇焕之始受事也，即有诛毛文龙之意。疏请遣部臣赴岛上理饷，文龙抗疏驳之。崇焕滋不悦，而诛文龙之意益决。二年五月中，以阅兵为名，泛海抵双岛。文龙来谒，崇焕接以客礼，复坦怀待之，文龙安之不为意。六月五日，邀文龙观将士角射，设幄山上。文龙至，其部卒皆不得入。崇焕诘文龙违令数事，文龙抗辩。崇焕厉色叱之，命去其冠带，执缚，复数其有十二斩罪，遂请尚方斩之帐前。众股栗不敢仰视。乃谕之曰："所诛止文龙一人，余皆无罪，不相及也。"命棺殓文龙。次日具牲醴拜奠，曰："昨日斩尔，朝廷大法；今日祭尔，僚友私情。"为之下泪。乃四分其兵，令文龙子承祚、副将陈继盛、参将徐敷奏、游击刘兴祚辖之。发十万金分犒将士，尽除文龙苛政，释所系无罪商民，始还镇，具疏上闻。

帝骤见此疏，甚为骇异。念文龙已死，且欲安崇焕心，优旨褒答，传谕暴文龙罪。崇焕又上言："文龙一匹夫耳，何遂不法至此，则以茫茫海外，固易于为乱之地也。倘再设一帅，文龙之后岂无文龙，此官宜停勿补，即以陈继盛摄之，于计为便。"又核减旧饷一百二十余万两。帝嘉奖之，咸报可。

十月，大兵分道入龙井关、大安口，崇焕即督诸将入卫，以十一月十日抵蓟州。帝闻其至，甚喜，温诏褒勉，发帑金犒其将士，令尽统诸道援军。

俄闻赵率教战殁，遵化三屯营皆破，巡抚王元雅、总兵朱国彦自尽。崇焕惧，急引兵入卫京师，营沙河门外。帝立召见，深加慰劳，赐御膳貂裘。

时大兵所入隘口，非崇焕所辖，闻警即千里赴援，自谓有功无罪。而都人骤遭兵革，怨谤纷起。谓崇焕故纵长驱，拥兵不战。朝士素恶崇焕者，因其有通和之议，诬其引兵胁和，将为城下之盟。帝不能无惑。又获间谍，讹言崇焕密约通款。帝信之不疑。十二月朔，再召对，缚下诏狱。

方崇焕初受命督师时，阁臣钱龙锡问进取之策。对言："当从东江始。"龙锡曰："舍实地而就海道，何也？且毛文龙未必可恃。"对曰："可则用之，不可则杀之，易易尔。"龙锡谓其漫言，不为意。及崇焕诛文龙，报疏中亦云与龙锡商过。及崇焕将通和修好，龙锡亦尝贻书止之。而龙锡故东林也。于是魏奄遗党谋兴大狱，为逆案报仇。见崇焕下吏，遂以擅主和议、耑戮大帅二事为两人罪。法司竟坐崇焕谋叛，龙锡亦论死。

三年八月崇焕被磔，兄弟、妻、子流三千里，籍其家。初议流杭州，得旨，罪督家属阮氏等十九名，不应流徙善地，驳行浙江抚按，改徙云南广西府维摩州。崇焕无子，家亦无余赀。天下冤之。

这些内容的叙述顺序与《明史·袁崇焕》基本一致，主旨内容也基本相同，反映康熙时万斯同主笔的《袁崇焕传》虽未刊刻，但已在文人士大夫中传抄。

传文最后，赵吉士发表了一通议论，认为毛文龙冒功杀良、虚伍侵饷罪名确凿，如果不是被袁崇焕诛杀，将对国家大事产生不良影响。袁崇焕诚实而忠贞，却被猜疑、被毁谤，类似情况自古皆然：

林时对曰：《法传录》载毛帅于天启四年献俘十二，内幼童四，幼女四，妇一，此岂临阵所获者。则其冒功杀良也可知。又《长编》载毛帅死后，孙辅阁实其兵册，报一十五万，仅得四万二千人，则其虚伍侵饷也可知。设令不齿赐剑，亦终成海上之漏卮，国事又何裨焉。若袁督之信而见疑，忠而被谤，则又自古为然矣。[1]

① ［清］赵吉士：《二续表忠记》卷二《督师袁公传》，《四库禁毁书丛刊》（史部41），北京：北京出版社，1997年，第273—276页。

三、雍正时期的评价

雍正九年（1731）刊刻的《广东通志》也为袁崇焕立传：

袁崇焕，字元素，东莞人，多才能，以经济自负。登广西乡荐，万历己未成进士，授知县，擢兵部主事。明自万历末年承平日久，民不知兵。天启壬戌广宁师溃，当事者欲划关而守，崇焕谓守关当在关外，遂由主事历宁前道。丁外艰，夺情视事，披荆棘，立军府，吊死问伤。丙寅正月固守宁远，未几遽擢巡抚，世荫。巨珰魏忠贤素忌崇焕，会崇焕固请终制，遂罢归。崇祯初，手诏起之，晋大司马，授以专阃。崇焕甫受事，谓毛文龙在东江縻金钱数十万，无尺寸功，遽渡海入其军，邀文龙计事，数文龙十二罪，立斩之。奏闻，席藁待罪。有旨褒美，举朝皆惊其胆决。然识者以为崇焕自此不知死所矣。己巳之役，崇焕星夜入援，日驰三百里，兵不解甲，自谓有功，竟以同事者谗构逮，置极典。阁臣成基命、冢宰王永光皆疏申救，不报。籍没之日无子，亦无所积。时有江南布衣程更生冒死白其冤，与崇焕并戮于市。其疏中有云：崇焕恃恩太过，任事太繁，而抱心太热，平日任劳任怨既所不辞，今日来谤来疑宜其自取。争早晚原不争死生也。可谓知崇焕者。更生，徽州人。①

该传内容是康熙《广东通志·袁崇焕传》的删减版，主旨没有变化。

雍正《东莞县志》有关袁崇焕传记、诗文及关系人的记载也与康熙《东莞县志》基本相同。

四、乾隆时期的评价

雍正乾隆年间江阴人李天根（生卒年不详），在乾隆十三年（1748）成书

① ［清］郝玉麟纂修：《广东通志》卷四十五《袁崇焕传》，雍正九年刻本，载广东省地方史志办公室编《广东历代方志集成·省部（11）》，广州：岭南美术出版社，2006年，第1429页。

的《爝火录》中，将袁崇焕与南明大奸臣马士英相提并论，贬斥他为误国奸臣、乱世奸邪：

士英本姓李，系梧州府藤县人。与袁崇焕居同里，为北门街；生同年，为辛卯岁；同登己未榜进士。士英年五龄，为贵阳贩槟榔客马姓者螟蛉去，遂冒马姓，为贵阳人。此二人者，诞生一处，同为误国之臣，固知乱世之奸邪与治世之忠良，天皆有以命之，不与腐草朽木荣枯比类也。①

《爝火录》成书时，《明史》已经刊发，有关袁崇焕的评价已有官方定论，不知李天根是否参阅《明史》，或许是此前已写好，最后没有修改。他编写此书的目的，是让人"睹孱王之庸懦，奸权之贪鄙，丁弁之骄悍，与夫盗贼之横暴，黎民之颠沛，自当切齿怒目。间见二三精忠报国、阖门殉难之臣，足与文天祥、张世杰辈争烈者，有不掩卷咨嗟，抚几而长叹者乎？然则是编也，虽不足为《明史》羽翼，未必非国史之嚆矢也矣。名'爝火'者，深慨夫三王臣庶，以明末余生，窃不自照，妄想西昇东坠，速取灭亡，为可哀也。"② 作者认为南明是明代之残余，犹如爝火，小火烛照，对抗清廷，那是自不量力，自取灭亡。南明的腐朽，缘自庸懦之孱王、贪鄙之奸权、骄悍之丁弁、横暴之盗贼。他鞭挞这些群丑，是为了以史为鉴，全书对明朝亡国的剖析，对明末重要人物的评判，不乏真知灼见，但此处批判袁崇焕为误国奸臣却有失察。

袁崇焕小时候就随父亲从东莞徙居广西平南县，在乾隆朝为袁崇焕平反后，当地的县志对袁崇焕这样一个重要人物也有不少记载。成书于乾隆十九年（1754）的《平南县志》记载：

袁崇焕，字元素，祖籍东莞。父子鹏徙平南白沙村，与藤县接壤。万历丙午，崇焕由藤县籍中式举人，己未成进士，授邵武知县，累官兵部尚书、督师蓟辽。为人慷慨负胆略，好谈兵，遇老校退卒，辄与论塞上事，晓其扼要情形，以边才自许，督蓟、辽务，颇著绩，死非其辜，事详《明史》本传中。崇

① ［清］李天根著，仓修良等校点：《爝火录》卷二，杭州：浙江古籍出版社，1986 年，第 84 页。
② ［清］李天根著，仓修良等校点：《爝火录》自序，杭州：浙江古籍出版社，1986 年，第 2 页。

焕无子，今其宗支、子姓、田园、庐墓犹在平南。[1]

该县志对袁崇焕的评价摘编自《明史》，认可他“为人慷慨负胆略”“颇著绩”，他被杀与其罪状不符，与《明史》的评价一致。

乾隆年间，平南当地人还为袁崇焕建了纪念牌坊，“总制三边坊，在白马村，为万历进士袁崇焕建”[2]。明朝为防北方蒙古边患，东起鸭绿江，西抵嘉峪关，沿长城一线先后设立九个军事重镇，即辽东（东北一带）、宣府（内蒙古察哈尔一带）、蓟州（河北蓟县）、大同（山西大同）、偏头关（太原总兵治）、延绥（延安绥远一带）、宁夏（银川）、固原（今原州区）、甘肃（甘州卫，即张掖），史称“九边”。其中延绥、宁夏、甘肃三镇俗称“三边”，在九边中又称“西三边”。[3] 嘉靖之前，西北地区的最高军事长官称“三边总制”，嘉靖之后则称“三边总督”。事实上，袁崇焕并没有担任过延绥、甘肃、宁夏三边总制之职，他也没有担任过总督一职，而是由巡抚超擢为督师。当地人显然是张冠李戴了，但这不影响当地人对袁崇焕的敬重和爱戴。

乾隆三十三年（1768），《御批历代通鉴辑览》（即《乾隆御批纲鉴》）编成，乾隆皇帝在阅读到袁崇焕杀毛文龙相关内容之后有一段批语：

袁崇焕虽稍有才略，而粗率自用，前此平台召对，已为大言不惭，至毛文龙虽慓悍不驯，初未显然跋扈。崇焕即欲加裁制，要自有控驭之方，纵罪在当诛，亦应请命于上，乃以礼节微嫌，辄行诱杀，其专擅之罪，较张浚之杀曲端为更甚……且崇焕于东江重镇不复议置帅臣，致岛众益孤，刘兴治遂据以滋乱。而虑部下为变，即请增给饷银，虽后此魏呈润论奏，终不能除虚縻之弊。崇焕之措置乖方，大略可知。[4]

乾隆帝虽然觉得袁崇焕有些才略，但对他整体评价负面，认为他“粗率自用”“大言不惭”，在处置毛文龙事件上违背法度，处置失当。

---

① ［清］李仲良修，王星烛纂：《平南县志》卷四，乾隆二十一年（1756）刻本。
② ［清］李仲良修，王星烛纂：《平南县志》卷三，乾隆二十一年（1756）刻本。
③ 马成贵：《明代的三边总制》，《固原日报》2017 年 4 月 8 日第 3 版。
④ 《乾隆御批纲鉴》（第 8 册），合肥：黄山书社，1996 年，第 7016—7017 页。

乾隆四十七年（1782）十二月，乾隆帝批阅《明史·袁崇焕传》，在较为全面了解袁崇焕事迹之后，稍微改变对袁崇焕的看法，认为他是忠臣，对其遭遇表示同情：

昨披阅《明史》，袁崇焕督师蓟辽，虽与我朝为难，但尚能忠于所事。彼时主暗政昏，不能罄其忱悃，以致身罹重辟，深可悯恻。袁崇焕系广东东莞人，现在有无子孙，曾否出仕，着传谕尚安，详悉查明，遇便覆奏。①

广东巡抚尚安将调查情况向乾隆帝报告后，皇帝对他调查不细致不满，乾隆四十八年五月再次下旨：

兹据该抚尚安查奏，袁崇焕无嗣，系伊嫡堂弟文炳之子入继为嗣，现有五世孙袁炳，并未出仕等语。所奏尚未明晰，袁炳如果文理通顺，即照熊廷弼裔孙之例，以训导咨补，俟六年俸满，察其堪膺民社，再行保举，送部引见。如仅能粗晓字义，人尚明白，即以佐杂等官补用。若未经读书，以务农为业，即赏给八品顶带荣身。着该抚查明，遵照办理具奏。②

同年八月，尚安又上奏："遵旨访查袁崇焕之五世孙袁炳，粗晓字义，人尚明白，应照熊廷弼裔孙之例，以佐杂等官选补。"③ 得到乾隆皇帝的批准，袁炳被授予峡江县丞之职。

乾隆皇帝表彰袁崇焕的忠心，并非一时心血来潮。早在乾隆帝批阅《明史·袁崇焕》之前七年，即乾隆四十年（1775）十一月，乾隆就发布《命议予明季殉节诸臣谥典》，目的是"崇奖忠贞，所以风励臣节"，"凡明季尽节诸臣，既能为国抒忠，优奖实同一视"。该谕旨对史可法、刘宗周、黄道周、刘綎、杜松、孙承宗、卢象升等死节之臣都提出褒扬，对钱谦益、屈大均等则进行贬

① 《清高宗实录》卷一千一百七十，乾隆四十七年十二月丙寅，《清实录》（第23册），北京：中华书局，1986年，第690—691页。

② 《清高宗实录》卷一千一百八十一，乾隆四十八年五月戊申，《清实录》（第23册），《清实录》（第23册），北京：中华书局，1986年，第819—820页。

③ 《清高宗实录》卷一千一百八十七，乾隆四十八年八月戊子，《清实录》（第23册），北京：中华书局，1986年，第887页。

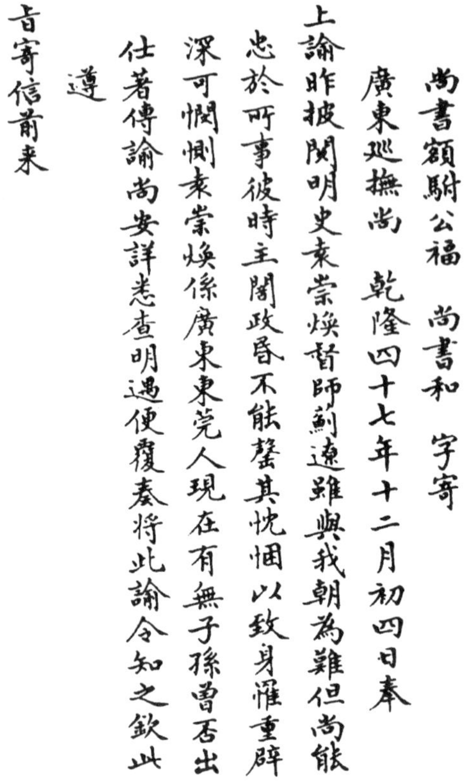
尚書額駙公福　尚書和　字寄
廣東巡撫尚　乾隆四十七年十二月初四日奉
上諭昨披閱明史袁崇煥督師薊遼雖與我朝為難但尚能
忠於所事彼時主闇政昏不能罄其忱悃以致身罹重辟
深可憫惻袁崇煥係廣東東莞人現在有無子孫曾否出
仕著傳諭尚安詳悉查明遇便覆奏将此諭令知之欽此
遵
旨寄信前来

乾隆帝给袁崇焕平反的上谕

斥，认为他们贪生怕死、苟且偷生。“一褒一贬，衮钺昭然，使天下万世共知予准情理而公好恶，以是植纲常，即以是示彰瘅。”[①] 在大力表彰明末清初抗清死节的明朝官员的同时，乾隆四十一年（1776）又下旨国史馆编撰《贰臣传》，把降清的明朝官员均列为“贰臣”。同年十一月，乾隆又下旨搜求销毁屈大均著作。

乾隆皇帝以忠君为标准，将有功于清朝却又愧于明朝的洪承畴、祖大寿、冯铨等人列为“贰臣”，目的是教化世道人心，维护纲常名教，统一思想，加强专制统治。这些人与袁崇焕对比，一贬一褒，可见乾隆帝是想借宣扬袁崇焕的忠君行为，让人臣效法。乾隆皇帝亲自为袁崇焕平反，权威性极强。此后评价基本以此为基调，强调袁崇焕是忠君爱国之士，品德高尚，能力出众。

---

① 《清高宗实录》卷九百九十六，乾隆四十年十一月癸未，《清实录》（第 21 册），北京：中华书局，1986 年，第 316—318 页。

《御撰资治通鉴纲目三编》初次成书于乾隆十一年（1746），乾隆皇帝对里面的一些内容不太满意，下旨廷臣改纂，乾隆四十七年（1782）改纂完毕，他在《发明》中对袁崇焕评价道：

袁崇焕在边臣中尚有胆略，其率兵勤王实属有功无罪。庄烈始则甚喜其至，倚若长城。一闻杨太监之言，不审虚实，即下崇焕于狱，寻至磔死。是直不知用间愚敌为兵家作用。古今来被绐而偾厥事者，指不胜屈，未有若庄烈此举之甚者。

至祖大寿拥众东走，追而不返，且出怨言，甚至将士以弓刀相向。此其叛迹显然。向非孙承宗调度有方，岂能敛兵待命，而转以优诏报之。

崇焕非叛而坐以大逆，大寿实叛而褒以玺书，刑章颠倒，国法何存！岂惟不知将将之道，抑亦大失御下之方矣！①

对袁崇焕评价是有胆略，率兵勤王有功无罪。崇祯帝处置失措，将没有叛逆的袁崇焕处以极刑，对事实上已经叛变的祖大寿加以褒奖，属于刑法颠倒，国法无存。乾隆帝关注袁崇焕的重点在于他的忠君为国，认可他的功劳。

宁远（今辽宁兴城）是袁崇焕建功立业之地，宁远城就是在袁崇焕监督下重建，成为明末关外重镇，袁崇焕在此取得“宁远大捷”“宁锦大捷”。乾隆四十九年（1784）修撰《盛京通志》时，正值乾隆大力表彰明末死节忠臣，该志对于袁崇焕也是大加称赞：

袁崇焕，广东东莞人，天启二年驻守关内，安置辽人之失业者。常夜行荆棘虎豹中。时十三山难民十余万，久困不得出，崇焕将五千兵驻宁远，以壮声援，别遣骁将救之。三年，督修宁远城，工成，为关外重镇。崇焕在职勤慎，善抚将士，由是流移骈集，商旅幅辏，远近望为乐土。本朝乾隆四十八年，特奉恩旨，录其裔孙袁炳，授县丞。

该志特别提及将袁崇焕等列入“名宦”的缘由是表彰其忠贞节操，以作为

① ［清］夏燮撰，王日根等校点：《明通鉴》卷八十一，纪八十一，长沙：岳麓书社，1995年，第2265页。

人臣之榜样：

皇上圣仁公溥，覃被无私，轸念忠贞，发扬潜德，特命廷臣稽搜史乘，哀辑诸臣姓名，考其生平志行，定专谥通谥之例，悉予易名。撰胜朝殉节诸臣录宣示颁行，并御制诗篇，冠诸简首，俾忠节之气，久而益伸。近复勅查熊廷弼、袁崇焕后裔，加恩录用，表式孤忠。臣等伏考前史所载，累朝代嬗之际，从未有故国遗忠得邀易名之典者，今乃纶言特沛，两字褒荣，使胜国遗臣，咸得邀恩泉壤。是圣世旌扬之渥典，实为旷古未逢之盛。臣等奉敕纂辑《盛京通志》，详查史传，其死事辽东诸臣，俱附载名宦门；其系辽人而临难捐生，成仁取义者，俱列入忠节门，谨将锡谥之由，附识卷端，俾知崇奖忠贞，益以风励臣节。圣人植纪扶纲，大公至正之心，天下万世，莫不共仰焉。①

清康乾时人、著名史学家全祖望（1705—1755）的《鲒埼亭集·题东江事迹》论及袁崇焕，指出：

凡杭人无不诉毛文龙之冤者，其昧于乡里之私，而所见如伧父，可一哂也。文龙绝无可以牵制辽事者，而但以鞭长不及自大，跋扈恣睢，有取死之道，此了然者。惟是袁崇焕亦尚无恢辽之定算，足以自信者，而汲汲以杀文龙为先着，则已疏矣。是时即少置文龙，亦无害于恢辽之计也。既杀之矣，其所以为东江善后之计者又未尽，以致有异日之祸，是则崇焕之无所辞咎者尔。方文龙交构经抚，其罪即可死，不待是时，而是时反失之骤者，以崇焕所处言之也。至于将死，而叩头乞免，斯则文龙之所以为文龙矣。或曰文龙之死，由于华亭陈仲醇授意于钱阁学龙锡，益属妄言。②

全祖望认为毛文龙专横自大、跋扈妄为，死有余辜。早在初期，他挑起辽东经略熊廷弼、广宁巡抚王化贞的矛盾，此时就可以将其处斩。杭州人替毛文龙鸣冤翻案是出于乡情之私，所谈是粗鄙之见，可一笑了之，不必认真对待。

---

① ［清］阿桂等修，刘谨之、程维岳纂：《钦定盛京通志》卷五十六《名宦四》，乾隆四十九年武英殿刻本。

② ［清］全祖望撰，朱铸禹校注：《全祖望集汇校集注》（中），上海：上海古籍出版社，2018年，第1319—1320页。

他同时也认为袁崇焕杀毛文龙，处置欠妥。杀了毛文龙之后，对东江的善后工作处理不当，导致后来东江一系列内乱，他难辞其咎。

清代史学家赵翼（1727—1814）的《廿二史札记》有《袁崇焕之死》：

袁崇焕之死，今日固共知其冤。而在当时，不惟崇祯帝恨其引我朝兵胁和（时帝怒甚，欲族诛崇焕，以何如宠申救，免死者三百余口，见《如宠传》），即举朝之臣，及京城内外，无不訾其卖国者。杨士聪平心而论，亦但言其罪不至此，而不知其所以得祸之由。其所撰《玉堂荟记》云：已巳之变，当时士马物力足以相当，袁崇焕初至一战，人心甫定。而袁于大珰少所结好，毁言日至，竟罹极刑。乃京师小民亦群以为奸臣卖国，至有啖其肉者，其蜚语皆出自内阁云。可见是时引敌胁和之说已万口一词。士聪虽略知谤言之出自中涓，然究未知中涓何以有此说也。直至我朝修史时，参校《太宗实录》，始知此事乃我朝设间，谓崇焕密有成约，令所获宦官杨姓者知之，阴纵使去。杨监奔还大内，告于帝，帝深信不疑，遂磔崇焕于市。于是《崇焕传》内有所据依，直书其事，而崇焕之冤始白。使修史时不加详考，则卖国之说久已并为一谈，谁复能辨其诬者。于此可见《明史》立传之详慎，是非功罪，铢黍不淆，真可传信千古也。①

赵翼认为袁崇焕之死是冤案，袁崇焕下狱之后到《明史》刊布之前，绝大多数人认为袁崇焕求和卖国，有赖于《明史·袁崇焕传》为其洗刷冤屈，可见《明史》定调对袁崇焕评价的逆转起了巨大作用。

五、嘉庆时期的评价

嘉庆初年，袁崇焕祠庙由私人祭祀转为官方祭祀。嘉庆元年（1796），东莞士绅梁朝锡等人联名呈请将袁崇焕入祀乡贤祠：

呈为德昭纯白，业系安危，公论已彰，明禋允合，乞具文详请题准乡贤从

① ［清］赵翼著，王树民校证：《廿二史札记校证》，北京：中华书局，2013 年，第 760—761 页。

祀，俎豆有光，舆情共惬事。窃惟盛德可传，用申妥侑，殊勋莫匹，应荐明馨。伏念本邑前明万历已未科进士历官兵部尚书太子太保赐蟒服督师袁崇焕，星躔异禀，岳降殊钟；学富春华，少裕壮图于泮壁；气横秋鹗，长杼素蕴于穹壤。折桂广寒，早向鹿鸣列宴；看花上苑，旋观雁塔题名。剧县剖符，邵武群歌来暮；琴堂制锦，任余同切去思。虽暂试于牛刀，风行万户；弦歌处处，叹阳春有脚。原未展乎骥足，声动九重。纶綍人人，知大德不官，乃遵大计以入朝。即受主知而特拔，初授职方主事，补牍紫垣之内，正气回天。旋擢宁远监军，游刃青琐之班，忠声动地。尔时辽阳孔亟，仕宦皆视为畏途；兵备深严，澄清独伸其素志。于是由佥都御史骤而迁部院中丞，不惟岩疆辽蓟，听其便宜，即至诸路援军，凭其统辖。历观运筹帷幄之内，仿佛孙吴，折冲疑难之间，依稀韩范。固弃一身于度外，不避烽烟；亦委百口于军中，与同生死。时而一声霹雳，巍然壮万里金汤。时而三鼓昆仑，屹矣树全辽保障。时而声色不动，关内外若坐磐石之安。时而变化无方，朝君臣共倚泰山之重。是以宣威各镇，俾宁前一带三百里之城隍，已复旧观。功冠诸军，即塞外长城亿万家之孑遗，获存余息。是则狂澜将倒，赖砥柱于中流；大厦方摇，寄栋梁于巨木。夫惟功勋第一，九重爰托以腹心；胆略无双，诸将独尊于方面。洵所谓在公之事知无不为，报国之心死而后已。岂特昭一时之伟望，实足为百世之仪型者也。况建大功而不有，故坚辞蟒玉，益精谦德之光。亦受大怨而自甘，故阴受谤疑，更昭臣节之烈。我圣朝纂修明史，哀扬节烈，既成千秋实录，见此志之无他；追溯前勋，复沛旷代殊恩，使斯人之有后。允矣立德立功，生既标芳于朝野；洵乎矢忠矢孝，殁应隆祀于胶庠。锡等同出懿好之诚，上遵表扬之典，合词吁请，联造公庭，伏惟仁宪主持风教，冠冕人伦，恳恩具文，详请列宪，俾照劝善之条，准配乡贤之祀，庶忠良虽往，获陪禋祀于泮宫；鼓励无涯，长树芳型于奕禩矣。

在这篇呈请中，历数了袁崇焕的丰功伟绩，功勋第一。在人人视辽东为畏途之时敢于出征，有担当精神；运筹帷幄似孙武、吴起，战胜敌人、平息危难似韩琦、范仲淹；置生死于度外，与将士同生死，是朝廷中流砥柱；胆略无双，对国家一片忠心，品德高尚，足以成为世人楷模，完全有资格入祀乡贤祠受后人祭拜。

该呈请经当时广东巡抚陈大文等上奏朝廷，得到朝廷批准："予广东故辽东总制袁崇焕，入祀乡贤祠。从巡抚陈大文等请也。"①

东莞乡人也开始为袁崇焕建立专祠祭祀。嘉庆二十二年（1817），东莞袁氏族人因坟山打官司，时任东莞知县仲振履处理完诉讼之后，建议袁氏族人捐资建祠堂，纪念袁崇焕。东莞袁氏四大房族人纷纷响应，"得赀约万金，卜县署西南之隙地，举孝廉（袁）大任等董其事，创始于丁丑八月，阅十有四月而蒇事"②，嘉庆二十三年（1818），建成东莞莞城袁督师祠。这次新建袁督师祠，是在乾隆帝专门为袁崇焕平反，朝廷褒奖其忠君为国的大背景下修建的。知县仲振履促成其事，祠堂建成后，他虽已经调任南海知县，但依然热情为该祠撰写碑记：

袁督师，讳崇焕，字元素，莞之水南人也。万历己未进士，授邵武知县，天启二年入觐，都御史侯恂请破格用之，擢兵部职方司主事。广宁师溃，督师具言关内形势，廷臣称其才，超擢佥事，监关外军，题宁前兵备佥事，以守宁远功，擢右佥都御史。崇祯元年，命以兵部尚书、兼右副都御史督师蓟辽、兼督登莱天津军务。哈剌慎三十六家有叛志，督师亲为抚慰，皆听命，加太子太保，赐蟒衣、银币。迨杀毛文龙，帝骤闻，意骇。及龙井兵入，赵率教战殁，督师引兵护京师，宦官以密有成约告帝，温体仁交陷之，遂下狱。三年八月磔于市，督师无子，复流其七旬之母、八龄之女及兄弟妻孥于闽、黔之地，天下莫不冤之。

大清乾隆四十八年奉上谕："朕披阅明史，袁崇焕督师蓟辽，忠于所事，而其时主暗政昏，不能罄其忱悃，以致身罹重辟，深可悯恻。其现在有无子孙？曾否出仕？该抚查明具奏。"时查有胞弟崇煜之后，迁居粤西，荫县丞。

嘉庆元年广东巡抚陈大文以翰林院检讨梁朝锡等之请，题请予以恤荫，入祀乡贤。奉旨依议，钦此。顾以近支久居粤西，虽邀从祀而未建专祠。

二十一年二月，履承乏东莞，适其族人有以坟山讼者，既断其狱，乃进而问曰："袁督师至尔几世矣？"对曰："叔高祖也。"履曰："尔所争者祖坟耳，如尔族之督师者，余十二三岁时读其列传，即为之叹息流涕，谓其为忠武后之

① 《清仁宗实录》卷三十四，嘉庆三年九月己卯，《清实录》（第28册）北京：中华书局，1986年，第386页。

② 阎崇年、俞三乐编：《袁崇焕资料集录》，南宁：广西民族出版社，1984年，第169页。

一人。尔等皆其后裔，乃靳一祠而不使之崇祀耶?”其人顿首谢。归，聚邑之四大房议，得赀约万金，卜县署西南之隙地，举孝廉大任等董其事，创始于丁丑八月，阅十有四月而蒇事。时履已调任南海，孝廉与其族人来告落成，请记于履。履召而慰之曰：“督师忠于所事，捐顶踵以报其君，诸绅士勇于为义，不惜重赀美轮奂以享其祖，一门忠义，允可为粤东人士风矣。”斯举也，履实玉成之，惜系于一官，不克亲执杯酒拜奠于两楹之间，殊怅怅耳！谨记。

嘉庆二十三年戊寅冬十一月谷旦。①

仲振履从小敬佩袁崇焕，认为袁崇焕是岳飞之后忠君爱国之士第一人，值得后人学习。

该祠堂分三进，头门联云：“海天正气，圣世明禋。”二门联为时任两广总督的百龄在嘉庆辛未年（1811）为袁崇焕所题的“蓟辽柱石”对联：“对策平台，一代奇猷标柱石；宣威辽海，千秋伟烈树屏藩。”第三柱联为嘉庆二十四年（1819）水南人唐棣撰，廖太平书：“奇男子定策平台，恨壮志之未伸，自古英雄，天多厄运；乡先生宣威辽海，笃孤忠于不朽，至今桑梓，地有传人。”

中间正柱联为仲振履嘉庆戊寅年（1818）题写：“成三字狱，冤比岳司空，更何忍白头亲、黄口女，戍死闽江，两地山川埋怨骨；挽六军心，忠先史阁部，终博得紫泥封、丹荔酒，荣施梓里，千秋俎豆奠羁魂。”该联指出袁崇焕冤似岳飞，忠比史可法，是家乡人的模范，值得祭奠。

祠堂第三进是寝室，寝室正柱联为嘉庆二十三（1818）广东巡抚陈若霖题：“遗像肃清高，有陨自天，电戟霜戈沉浩气；新祠严壮烈，持忠入地，疾风劲草识纯臣。”二柱联为东莞人何耘劬所题、余联沅录悬两楹：“天命有归万里长城宜自坏，人心不死千秋直道任公评。”②

---

① 陈伯陶：《东莞县志》卷十八《建置略八》，广州：岭南美术出版社，2007年，第224—225页。

② 阎崇年、俞三乐编：《袁崇焕资料集录》，南宁：广西民族出版社，1984年，第169—170页。此联有些资料将其系于湖北孝感县人余联沅题，余联沅（1844—1901），光绪三年（1877年）中榜眼，授翰林院编修、充国史馆协修，后由御史升巡城御史、四川监察御史、江西按察使、浙江巡抚，1899年任福建布政使，后调淞沪太兵备道。余联沅生活在清末，从该祠堂落成时间在嘉庆二十三年前后看，此联应该是东莞人何耘劬所题。光绪刻书家金武祥的《粟香二笔》卷七也记载：“今东莞有专祠，阮文达以乾隆时上谕‘忠于所事’四字为额，邑人何耘劬联云：‘天命有归万里长城宜自坏，人心不死千秋直道任公评。’”

东莞市袁崇焕纪念园袁督师祠

另据史料记载，嘉庆年间任两广总督的阮元也为袁督师祠题额，《粟香二笔》记载：“今东莞有专祠，阮文达以乾隆时上谕‘忠于所事’四字为额。”①

这些对联、题字都是表彰袁崇焕的丰功伟绩，对国家忠诚，却含冤被杀，桑梓百姓十分怀念他。

东莞人赖洪禧（1770—1850），字畴叶，号介生。清嘉庆增生，后为罗浮山道士，住持酥醪观数十年。博学工诗，精草隶。嘉庆二十三年（1818）县城新建成袁督师祠，他在拜谒袁督师祠之后抒发感慨而作《袁督师新祠》：

蓟辽方倚作长城，何止胸中数万兵。
孤愤本来图报主，谤疑从不到成名。
上方赐剑威诚壮，皮岛操戈事亦轻。
心迹幸邀天鉴在，肖然祠宇肃风清。②

认为袁崇焕是“蓟辽长城”，有超人胆略和智慧。斯人已去，但其无私无畏的高贵品行，忠贞赤诚的爱国情操，天日可鉴。袁公祠堂庄严肃穆，肖然不

① ［清］金武祥：《粟香二笔》卷七，光绪七年刻本。
② 石瑞良编注：《咏叹袁崇焕诗鉴赏》，广州：广东人民出版社，2018 年，第 193 页。

动，乡人们世代祭祀英灵，弘扬他的不朽精神。表达了诗人对袁崇焕豪迈志量、英风伟略的敬慕之情。

由于袁崇焕参加乡试时是以藤县籍身份参加，所以进士题名碑列其籍贯为“广西藤县”。作为与本县相关的名人，藤县地方志对袁崇焕也有记载。嘉庆《藤县志》卷十二《选举志一》载：“袁崇焕，官三边总制，兵部尚书。”最可注意的是县志纂修者对此所加的按语：

袁崇焕，《通志》载平南籍东莞人。今考《明史》本传载东莞人。况其故居遗址现在藤邑白马境内，则其为藤人无疑。因地与平南交界，其后人隶籍平南，故《通志》相沿以为平南人。

纂修者开始考辨袁崇焕的籍贯，认为他是藤县人。可见当地人对袁崇焕的认可，与今天不少地方争夺名人籍贯的行为一致。至于认为袁崇焕是三边总制，可能是受乾隆《平南县志》的误导，他并未任此官职。

广西平南人袁珏，是嘉庆七年（1802）进士，所作《前明蓟辽督师袁元素先生》十六首①，是歌咏袁崇焕生平事迹最长的诗歌，记述袁崇焕少年立志，登第入仕，任职邵武，投笔从戎，戍守辽东，退职回乡，受诏复出，督师蓟辽，驰援勤王，含冤受难的人身经历。“一身清白吏神仙”“三载循良来奏绩”赞誉他任知县时清廉、奉公守法，有佳绩。“书生拔戟去从戎，慷慨行间国士风”，赞赏他投笔从戎、矢志边关的英雄气概。“短兵蓐食髑髅里，匹马宵行虎豹中”体现他不畏艰辛、浑身是胆。“信是男儿能报效，一枝斑管六钧弓”赞扬他赤胆忠心、文韬武略。“细柳军营说亚夫，尚方宝剑手亲扶。军容精采轻裘出，士气飞扬免胄呼”赞扬他治军有方，军队面貌焕然一新。“阴霾惨惨日无光，不死沙场死法场”，对他含冤而死扼腕叹息。“家徒四壁久萧然”“身后尚收廉吏报”“本是文官不爱钱”，赞美他为官清廉。“百世闻风顽懦起，山川生色动遐思”，是袁珏对袁崇焕的最高评价。在袁崇焕上述高贵品格的影响下，贪婪者会变廉洁、懦弱者也会立志，他使山川增色，影响深远。

乾隆道光时期的清朝王室成员、史学家昭梿（1776—1829）是天潢贵胄，与皇亲国戚、达官贵人、名儒宿学交往密切。他的《啸亭杂录》记载了道光朝

① 石瑞良编注：《咏叹袁崇焕诗鉴赏》，广州：广东人民出版社，2018年，第195—198页。

以前的政治、经济、军事、文化、典章制度、社会习尚等各方面内容，参考价值较大。《设间诛袁崇焕》记载了崇祯帝中了皇太极的反间计，杀了袁崇焕的来龙去脉：

本朝自攻抚顺后，明人望风而溃，无敢撄其锋者。惟明巡抚袁崇焕固守宁远，攻之六月未下。高庙怫然曰："何戆儿乃敢阻我兵力！"因罢兵归。故文皇深蓄大仇，必欲甘心于袁。己巳冬，大兵既抵燕，崇焕千里入援，自恃功高。文皇乃擒明杨太监监于帐中，密札鲍承先在帐外作私语曰："今日上退兵乃袁巡抚意，不日伊即输诚矣。"复阴纵杨监归。明庄烈帝信其间，乃立磔崇焕。举朝无以为枉者，殊不知中帝之间也。①

昭梿指出，在明军见后金军队即望风逃窜的情形下，袁崇焕以孤城宁远，阻止努尔哈赤进攻步伐，使得努尔哈赤为之愤怒。从反面说明袁崇焕确实能打，十分坚强。皇太极为报此仇，欲除之而后快。他认为袁崇焕是被冤杀的，当时明朝廷上上下下都不知是中了反间计。这些说法与《明史》一脉相承。

① ［清］昭梿撰，冬青校点：《啸亭杂录　续录》卷一《设间诛袁崇焕》，上海：上海古籍出版社，2012 年，第 1—2 页。

第四章　晚清民国时期的袁崇焕评价

晚清一般指道光二十年（1840）至1912年清朝灭亡，为叙述便利，笔者将道光一朝有关袁崇焕的评价一并放在此阶段加以介绍。这一时期，有关袁崇焕的评价，绝大多数是承继此前一阶段的的正面评价，肯定他忠心为国、勇于担当、品德高尚，堪为榜样。在清末民国国难当头的严峻形势下，人们呼唤能够担当重任的英雄，对袁崇焕的评价更是提高到前所未有的高度，称赞他为民族英雄。

一、晚清士绅学者的评价

两广总督阮元修、陈昌齐等纂的《广东通志》，始于清嘉庆二十三年（1818），道光二年（1822）成书刊刻。卷284有《袁崇焕传》，该传主体内容照录《明史》本传，在高第接任督师，尽撤关外兵马的叙述后，加入了袁崇焕乞求守制的三篇上疏，突出记载袁崇焕父子情深，极其重视人伦之孝道。最后加入乾隆帝为袁崇焕平反的上谕及嘉庆元年入祀乡贤祠的内容。该志对于袁崇焕籍贯在说明他是“东莞水南人”之后，也将不同说法加以备录：“《进士题名碑》：广西梧州府，藤县籍。《广西通志·选举表》作浔州府，平南籍。”说明当时两广都将袁崇焕引以为傲。该志的总体评价与朝廷一致，肯定其忠君为国的高尚情操，值得后人崇祀。

开编于嘉庆十七年（1812），完成于道光二十二年（1842）的《嘉庆重修一统志》卷66《锦州府三》将袁崇焕列为名宦，其所述内容与乾隆《钦定盛京通志》一样。同书卷442《广州府二》将袁崇焕列为本府重要人物，对其事迹叙述较为肯定：

> 袁崇焕，字元素，东莞人。万历进士，慷慨有胆智。初为邵武知县，以荐授职方主事，升按察佥事，监山海关外军，创议守宁远。善抚将士，皆乐为尽力，枢辅孙承宗深倚重焉。寻擢为右佥都御史，巡抚辽东。崇祯元年，以兵部尚书督师蓟辽。二年，我大兵越蓟州而西，崇焕引兵入援都城，朝士诬其通和议，将为城下之盟，缚下诏狱，磔于市，籍其家，无余赀，天下冤之。本朝嘉庆元年，予祀贤良祠。

《广州府二》的袁崇焕传记赞扬他“慷慨有胆智”“善抚将士”，十分清廉，他被杀是遭人诬陷，天下人都认为是冤案。

叶廷琯（1791—1868），道光年间贡生，著有《鸥陂渔话》，杂述晚明及清代史事，《温体仁家书》记载：

> 明季督师袁崇焕之狱，当时帝意谓其通敌召兵，故加严谴。幸赖吾纯皇御制文集中，力为昭雪，而覆盆冤案，始得因煌煌天语而明。近阅乌程张秋水广文《蝇须馆诗话》，纪其所见温体仁与弟幼真家书三则，始知此案实由体仁逢君之恶，谗谮而成。广文谓其处处皆自写供状，信哉！……考体仁当日亟谋入相，所忌韩爌、钱龙锡二辅臣，即札中所称蒲州、华亭者是，故特借崇焕以挤去二人，而思攘其位，至阻吾晋用云云，不觉真情毕露。[①]

叶廷琯所论，与清政府官方对袁崇焕的评价一致，尊称其为“督师”，表示对他的尊敬。认为崇祯帝对袁崇焕通敌、招兵的定罪是冤案，有赖于乾隆皇帝为冤案昭雪。可见乾隆帝对袁崇焕案件平反的影响十分深远。此文也痛批奸臣温体仁迎合崇祯帝对袁崇焕的猜忌，恶言中伤他，是冤案的重要推手，《温体仁家书》是其罪状证明书。

史学家夏燮（1800—1875），道光元年（1821）中举人，鉴于《明史》一书简略且有错漏，他撰写《明通鉴》加以补证。因为所见资料较清初修《明史》为多，且有《明史》和乾隆皇帝上谕对袁崇焕的肯定，夏燮引用《御撰

① ［清］叶廷琯：《鸥陂渔话》（第2版），温体仁家书，上海：广益书局，1942年，第55—56页。

资治通鉴纲目三编》中对袁崇焕的评价，认可他“有胆略”，勤王有功无罪，他没有叛变而被处以极刑，是刑法颠倒。又引用《明史》中“自崇焕死，边事益无人，危亡之征见矣”，说明袁崇焕在明朝边事朝政中所起的重要作用。

道光十一年（1831），北京的袁崇焕墓再获维修，著名学者、广东南海人、时任湖南巡抚兼湖广总督的吴荣光为该墓题写墓碑：“有明袁大将军墓”。落款是“乡后进吴荣光拜题”，可见吴荣光十分敬重袁崇焕，认可袁崇焕的精神，把他当作家乡人的骄傲。

道光年间，东莞水南乡人唐棣及陈名超等在水南乡倡建“乡先生袁大司马祠”，督学王桢为其题匾曰：“振顽起懦”，意即袁督师之精神，能够唤醒愚昧和软弱的人，使其头脑清醒，意志坚强起来。浙江人王衍梅还为督师新祠撰写碑文《东莞新建袁督师祠堂碑》，其中写道：“忠臣之祠，百世而下，视此丰碑”①，高度赞扬袁督师的榜样力量。

由无名氏辑录的《袁督师事迹》，有粤雅堂道光三十年（1850）伍崇曜刻本，里面包括四大部分内容：①《袁崇焕事迹》，包括《明史·袁崇焕传》、钱家修《白冤疏》、程本直《矶声纪》《漩声纪》、余大成《剖肝录》；②袁崇焕遗文，内含部分给朝廷的上疏及其它文章：《天启二年擢佥事监军奏方略疏》《初乞终制疏》《再乞守制疏》《三乞给假疏》《遵旨回任兼陈时事疏》《天启六年四月初五日谢守城有功赏赐疏》《天启六年六月初十日谢升荫疏》《天启七年六月初六日锦州报捷疏》《天启七年七月二十二日乞休疏》《祭觉华岛阵亡兵将文》《募修罗浮诸名胜疏》《募修罗浮诸名胜跋》《重修三界庙疏文》；③《率性堂诗集》，收集了袁崇焕部分诗稿；④清朝的呈词与奏稿，《梁朝锡等呈词明督师袁崇焕准配乡贤之祀》、广东巡抚陈大文上奏将袁崇焕列为乡贤祭祀及朝廷的同意批复。这些文稿，很可能来自袁崇焕幕僚王亹转交屈大均的稿本。② 这些文稿，既有为袁崇焕伸冤的，也有袁崇焕本人的作品，可以反映袁崇焕为人正直、不贪功名、为国舍生忘死的崇高品质。无名氏辑录这本书稿，正是为表彰袁崇焕的这些精神，伍崇曜刻印这些书稿也是为了让更多人了解这位广东乡贤的优秀品质，他在该书的跋文里面对相关内容曾加以点评，对明末

① ［清］王衍梅：《东莞新建袁督师祠堂碑》，［清］张鸣珂辑：《国朝骈体正宗续编》卷二，崇德书局，光绪二十一年。

② 参见王贵忱：《袁崇焕画像及轶事记闻》，《可居丛稿》（增订本），广州：广东人民出版社，2014 年，第 747—749 页。

野史《烈皇小识》《幸存录》《明季北略》的不实之词加以揭露，认为“督师忠而获谴，痛甚于檀江州、岳忠武”，《明史》本传对袁崇焕的叙述，使其功罪“昭然若揭”。①

道光十四年（1834）撰修的《平南县志》卷16《列传二·人物》为袁崇焕立传，传文主要摘录《明史》等内容，开头就介绍袁崇焕“祖籍东莞，父子徙居平南白马圩，与藤县接壤”，确认袁崇焕是平南人。可留意的是编纂者在该传后面的按语：

乾隆四十九〔七〕年恭奉诏书云：“前明经略熊廷弼、袁崇焕，均有辑宁边境之才，得一足以安天下。而先后俱被宵小构谗，死于非辜，朕甚悯焉。着广西巡抚查出袁崇焕后裔，量材录用，以奖忠良。钦此。”随据知县缪琪奉行查明，具覆上台牒称：袁崇焕无子，惟查其族内有继嗣元孙袁炳，现居平南城中。送部引见，即授峡江县丞。窃以二公心迹，当明季比党交攻，各逞臆者纷纷，并无公论。恭承圣明洞鉴，昭雪褒嘉，旷世隆恩，古所未有。而天语煌煌，洵足为二臣定论云。

此段文字与事实出入较多，所引诏书中将熊廷弼、袁崇焕并列，事实上乾隆诏书只谈到袁崇焕。该志所录诏书文字“均有辑宁边境之才，得一足以安天下。而先后俱被宵小构谗，死于非辜，朕甚悯焉”也是原诏书所无，原诏书是：“昨披阅《明史》，袁崇焕督师蓟、辽，虽与我朝为难，但尚能忠于所事。彼时主暗政昏，不能罄其忱悃，以致身罹重辟，深可悯恻。袁崇焕系广东东莞人，现在有无子孙，曾否出仕，着传谕尚安，详悉查明，遇便覆奏。”该诏书发于乾隆四十七年，而非四十九年，是乾隆帝在读《明史·袁崇焕传》后，知道袁崇焕是东莞人，就令军机大臣传谕广东巡抚尚安查访袁崇焕子孙，而非直接给广西巡抚下旨。后来尚安在东莞找不到袁崇焕直系亲属，才转咨广西巡抚朱椿，请他帮忙协查。县志恭录皇帝诏书应该非常准确，出现这些改动不知是何原因，但从中可以反映当地士人对袁崇焕的高度认同，认为他是“得一足以安天下”的“辑宁边境之才”，他是被人构陷而死，是冤案。

① ［清］伍崇曜：《袁督师事迹跋》，见《袁督师事迹》卷末，北京：中华书局，1985年，第47—48页。

同治三年（1864）任广西藤县知县的边其晋有诗歌咏袁崇焕："总制三边袁元素，擎天柱石人争慕。只因三字莫须有，万里长城难巩固。"① 边其晋评价袁崇焕是"擎天柱石"，是堪当重任的国家柱石，表达了他对英雄肃然起敬之情，是家乡父老引以为荣的人物。昏庸的明朝皇帝却以"莫须有"的罪名杀害了袁崇焕，最终自毁长城。它体现了边其晋对袁崇焕所受千古奇冤的愤慨。

边其晋主持纂修的同治《藤县志》将袁崇焕列为"乡贤"："进士、太子太保、兵部尚书、蓟辽总督袁崇焕"，在《人物志》里面进一步记载袁崇焕的传记：

> 袁崇焕，字元素，镡津（即藤县，唐代藤州州治为镡津）人。万历丙午举于乡，己未成进士，授邵武知县，累官兵部尚书、督师蓟辽。负胆略，好谈兵，遇老校退卒，辄与论塞上事，具晓扼塞情形。督辽边功最著，死非其辜，事详《明史》本传。②

评价与《明史》本传基本一致，认可袁崇焕功绩卓著，他的死是冤屈的。

同治十三年（1874）进士、南海人谭宗浚在拜谒东莞袁督师祠后深有感触，写下《谒东莞袁督师祠堂》一诗：

> 百战辽河屡合围，属镂一赐竟难归，
> 漏师悔杀由中贵，公议翻令属布衣，
> （自注：程更生布衣有《漩声纪》《矶声纪》辨督师冤甚详）
> 明月上天腾谤易，怒涛卷地故心非。
> 淋漓痛忆先皇诏，异代孤忠藉表微。③

该诗叙述崇焕身经百战却遭惨杀，受到诽谤容易，想要平反却很艰难，他孤忠报国，衷心一片，只有后代人才知道。

成书于光绪五年（1879）的《广州府志》卷一二四为袁崇焕立传，除个别

---

① 石瑞良编注：《咏叹袁崇焕诗鉴赏》，广州：广东人民出版社，2018 年，第 216 页。

② ［同治］《藤县志》卷十三《乡贤志》、卷十七《人物志》，光绪三十四年重刊本，台北：成文出版社，1968 年，第 417、572 页。

③ ［清］谭宗浚：《荔村草堂诗钞》卷三《谒东莞袁督师祠堂》，清光绪十八年廖廷相羊城刻本。

词句外，内容与道光《广东通志·袁崇焕传》一样。

清末学者陈玉树（1853—1906）倡导经世致用之学，对时务颇为留心，诗文中有不少涉及清末时事和主张变革的内容，如对甲午中日战争、中法战争多有反映。他论及袁崇焕，也是议古论今，探讨明代衰亡而鉴戒于清末当局。《后乐堂集》在讨论袁崇焕杀毛文龙之事时评论道：

有明届启、祯之世，辽左军兴，国事日棘。其能诘戎兵以保固疆圉者，熊江夏、孙高阳之外，唯袁崇焕耳。崇焕之谋国也忠，驭军也严，用法也果。即其双岛杀毛文龙一事，有非后世庸软缩朒之臣所能望其项背者。然吾惜其不能致其诚，不善用其术与权，致永光、捷、堃诸小人，得以专戮大将为崇焕罪也。①

陈玉树认为袁崇焕是明末与熊廷弼、孙承宗齐名的能够保卫辽东的三大帅之一，他忠于国家，治军严明，决策果断，敢于执行。他的缺点是不善于用权术。

他对于《明史·袁崇焕传》里把袁崇焕杀毛文龙和崇祯帝妄杀袁崇焕相提并论提出批评，认为袁崇焕杀毛文龙，是毛文龙罪有应得，而崇祯帝杀不该杀之有功名将袁崇焕是自毁长城：

崇焕杀文龙，则张浚之杀曲端（曲端可杀之罪甚多，读《曲端》本传自明），余玠之杀王夔；明帝杀崇焕，则赵王之杀李牧，李后主之杀林仁肇，乌可同日而语哉？永明王以廷臣之请复官，谥以襄愍，宜矣。②

南宋将领曲端虽有才能，但刚愎自用，恃才傲物，不尊上级，常违反纪律，所以被张浚所杀，罪有应得。南宋将领王夔恃功骄横，残暴骄悍，肆意劫掠百姓，对百姓施以酷刑，最后为余玠设计除掉。陈玉树认为袁崇焕杀毛文龙与这两个例子类似。战国时期赵王中了秦国的离间计，听信谗言杀赵国名将李

① 陈玉树：《后乐堂集》，袁崇焕杀毛文龙论，阎崇年、俞三乐编：《袁崇焕资料集录》（下），南宁：广西民族出版社，1984 年，第 71 页。

② 陈玉树：《后乐堂集》，袁崇焕杀毛文龙论，阎崇年、俞三乐编：《袁崇焕资料集录》（下），南宁：广西民族出版社，1984 年，第 72 页。

牧，使得赵国自毁长城；南唐后主李煜中了宋太祖赵匡胤的反间计，杀死南唐名将林仁肇，导致南唐灭国。崇祯帝杀袁崇焕，则与他们一样，都是亡国之君的昏庸之举。李善长、曾铣、熊廷弼等人冤情得昭雪，都被赐予“襄愍”这个谥号，永历政权赐给袁崇焕这个谥号，是恰当的。

陈玉树还对《明史·袁崇焕传》所谓“崇焕妄杀毛文龙”提出批判，认为“崇焕之杀文龙，实出于万不容已者也”，认为《明史》的这个论断，是受阉党余孽的影响所作的不公正评价：

杀文龙之谋发自钱龙锡，龙锡主持逆案，最见恨于阉党者也。以阉党护阉党，则其谓文龙无罪也，固宜；以阉党为阉党报仇，则其谋杀崇焕以及龙锡也，亦宜。而吾独怪修《明史》者，亦谓崇焕妄杀文龙，甘拾阉党之唾余，而为之雪其愤也。此则阉党之幸而崇焕之大不幸。

他认为《明史·钱龙锡》传对此事的评价较为公允：“文龙拥兵自擅，有跋扈声，崇焕一旦除之，即当宁不以为罪。”① 陈玉树此评价是对以往诟病袁崇焕杀毛文龙罪状的反驳，认为毛文龙论罪该杀，连皇帝都认为毛文龙罪有应得。

清末民国的陈田（1849—1921），字松山，号黔灵山樵，贵阳人。光绪十二年（1886）考取进士，选翰林院庶吉士，授编修。他编著诗话集《明诗纪事》谈及袁崇焕：“思陵多疑，果于杀戮。元素之诛，所谓自坏长城也。明之不振有以夫。”② 所论未超出此前看法。

清末民国知名的著述家、刻书家、诗人金武祥（1841—1924）所著《粟香二笔》记载袁崇焕事迹：

明蓟辽督师袁崇焕，字元素，亦东莞人。天启时关内外事方棘，罔敢议战守，议战守自崇焕始。崇祯初年帝尤倚。任督师蓟辽，以尚方剑斩皮岛毛文龙。大清兵分道入关，急引兵入护京师。帝信谗中间，遂磔于市，天下冤之。

---

① 陈玉树：《后乐堂集》，袁崇焕杀毛文龙论，阎崇年、俞三乐编：《袁崇焕资料集录》（下），南宁：广西民族出版社，1984 年，第 72—74 页。

② ［清］陈田辑撰：《明诗纪事》（5），上海：上海古籍出版社，1993 年，第 2657 页。

今东莞有专祠，阮文达以乾隆时上谕“忠于所事”四字为额，邑人何耘劬联云：“天命有归万里长城宜自坏，人心不死千秋直道任公评。”志载其诗六首：《南还别陈翼所总戎》云：“慷慨同仇日，间关百战时。功高明主眷，心苦后人知。麋鹿还山便，麒麟绘阁宜。去留都莫讶，秋草正离离。”其他句如：“主恩天地重，臣遇古今稀”，“欲知肺腑同生死，何用安危问去留”，“牧圉此时犹捍御，驰驱何日慰升平”，皆慷慨激昂，时见荩臣心事。①

通过所摘录的《明史》文字、袁督师祠对联及袁崇焕诗词，反映金武祥对袁崇焕的认可，他能忠于所事，是国家忠臣。

袁崇焕地位的极大提升，跻身民族英雄行列，梁启超功不可没。1903年梁启超发表《明季第一重要人物袁崇焕传》，是近代史学界对袁崇焕研究的开始。梁启超在文章标题中，就将袁崇焕定位为明末第一重要人物。文章开篇就将袁崇焕定位为“以一身之言动进退生死关系国家之安危民族之隆替”② 的广东历史上影响全国的杰出人物，是与唐代六祖慧能、明代陈白沙齐名的一国之人物，他“雄材伟略、远猷硕画”。传记第二节分析了袁崇焕所处的明清嬗递的时代背景，明朝军队在辽东多次失败，形势岌岌可危，而此时的明朝政府已经十分腐败，几乎不能与之相处了。袁崇焕就是在这样极端困难的环境之下，“受命于败军之际”③，颇有“时势造英雄”之感。传记详述袁崇焕事迹，他从监军开始初涉军事，历经守宁远、初督师、宁锦之捷、再督师直至被冤杀，这些内容与《明史·袁崇焕传》所载大体相同。

梁启超对袁崇焕的战略措施多加赞同，如“守关外以捍关内，此袁督师毕生之方略，而亦兵家一定之行势也”④，在引用袁崇焕上疏“恢复之计，不外臣昔年以辽人守辽土，以辽土养辽人，守为正著，战为奇著，和为旁著之说”之后评论到“明所以亡者不一端，而朝廷不能见信于其臣，则亡征之尤剧而不可药者也。不然，以磊落飒爽之袁督师，而何以自危至是，而明之所以待督师

① ［清］金武祥：《粟香二笔》卷七，光绪七年刻本。

② 梁启超：《明季第一重要人物袁崇焕传》，《梁启超全集》（3），北京：北京出版社，1999年，第1353页。

③ 梁启超：《明季第一重要人物袁崇焕传》，《梁启超全集》（3），北京：北京出版社，1999年，第1356页。

④ 梁启超：《明季第一重要人物袁崇焕传》，《梁启超全集》（3），北京：北京出版社，1999年，第1356页。

者，后此乃皆不幸而言中焉。呜呼！虽曰天命，岂非人事哉！”① 梁启超也对袁崇焕的战略决策，因奸臣处处掣肘得不到尽情施展而慨叹：“古未有奸臣在内，而名将得立功于外者，斯言谅哉！”②

梁启超对崇祯帝给予袁崇焕的“擅主和议”罪名，对前人指责袁崇焕与后金和谈是卖国行为进行反驳，认为和议只是缓兵之计。他指出：“以和为守，以守为战。此袁督师对满洲之大政策也。李牧之所以破虏，羊祜之所以沼吴，名将之最上战略，往往在此点”，“盖崇焕议和之故，敌军知之，而明之君臣懵焉。明之为明，殆难言哉！”③ 明朝不明白好计谋，其君臣真糊涂。

梁启超对崇祯帝给予袁崇焕的“专戮大帅”罪名，对当时舆论众口谗毁袁崇焕杀毛文龙卖国一事进行反驳。认为“文龙之应诛与否，读《明史》本传自明”，并引用了程本直《漩声纪》评论毛文龙之案的内容“自武登抚相与争而去，其欲得而甘心于文龙者非一日也，非一人也。辱白简挂弹章，可数百计也。是左右诸大夫皆曰可杀，国人皆曰可杀也，其不杀也，非不杀也，不能杀也，不敢杀也。是以崇焕一杀之而通国快然”④，表明毛文龙十恶不赦，罪有应得。梁启超对袁崇焕此举给予高度评价，“督师此等行动，非有霹雳手段者不能学也”，“夫以举国不能杀、不敢杀之人，而督师毅然去之，若缚一鸡而探一鷇也。指挥若定，声色不惊。呜呼！非天下之大勇，其孰能与于斯？”⑤

梁启超于叙事之间，对袁崇焕在明清两朝兴亡中的作用予以高度评价，“若于吾先民中求完备之军人资格者，袁督师当之矣”，“古来豪杰以一身生死系一国存亡者，历史上前例往往不乏。若袁督师者，其重要之一人哉！”“使袁督师而在也，雷池一步，敌其能飞渡耶？”“袁督之为人，虽百世以下，犹如见之矣”，“若袁督师者，岂所谓无家而以中国为家者耶”，“若袁督师者，真千

① 梁启超：《明季第一重要人物袁崇焕传》，《梁启超全集》（3），北京：北京出版社，1999 年，第 1360 页。

② 梁启超：《明季第一重要人物袁崇焕传》，《梁启超全集》（3），北京：北京出版社，1999 年，第 1357 页。

③ 梁启超：《明季第一重要人物袁崇焕传》，《梁启超全集》（3），北京：北京出版社，1999 年，第 1358、1359 页。

④ 梁启超：《明季第一重要人物袁崇焕传》，《梁启超全集》（3），北京：北京出版社，1999 年，第 1360、1362 页。

⑤ 梁启超：《明季第一重要人物袁崇焕传》，《梁启超全集》（3），北京：北京出版社，1999 年，第 1360、1362 页。

古军人之模范哉！真千古军人之模范哉！”梁启超也对袁崇焕冤狱深抱不平，“天下古今冤狱虽多，语其关系之重大，殊未有袁督师若者也”。[①] 行文中都以“督师”尊称袁崇焕，崇敬之意表露无遗。全文对袁崇焕的缺点一概不提。

梁启超此文虽是“重以乡先正之记念”[②] 之作，同时也是当时时代的呼唤。1900 年八国联军侵略中国，清政府战败，被迫签订丧权辱国的《辛丑条约》。俄罗斯利用参加八国联军镇压义和团运动之机，派兵占领中国东北三省。中俄虽于 1902 年 4 月签订《交收东三省条约》，俄罗斯在当年 10 月份第一次撤兵之后，便不肯继续履行条约。梁启超就曾指出沙俄对侵略中国最具野心，必须认真对待。清政府内忧外患、风雨飘摇、摇摇欲坠，与明末崇祯帝杀害袁崇焕时的政局十分相似。他在《新民说》里指出，西方“民族帝国主义者，如群蚁之附膻，如万矢之向的，虽然而集注于此一隅，彼俄人之于满洲，德人之于山东，英人之于扬子江流域，法人之于两广，日人之于福建，亦皆此新主义之潮流，迫之不得不然也”[③]，瓜分狂潮汹涌。梁启超还说：“岂惟前代，今日之国难，急于明季数倍。而举国中欲求一如袁督师其人者，顾可得耶！顾可得耶！但使龙城飞将在，不教胡马度阴山。”[④] 梁启超希望在清末社会危局中能够出现像袁崇焕一样“挽大厦于将倾”的英雄，提醒人们袁崇焕曾在东北抵抗后金，且曾取得胜利，抵抗沙俄侵略，也需要袁崇焕式人物。抗金英雄袁崇焕研究的兴起，正是饱受外侮年代的社会心理的反映。沈松侨就指出，这和晚清知识人投入故纸堆中找寻“抵御外族”的“民族英雄”，以进行国族建构的运动有密切的关系。[⑤] 清史专家王钟翰对此也指出：“梁先生之所以作《袁传》，无非是引喻历史，古为今用，激发人们的爱国主义热忱，为振兴中华而奋发图强。”[⑥]

---

① 梁启超：《明季第一重要人物袁崇焕传》，《梁启超全集》（3），北京：北京出版社，1999 年，第 1357、1362、1364、1365 页。

② 梁启超：《明季第一重要人物袁崇焕传》，《梁启超全集》（3），北京：北京出版社，1999 年，第 1353 页。

③ 梁启超：《新民说》，北京：商务印书馆，2016 年，第 7 页。

④ 梁启超：《明季第一重要人物袁崇焕传》，《梁启超全集》（3），北京：北京出版社，1999 年，第 1365 页。

⑤ 沈松侨：《振大汉之天声——民族英雄系谱与晚清的国族想象》，《“中央研究院”近代史研究所集刊》第三十三期，第 77—158 页。

⑥ 王钟翰：《论袁崇焕与皇太极》，莫乃群主编：《袁崇焕研究论文集》，南宁：广西民族出版社，1984 年，第 15 页。

除此之外，梁启超塑造的“爱国”“尚武”“进取冒险”“有毅力”的袁崇焕形象，与他主张通过提高国民素质解救民族危机的“新民说”相吻合。他在《新民说》中全面探讨了国民性改造问题，形成了系统的“新民说”，构建了一幅现代中国理想“新民”的图景，如有公德也要有私德；有进取精神也要尚武；有权利观念也要有义务观念；有自尊也要有毅力；合群也讲求生利分利等。①《明季第一重要人物袁崇焕传》最先刊发于《新民丛报》亦或有其深意。

此文面世后，由于梁启超社会影响力巨大，也因近代社会内忧外患，人们对袁崇焕的研究兴趣日浓，评价也日益高涨。

光绪三十四年（1908），藤县重刊同治《藤县志》，卷二十三《杂录》附有清末民初当地士人何寿谦的《乡先正袁崇焕督师事略》《袁督师事略书后》，《事略》内容主要源自《明史・袁崇焕传》，综合小部分其它记载，对袁崇焕的评价与《明史》一致。在文中，何寿谦将袁崇焕视为藤县的前代贤臣，“乡先正”的标题就表明这点，文章开头，他还特别强调袁崇焕是“藤县太平乡白马村（一名莲塘村）人”，将《明史》中记载袁崇焕是“东莞人”加以修正。这种改动显示了藤县当地人对袁崇焕的认可及崇敬之情。《袁督师事略书后》对袁崇焕的籍贯进行辨析，再次确认他是藤县人，同时指出，“督师之鞠躬尽瘁，死而后已，诚一代之英雄豪杰，岂一乡一邑之可得而私者”，可谓见识通达。文章最后，作者感叹：

顾念吾国今日之颠危，压迫于东西强邻，亡国灭种之忧，急于前明十倍。哀哀浩劫，莽莽神州，而欲求一完全军人之资格如督师其人者，寂无闻焉，吾为此惧。督师之雄才大略，劲节孤忠，其关系于国家之存亡，民族之盛衰，为数千年历史上一绝大问题。恐流传久，乡父老或失其真，无为吾国少年告也。不揣固陋，赞扬先正，唤醒同魂，谁其闻督师之风而起者乎！吾其馨香祝之。②

在清末亡国灭种的危急关头，人们更加思念“雄才大略，劲节孤忠”的袁崇焕式英雄人物。该主旨与梁启超《明季第一重要人物袁崇焕传》所持一致。

---

① 梁启超：《新民说》，北京：商务印书馆，2016 年。

② ［同治］《藤县志》卷二三《杂录》，光绪三十四年重刊本，台北：成文出版社，1968 年，第 1051—1068 页。又见阎崇年、俞三乐编：《袁崇焕资料集录》（下册），南宁：广西民族出版社，1984 年，第 185—196 页。

清末民国学者汪荣宝（1878—1933）在1909年出版的《中国历史教科书》写到：“明自用兵以来，督师者如熊廷弼、袁崇焕、孙承宗辈，皆以盖世之才，能称其职；而诸将委身许国，效死不屈者亦前后相望。”① 称赞袁崇焕是盖世之才。

二、民国时期的评价

1. 袁世凯攀亲袁崇焕

1915年还发生了袁世凯攀亲袁崇焕的闹剧。2月21日，北京《亚细亚日报》的《京尘见闻录》记载了此事：

项城袁氏，自总督端敏公甲三、侍郎文诚公保恒以来，门望甲于海内。迄今大总统遭际时会，肇造民国，功德茂焉。顷其宗人重修族谱。其始祖原籍广东东莞县，且有祖山，葬于宝安县属，其地名擎天一柱。缘七世祖崇煜公，于明末清初流寓河南，遂占籍为项城人，宗派遂分。渊源所自，实始东莞。闻已遣长老赴粤调抄族谱，以明宗系之所由来云云。

《亚细亚日报》是袁世凯的御用报纸，所载内容不敢虚构，必定是袁世凯授意发布。袁世凯是河南项城人，当时为称帝制造声势，不惜杜撰历史，自称自己是东莞袁氏族人，是袁崇焕弟弟袁崇煜后裔。明末袁崇煜后人被流放到河南，随后在项城落籍，开枝散叶，形成项城袁氏。实际上，袁崇焕获罪后，其在宁远的家属被流放到云南，在东莞的家属被流放到福建，并没有被流放到河南。袁世凯攀亲袁崇焕虽然可笑，但也反映袁督师声望极高，影响深远，使得当时声名显赫、权倾一时的中华民国大总统也甘认是其后人，想借其抬高声望。

1915年3月，东莞人邓寄芳激愤于袁世凯攀附袁督师之丑行，编辑出版了《袁崇焕先生遗稿》，收录袁崇焕奏疏9篇、文章4篇、诗12首。书前有袁崇

① 汪荣宝编纂：《中国历史教科书》，上海：商务印书馆，1909年，第31页。

焕小传。书后有附刊5篇。

他在该书序文中怒斥袁世凯的虚伪及一帮阿谀奉承之徒的可笑：

不谓迩者袁世凯当国，权倾一时，仿古帝皇制，尊祖报功，遂有督师是其远祖之说。籍口忠臣后裔，牢笼一时人心。揭之者一，和之者百，应声之虫，吠影之犬，天下嚣然，耳目为乱。龙兴之地，遂及东莞。如其不谬也，灵运时陈祖德，士衡每诵先芬，夫亦何怪？惟是杨公清白之门，不产曹氏奸雄之子，思嗣家声，无堕勋业。凡有血气，莫不尊亲，而今何如者？一夫窃国，自比尧舜，群臣无耻，妄拟皋夔，自欺欺人，莫此为甚。既悲城下之盟，复召群黎之怨，野心是逞，天理何存？不肖子孙虽尊祖九庙，飨祖太牢，祖其吐弃之。虽然，文饰奸术，自来盗国者之妙手，于彼何责，可笑者依阿恐后之徒，请附祀关岳，为督师荣，曾亦思彼之假，文祀孔子，武祀关岳之用意所在否乎？夫信教自由之条载在约法，此亦文明诸邦先例也，而彼竟破坏之，欲天下人长为一家一姓之忠仆，非愚民政策耶？

与此同时，邓寄芳也高度赞扬袁崇焕是时代伟人，忠勇仁义，虽死犹生：

袁督师崇焕，明代伟人也。以文臣提兵守辽，胡虏不敢东窥。厥后蓟门失守，京师遭蹂躏，虏忌督师，行间谍之计，奸臣中之，督师遂论死。明社自是不保，而清虏乃以异族入主中夏……勇如督师，忠如督师，身系一代存亡，读史者莫不钦仰而崇拜之，虽死犹生也……督师忠义，天地同留。①

2. 张伯桢、张仲锐父子极力宣传、表彰袁崇焕

民国时期，对袁崇焕极力宣传、表彰，用力最勤，取得成就最大的是东莞人张伯桢、张仲锐父子。

张伯桢（1877—1946），字任材，号子干，又字沧海，别号篁溪。东莞篁村水围坊人。是康有为的学生，民国著名学者、藏书家。1902年广州毕业后曾

① 邓寄芳：《〈袁督师遗稿〉序》，柳亚子编；马以君点：《南社丛刻第23集第24集未刊稿》，北京：社会科学文献出版社，1994年，第62页。

在东莞县学堂任国文教员。1904 年留学日本，1908 年回国受聘为两广方言堂教授。1910 年任法务部制勘司主事。1912—1928 年任法务部监狱司科长。

张伯桢长子张仲锐，字次溪，号江裁，随父亲在北京居住，一生研究史学、方志学。

早在 1905 年之前，张伯桢就着手搜集袁崇焕相关资料，他在《袁督师遗集》跋中对此加以介绍：

袁督师为我邑明季第一重要人物。吾幼年读《明史》，慕其为人。每过其祠，瞻其遗像，为之呜咽流涕，不忍去。比长，搜求文献，得督师奏疏、杂文、遗诗，汇为一卷，题曰："袁督师遗集"，复搜辑与督师有关系之文，汇为一册，名曰："附录"。乙巳（光绪三十一年，1905）携之扶桑，质诸新会梁任公先生。①

张伯桢十分仰慕乡贤袁崇焕的功业，把表彰本县先烈袁督师当作义不容辞的工作。1913 年，《袁督师遗集》刻印，卷首有康有为序，共三卷，卷一收袁崇焕 9 篇奏疏，卷二收袁崇焕所撰杂文 4 篇，卷三收诗袁崇焕诗作 11 首。附录一卷，收录关系袁崇焕资料《明史 · 袁崇焕传》、梁启超《袁督师传》、钱家修《白冤疏》、程本直《白冤疏》（即《矶声》）《漩声》、余大成《剖肝录》、《荆驼逸史》中《袁督师计斩毛文龙始末记》。

康有为在序文中指出袁崇焕一身关系国家命运兴亡，给予袁崇焕至高评价：

赐白起杜邮之剑，闻淮阴钟室之囚，庶斛律凉风之杖，行武穆金牌之召，则古今人莫不垂涕矗然伤心。然此不过人主刻忌寡恩，于国之存亡无关焉。若吾粤袁督师之丧于谗间也，天下震动，鬼神号泣，明社遂屋，余祸烈烈，波荡至今。呜呼，天下才臣名将多矣，谗死亦至夥，而恻恻于人心，震惕于敌国，非止以一身之生死系一姓之存亡，实以一身之生命关中国之全局，则岂惟杜邮、钟室、凉风、金牌之凄感也……假若间不行而能尽其才，明或不亡……夫

① 张伯桢：《袁督师遗集 · 跋》，1908 年，载《沧海丛书》第一辑，转引自杨宝霖：《读莞人著作札记（三）》，《东莞文史》第 25 辑，1996 年，第 168 页。

张伯桢《袁督师遗集》（梁启超题）

袁督师之雄才大略，忠烈武棱，古今寡比，其遗文虽寥落，而奋扬蹈厉，鹤立虹布，犹想见鲁阳挥戈、崆峒倚剑之神采焉。①

康有为以白起、韩信、斛律光、岳飞等名将被人主所杀的典故作对比，指出袁督师“雄才大略，忠烈武棱，古今寡比”，有“鲁阳挥戈、崆峒倚剑”之力挽危局的风采。督师之死比他们更凄惨，更令天下震动，认为袁崇焕一身之生命关中国之全局，如若袁崇焕不死，明朝或许不会灭亡。康有为还对袁崇焕的雄奇文采大加赞赏。当然，康有为过分强调了英雄人物个人在历史中发挥的

① 康有为：《袁督师遗集序》，《东莞历史文献丛书》（第 45 册，丛部 1，沧海丛书），广州：广东人民出版社，2017 年，第 11 页。

作用，明末政治极端腐败，经济濒临崩溃，百姓民不聊生，农民起义此起彼伏，明朝已经病入膏肓，灭亡是必然的。即使袁崇焕不死，那也只能稍微延缓明朝灭亡的时日，无法最终改变历史发展趋势。

1914 年，张伯桢还集资修葺了北京广渠门广东旧义园内的袁督师墓。

1915 年发生的袁世凯攀亲袁崇焕事件，使得张伯桢看到利用袁世凯，扩大袁崇焕社会影响力的好机会。北洋政府礼制馆提出袁崇焕是文臣，不能从祀关岳庙。张伯桢向北洋政府提交《袁督师应配祀关岳意见书》，对礼制馆提出的理由加以辩驳，并为将袁崇焕列为与关羽、岳飞并列的国家级崇祀而积极奔走。在张伯桢多方努力下，许多督抚大员向政府呈文或复信张伯桢，对礼制馆以袁崇焕属于文臣的理由而将其排除在配祀关、岳名单之外提出质询，赞同将袁崇焕配祀关、岳，对袁崇焕给予高度赞扬。

贵州巡按使①龙建章称赞袁崇焕“谋国之忠，捍边之勇，治师之严，守死之笃，在前胜国犹章华衮之荣，维兹汉邦宜预褒忠之典，洵足陪祀关、岳”②。

镇安左将军督理吉林军务孟恩远、吉林巡按使孟宪彝称赞袁崇焕“进退死生为一代全局所关，千古人心所属，英风亮节，堪与关、岳相伯仲者”，“文兼武略，功在国防”，“其绥边之勇，谋国之忠，死事之惨，拟以汉家壮缪，比之宋室精忠，赫濯声灵，后先辉映”。③

参政院参政梁士诒等称赞袁崇焕“不徒以百战显武功之赫濯，而实以一身系全局之安危，故同时已见畏于敌人，异世犹奋兴于顽懦，旷观今古，足当斯选者，惟明督师袁崇焕庶几近之”④。

振武上将军督理广东军务龙济光、兼代广东巡按使龙觐光称赞袁崇焕“武功彪炳”，“综厥生平，略如关、岳，孤忠遗恨，异代同符。当其固守宁远，拒

① 民国初年军民分治，各省设民政长，民国三年（1914）改称巡按使，掌全省民政及巡防队、警备队等，并受中央政府的特别委任，监督财政、司法行政等事，民国五年（1916），改称省长。

② 《署贵州巡按使龙建章呈请将前明蓟辽督师袁崇焕配祀关岳文》，《东莞历史文献丛书》（第 45 册，丛部 1，沧海丛书），广州：广东人民出版社，2017 年，第 167 页。

③ 《镇安左将军督理吉林军务孟恩远、吉林巡按使少卿孟宪彝呈恳将前明蓟辽督师袁崇焕配祀关岳文》，《东莞历史文献丛书》（第 45 册，丛部 1，沧海丛书），广州：广东人民出版社，2017 年，第 167—168 页。

④ 《参政院参政梁士诒等呈恳将前明蓟辽督师袁崇焕特准从祀关岳庙请训示文并批令》，《东莞历史文献丛书》（第 45 册，丛部 1，沧海丛书），广州：广东人民出版社，2017 年，第 168 页。

百胜之师，开屯锦州，保四城之险，似班超之平西域，若充国之定先零，较之威镇华夏，唾手燕云，解白马之围，身先士卒，作黄龙之饮，气壮山河，其勋伐同也”。[①]

河南巡按使田文烈、山东巡按使蔡儒楷、安徽巡按使李兆珍、湖南巡按使沈金鉴等指出“纬武经文之将，史不绝书，即安内攘外之功，才非罕觏，而崇奉独在关、岳者，良以擎天一柱、国士无双，此身系全局安危，百世犹闻风兴起。关、岳以后，惟明蓟辽督师袁崇焕为能踵武”，“若言气节则崇焕之威名震敌，气壮山河，拟之关、岳，如骖之靳矣。以言文臣，崇焕始则巡抚辽东，继则建旄蓟北，始终与兵事为缘，且即因此为敌国所忌，卒至西市含冤，犹颂天王明圣，前史具在，可覆按也”。[②]

耀武上将军督理广西军务陆荣廷、广西巡按使王祖同也赞袁崇焕是“东莞儒生，八闽循吏，夙谙军略”，“武功彪炳”，“勋劳卓著”。[③]

江西巡按使齐耀琳认为“袁督师才略功勋，卓越千古，配祀关、岳，至为允当”[④]。

奉天巡按使张元奇认为袁崇焕是“文臣治兵，功在当世，殆所谓儒将之雄者”[⑤]。

昌武将军督理江西军务李纯称赞袁督师“精忠浩气”“气节武略，彪蔚今古”。[⑥]

---

① 《振武上将军督理广东军务龙济光、兼代广东巡按使龙觐光奏粤贤袁崇焕武功彪炳拟请准从礼关岳折并批令》，《东莞历史文献丛书》（第45册，丛部1，沧海丛书），广州：广东人民出版社，2017年，第170—171页。

② 《河南巡按使田文烈、山东巡按使蔡儒楷、安徽巡按使李兆珍、湖南巡按使沈金鉴奏请将前明蓟辽督师袁崇焕配祀关岳折》，《东莞历史文献丛书》（第45册，丛部1，沧海丛书），广州：广东人民出版社，2017年，第171—172页。

③ 《耀武上将军督理广西军务陆荣廷、广西巡按使王祖同奏粤贤袁崇焕武功彪炳拟请特准从祀关岳庙折》，《东莞历史文献丛书》（第45册，丛部1，沧海丛书），广州：广东人民出版社，2017年，第173页。

④ 《江西巡按使齐耀琳来书》，《东莞历史文献丛书》（第45册，丛部1，沧海丛书），广州：广东人民出版社，2017年，第183页。

⑤ 《奉天巡按使张元奇来书》，《东莞历史文献丛书》（第45册，丛部1，沧海丛书），广州：广东人民出版社，2017年，第186页。

⑥ 《江西昌武将军李纯来书》，《东莞历史文献丛书》（第45册，丛部1，沧海丛书），广州：广东人民出版社，2017年，第189页。

湖北巡按使段书云称赞袁督师“孤忠亮节，照被今古”[①]。

湖南巡按使沈金鉴认为“袁督师者始则巡抚辽东，继则建旄蓟北，屹然重镇，为国干城，比之关壮穆之镇荆襄，岳忠武之军淮甸，威名震敌，气壮山河，不是过也”[②]。

察哈尔都统张怀芝评价“袁督师忠贞自矢，武勇可风，赫赫威名，光增史册。荦荦大节，绩炳寰区，力保危疆，不愧为一朝柱石。自残大将乃坏汝万里长城，致令人叹明社之亡由于督师之死，则其一身之进退系乎天下之安危，比之关壮穆匡扶汉室，岳武穆保卫宋邦，大义精忠夫何多让”[③]。

陕西巡按使吕调元评价袁崇焕“虽系文阶，实居武职，精忠贯日，高义薄云”“胆略过人，威名夙著，筑城塞上，刺血军中，卒乃群孽难防，长城自坏。迄今读其本传，犹凛凛然有生气”。[④]

安武将军督理安徽军务倪嗣冲赞扬袁崇焕“虽古之名将最上战略，亦无有出其右者。至为人处世尤能不避嫌怨，不徇私情，不爱钱，不惜死，凡此荦荦大端，悉秉忠义正气以出之故。十载边臣，屡经战守，摧坚执锐，所向披靡。读其遗诗有云‘慷慨同仇日，间关百战时。功高明主眷，心苦后人知’，则其凛然大节，足成千古定论。从祀关、岳允无愧色”[⑤]。

德武将军督理河南军务赵倜称赞袁督师“忠贯金石，功在社稷。不独有明一代之兴亡属之，即中国全国民族之隆替莫不与有绝大之关系。迹其生平，筹边御敌，勋伐震铄，实足与关、岳颉颃”[⑥]。

---

① 《湖北巡按使段书云来书》，《东莞历史文献丛书》（第45册，丛部1，沧海丛书），广州：广东人民出版社，2017年，第191页。

② 《湖南巡按使沈金鉴咨覆政事堂礼制馆请将前明蓟辽督师袁崇焕等配祀关岳文》，《东莞历史文献丛书》（第45册，丛部1，沧海丛书），广州：广东人民出版社，2017年，第191页。

③ 《察哈尔都统张怀芝来书》，《东莞历史文献丛书》（第45册，丛部1，沧海丛书），广州：广东人民出版社，2017年，第199页。

④ 《陕西巡按使吕调元咨覆政事堂礼制馆请将前明蓟辽督师袁崇焕等配祀关岳文》《陕西巡按使吕调元来书》，《东莞历史文献丛书》（第45册，丛部1，沧海丛书），广州：广东人民出版社，2017年，第200页。

⑤ 《安徽安武将军倪嗣冲咨覆政事堂礼制馆请将前明蓟辽督师袁崇焕等配祀关岳文》，《东莞历史文献丛书》（第45册，丛部1，沧海丛书），广州：广东人民出版社，2017年，第201页。

⑥ 《河南德武将军赵倜来书》，《东莞历史文献丛书》（第45册，丛部1，沧海丛书），广州：广东人民出版社，2017年，第204页。

浙江巡按使屈映光赞扬袁崇焕“功业彪炳，昭若日星”①。

山东泰武将军靳云鹏赞扬袁督师“抱文武之干才，肩捍御之重任，奇勋卓著，辽蓟依若长城，全局攸关国家”②。

山东巡按使蔡儒楷赞扬袁崇焕“忠义奋发，不辞劳怨，浩然之气，亘古长存，真堪接踵壮穆而无愧色者也。及后闻警赴援，统师入卫，兼程并进，奋不顾身。乃为敌人反间，身死门灭。莫须有之狱，竟与忠武相同。忠武殁而中原不能复，宋室以南。崇焕死而边事益无人，明社遂屋。一身之进退安危关系国家之兴亡，民族之隆替，此又杀身成仁与忠武后先一揆，而可相提并论者也”③。

上海镇守使郑汝成赞扬袁督师“生当季世，力御强邻，为国捐躯，功在社稷。其勋绩之壮赫，志虑之忠纯，大节之光明，死事之惨烈，足以风厉后世、模范军人”④。

安徽巡按使李兆珍评价“袁督师之在明季，其关系于国之存亡至为明显。观其丰功垂就，而奇祸旋婴，以视关壮缪、岳武穆，直后先相映，而今古同慨者也”⑤。

淞沪护军使杨善德认为“督师伟烈丰功，关明社之存亡，与兵事相终始，且迹其生平事实，多有与关、岳殊途而同归者，以之配享尤为合宜”⑥。

陆军总长段祺瑞赞扬“袁督师力捍强邻，国之柱石。长城自坏，明社遂墟。溯其功德之隆，宜食馨香之报武庙从祀诸贤”⑦。

---

① 《浙江巡按使屈映光来书》，《东莞历史文献丛书》（第 45 册，丛部 1，沧海丛书），广州：广东人民出版社，2017 年，第 207 页。

② 《山东泰武将军靳云鹏来书》，《东莞历史文献丛书》（第 45 册，丛部 1，沧海丛书），广州：广东人民出版社，2017 年，第 208—209 页。

③ 《山东巡按使蔡儒楷致政事堂礼制馆请以前明蓟辽督师袁崇焕配祀关岳书》，《东莞历史文献丛书》（第 45 册，丛部 1，沧海丛书），广州：广东人民出版社，2017 年，第 209 页。

④ 《上海镇守使郑汝成致政事堂礼制馆请以前明蓟辽督师袁崇焕配祀关岳书》，《东莞历史文献丛书》（第 45 册，丛部 1，沧海丛书），广州：广东人民出版社，2017 年，第 210 页。

⑤ 《安徽巡按使李兆珍来书》，《东莞历史文献丛书》（第 45 册，丛部 1，沧海丛书），广州：广东人民出版社，2017 年，第 212 页。

⑥ 《淞沪护军使杨善德来书》，《东莞历史文献丛书》（第 45 册，丛部 1，沧海丛书），广州：广东人民出版社，2017 年，第 213 页。

⑦ 《陆军总长段祺瑞来书》，《东莞历史文献丛书》（第 45 册，丛部 1，沧海丛书），广州：广东人民出版社，2017 年，第 214 页。

参谋次长唐在礼认为袁督师“浩气精忠，本足颉颃关、岳”①。

农商总长周自齐赞扬“督师为有明一代伟人，其孤忠遗烈，彪炳宇宙，配享关、岳，洵堪起衰振懦，矜式后世，不仅阐微显幽已也”②。

浙江兴武将军朱瑞说：“督师以文臣筹边事，雄武忠烈，古今罕遇其俦。不幸而处暗朝乱世，受敌间而被主猜，遂至自坏长城，终墟明社，其一身之生死乃为中国全局存亡之所系，又不独一姓之兴衰已也”③。

甘肃巡按使张广建评价：“督师丁阳九之时，励不二之节，风云叱咤，雷雨奋兴，伟略超群，真诚为国。智勇足以断事，谋画足以绥边，雄剑倚天，神珠耀海。使当日长城不毁，又何至九鼎播迁。而乃反间工谗，沉冤误构，霜飞六月，血化三年，万众号呼，千秋呜咽。拟以汉家壮缪同为盖代之英，方诸宋室精忠各有出师之痛，允宜崇祀。”④

吉林巡按使王揖唐评价：“督师纬武经文，忠肝古谊，山河正气，至今懔懔如生。方辽事败坏之余，督师力支危局，抚疮痍，遏强敌，诛悍将，肃军纪，屹然一代长城。督师不死明不亡也。一身系全国之存亡，仅仅戎马沙场之将略可同日语哉！配祀关、岳允无疑议。”⑤

东莞县知事沈赞清评价：“袁督师孤忠伟烈，薄海同钦。不幸谗口高张，未懋饰巾之典，长城坐坏，空衔投帻之悲，明社之屋实自贻伊戚也……督师经文纬武，比关壮缪志在春秋列戍实边，如岳忠武气吞胡羯从此肃名。”⑥

此外，当时还有政府各部门及其他要人给张伯桢复信，对袁崇焕表示尊崇和赞赏。例如，海军部说他“浩气英光，照耀奕世”；教育总长张一麐说“督师忠义，百折不挠”；海军总长刘冠雄说他“武功忠烈”；陕西威武将军陆建章

---

① 《参谋次长唐在礼来书》，《东莞历史文献丛书》（第 45 册，丛部 1，沧海丛书），广州：广东人民出版社，2017 年，第 214 页。

② 《农商总长周自齐来书》，《东莞历史文献丛书》（第 45 册，丛部 1，沧海丛书），广州：广东人民出版社，2017 年，第 214 页。

③ 《浙江兴武将军朱瑞来书》，《东莞历史文献丛书》（第 45 册，丛部 1，沧海丛书），广州：广东人民出版社，2017 年，第 218 页。

④ 《督理甘肃军务兼巡按使张广建来书》，《东莞历史文献丛书》（第 45 册，丛部 1，沧海丛书），广州：广东人民出版社，2017 年，第 224 页。

⑤ 《吉林巡按使王揖唐来书》，《东莞历史文献丛书》（第 45 册，丛部 1，沧海丛书），广州：广东人民出版社，2017 年，第 228 页。

⑥ 《东莞县知事沈赞清来书》，《东莞历史文献丛书》（第 45 册，丛部 1，沧海丛书），广州：广东人民出版社，2017 年，第 232 页。

说他“英风浩气，冠绝古今，实足以颉颃关、岳”；黑龙江镇安右将军兼巡按使朱庆澜说他“武功气节炳然千古，又非一人一家之私谊也”；云南开武将军唐继尧说他“资兼文武，卫国矢忠，浩气英光，弥纶宇宙”；四川成武将军陈宧说他“丰功伟烈，彪炳千秋”；贵州巡按使龙建章说他“为有明一代伟人，其生平事迹，浩气精忠，固足彪炳千秋，颉颃关、岳”；安徽巡按使李兆珍说“督师精忠浩气，照耀寰区，推其功德之隆，允宜馨香百世”；河南巡按使田文烈说“袁督师雄才大略，忠义凛然”；江西巡按使戚扬认为“袁督师精忠伟略，照灼千古”；上海镇守使郑汝成称“袁督师功在社稷，力御强邻，浩气精忠，焜耀百世”。①

我们从倡议袁崇焕配祀关岳庙活动过程可见，响应倡议的人数多、级别高。有北京政府各内阁成员，包括参谋总长、参政院长黎元洪、陆军总长段祺瑞、王士珍、海军总长刘冠雄、教育总长张一麐、农商总长周自齐、交通总长梁敦彦、参政院院长溥伦、审计院院长孙宝琦，代理参谋总长唐在礼。有15省将军赞成，包括吉林孟恩达、黑龙江朱庆澜、山东靳云鹏、河南赵倜、安徽倪嗣冲、江西李纯、浙江朱瑞、湖南汤芗铭、陕西陆建章、甘肃张广建、新疆杨增新、四川陈宧、广东龙济光、云南唐继尧、广西陆荣廷。有16省18巡按使赞成，包括奉天张元奇、吉林孟宪彝、吉林王揖唐、山东蔡儒楷、河南田文烈、山西金永、江苏齐耀琳、安徽李兆珍、江西戚扬、浙江屈映光、福建许世英、湖北段书云、湖南沈金鉴、陕西吕调元、广东张鸣岐、广东龙觐光、贵州龙建章、广西王祖同。此外，赞成的还有京外各机关要员，如上海镇守使郑汝成、步军统领江朝宗、察哈尔都统张怀芝、甘肃提督马安良、淞沪护军使杨善德等。这次活动涉及面广，民国时期中国共设28个省，除西康、河北、宁夏、青海、热河、绥远6个省份外，其它省份的将军或巡按使等要员都表示赞同。

这一倡议能得到这么多人的响应，说明袁崇焕的精神的确十分伟大，深深触动他们。这一活动引起广泛关注的原因大体有四：

①坊间有传闻袁世凯自认为与袁崇焕同宗，大小官员希望以此来迎合袁世凯意旨，遂纷纷积极呈请。

②这些大员大多军人出身，崇尚英雄气节，对军人楷模袁崇焕十分崇拜，

---

① 《东莞历史文献丛书》（第45册，丛部1，沧海丛书），广州：广东人民出版社，2017年，第215、216、219、220、221、228、231、232页。

正如湖南巡按使沈金鉴所言："袁督师从祀关岳，稍明气节者无不赞同。"[①]

③礼制馆以袁崇焕属于文人将其排除在配祀关岳庙名单之外不符常理，引起众怒，人们为维护公理发声。正如陕西威武将军陆建章所说"督师精忠大节，克媲关、岳，各省既一致赞成，鄙人尤不胜钦佩，足见公道在人，此心同此理同也"[②]。江西巡按使齐耀琳认为该提议"足彰公道"，安徽将军倪嗣冲认为该提议"众论佥同"，山东将军靳云鹏认为该提议"洵公理所同"。[③]

④与袁崇焕密切相关之北京、东北、岭南各地官员尤为积极呼应，如贵州巡按使龙建章是广东顺德人，他在给张伯桢的复信中明确提出："以乡谊所关，何敢推卸"[④]。广东籍京官，如参政院参政梁士诒、徐绍桢、交通部总长梁敦彦、交通部次长叶恭绰、海军部次长曹嘉祥等人也发动各自人际关系积极加以推动。吉林巡按使孟宪彝曾在锦州任职，他说："弟昔年敷治锦城，于督师丰功伟烈，早已崇拜不遑。配祀之请，极表同情，业已会同左将军联衔具呈。"[⑤]东莞县知事沈赞清作为袁督师故乡父母官，对于此举，表示大力支持，不落人后，恭恭敬敬加以办理："都之庙貌荐井里之冠裳，士夫既欢悦无量，邑宰自趣跄恐后。事豫则立，不厌周爰咨诹，神实式凭，唯有必恭敬止。"[⑥]

倡议袁崇焕从祀关岳庙的活动，后由于各种原因不了了之，但通过这一轮广泛宣传，扩大了袁崇焕的影响，让更多人了解袁崇焕精神的伟大。

1917年，张伯桢在北京龙潭湖内捐资修建袁督师庙，广泛搜集袁崇焕遗物及相关文物。袁督师庙落成之后，他邀请他的老师康有为及其他名流为该庙题写对联、碑记等。袁督师庙成为人们纪念袁崇焕的重要场所。

康有为手书了"袁督师庙"额和庙联："其身世系中夏存亡，千秋享庙，

---

① 《湖南巡按使沈金鉴来书》，《东莞历史文献丛书》（第45册，丛部1，沧海丛书），广州：广东人民出版社，2017年，第191页。

② 《陕西威武将军陆建章来书》，《东莞历史文献丛书》（第45册，丛部1，沧海丛书），广州：广东人民出版社，2017年，第222页。

③ 《东莞历史文献丛书》（第45册，丛部1，沧海丛书），广州：广东人民出版社，2017年，第183、202、209页。

④ 《贵州巡按使龙建章来书》，《东莞历史文献丛书》（第45册，丛部1，沧海丛书），广州：广东人民出版社，2017年，第225页。

⑤ 《吉林巡按使孟宪彝来书》，《东莞历史文献丛书》（第45册，丛部1，沧海丛书），广州：广东人民出版社，2017年，第226页。

⑥ 《东莞县知事沈赞清来书》，《东莞历史文献丛书》（第45册，丛部1，沧海丛书），广州：广东人民出版社，2017年，第232页。

死重泰山，当时乃蒙大难；闻鼙鼓思东辽将帅，一夫当关，隐若敌国，何处更得先生。”墓堂廊柱也悬有康有为所书对联：“自坏长城慨今古，永留毅魄壮山河”。①

康有为还为该庙撰写并手书了《明袁督师庙记》：

嗟夫！明清之际，关于中国亦大矣，非止系一朝之兴亡也。观夫袁督师之雄才大略，武棱盖世，遂见忌于敌，以馋间死。虽曰天命，岂非人事哉！夫国非才不立，有国者临觞闻鼙鼓，莫不思人才而用之。然才愈奇，志愈大，人主未必能竟其用。即使倚畀信用，而内移于权奸女谒，外怵于敌国外患，左右谗慝之口，交构而并作，卒自坏长城，而国亦殄灭。呜呼！古今殆同一揆，岂独袁督师？吾十二岁侍先祖连州公读督师传，至其纬繣边事，登长城，察形势，奏对思宗以五年破敌而壮之。连州公曰：“是敌畏而间杀之者也！”后登长城，想公之雄风。门人东莞张伯桢，为公表幽，刻公集，复筑公祠于京师。令后人爱中国，思将才，庶公英灵武烈犹凛凛也。孔子二千四百六十八年丁巳七月乡后学康有为撰书。②

康有为还为袁督师庙作七言诗三首，悼念袁督师，歌颂其爱国精神：

吾粤将才名世者，督师祠墓酹残红。
古来才大原难用，朝末功高鲜令终。
间入长城君自坏，谗多冤狱世无穷。
国亡勿谓无人在，长令伤心吊鬼雄。

杜邮赐剑杖凉风，马革投潮藏种弓。
冤写金陀莫须有，幽囚钟室将毋同。
摇落山河名将碧，萧条异代劫灰红。
记游山海关凭吊，立马长城一世雄。

① 阎崇年、俞三乐编：《袁崇焕资料集录》（下），南宁：广西民族出版社，1984 年，第 171—172、174 页。

② 阎崇年、俞三乐编：《袁崇焕资料集录》（下），南宁：广西民族出版社，1984 年，第 170 页。

先哲勤勤表绣丝，瓣香特为督师祠。

白山黑水海翻立，鼙鼓声中我有思。①

在上述诗文材料中，康有为高度评价袁崇焕一身系明代存亡，守辽东一夫当关万夫莫开，雄才大略，武功盖世，是对国家起举足轻重作用的人。但袁督师却遭反间计和谗言被冤杀，明朝皇帝自毁长城，可惜可叹，遗恨千古！袁督师虽蒙难而死，却重于泰山。当今时代哪里去找“袁督师”呢？康有为既表达了对袁督师的崇敬之情，也抒发了“戊戌变法”失败的抑郁情绪，国亡并非无人在，而是英雄志难酬。康有为的评价与他的学生梁启超的《明季第一重要人物袁崇焕传》一脉相承，都是给予袁崇焕高度好评。

王树楠（1851—1936），字晋卿，河北新城（今河北省高碑店）人，是近代著名学者，曾在四川、甘肃、新疆等地任职，官至新疆布政使，民国初年任清史馆总纂。1917 年，袁督师庙落成，张伯桢也邀请王树楠撰写碑记。《明袁督师庙碑记》云：

东莞张篁溪既刊其先正袁元素督师遗集行世，又上书政府，吁请合祠关岳庙中，以奠忠魂，昭之万世。今年八月，复创建督师庙于左安门内广东新义园，以为旅京乡人岁时荐享之所。呜呼！古今之以忠死国者众矣，篁溪独惓惓于督师若此，此岂私其一乡之见哉？诚以督师之生死，为明、清兴亡之所由关，而种族之见，遂酿为四千余年之世局之变而不可收拾，此尤篁溪所痛心疾首者也。或谓督师之死，死于清人之间，温体仁、梁廷栋、满桂之私嫌，固也。余独窃谓此不足以死督师，死督师者中官耳。杨太监之言入而督师死；魏忠贤之遗党高捷、袁宏勋、史𡎴辈之疏入而督师死。东江岁饟，毛文龙藉以贿中官者也。文龙死而中官之赂断矣，围城之役，遂乘机麻起而浸润之，于是督师不得不死矣！嗟乎！中官之祸，明二百七十年几如一辙之覆，卒以此殒其国而亡其身。其可异者，当时之僇辱忠良，曾孟子所谓土芥犬马之不若，而明社一屋，怀忠抱节以死国难者，若蚁趋而鳞萃也。清无有明之一矣，逮其末也，而婴城效死者百无一二焉。斯则可悲者矣！八月望日，庙既落成，篁溪属余为

① 阎崇年、俞三乐编：《袁崇焕资料集录》（下），南宁：广西民族出版社，1984 年，第 172、174 页。

之记，余又益叹督师之死之系于国运者大也。①

王树楠也赞扬袁崇焕为明清兴亡的重要人物，袁崇焕被杀对明朝国运影响十分重大。王树楠还特别分析了袁崇焕的死因，除清人的反间计、朝中奸臣的陷害外，宦官之祸是致死袁崇焕的最主要原因。

新中国成立后，张仲锐为保护袁崇焕墓葬、袁督师庙积极努力，使得它们今天依然得以保存，并将其修建为袁崇焕纪念馆。张伯桢父子崇拜、表彰袁崇焕，一为纪念东莞乡贤。二为宣扬爱国主义，民国时期国家多难，在日本一步步进逼侵略中国之际，张伯桢就会想到袁督师，他呼唤国人发扬袁督师爱国主义精神，挽救国家危亡。1935 年张伯桢在《正风半月刊》发表《东北问题之殷鉴：明蓟辽督师袁崇焕传》就属于这种情形。

3. 陈伯陶表彰袁崇焕

史学家陈伯陶（1855—1930），东莞人，清末光绪朝探花，曾任翰林院编修，参修国史。他于 1915 年开始纂修民国《东莞县志》，1921 年成书，1927 年出版。该志搜罗广泛，征引丰富，考证精确，规模宏大，是历代《东莞县志》之集大成者。该志卷 61《人物略》为袁崇焕立传，博采广征，内容丰富，考证精核，可补正史之失。民国《东莞县志》修成后，一时未能出版，陈伯陶于是将人物传中的袁崇焕、陈策、苏观生、张家玉、陈象明五位明末东莞忠义之士单独抽出，编成《明季东莞五忠传》，于 1923 年先行出版。两书中的《袁崇焕传》内容一致。

尽管《明史》已为袁崇焕作传，但陈伯陶认为由于当时修史时存在各种局限性，“季野（万斯同）修史时事多忌讳，或惑于流俗人言，致滋曲笔”②，“一由实录之未尽睹，一由家乘之未搜罗，不得已摭拾野史附会成章。而当时野史又未尽出，其纰谬舛讹未由考核，此真不可如何之事，非修史者之过也。”③ 所以《明史》中的袁崇焕传记有所失实。而乾隆以后广东方志对于袁崇焕的叙述，基本依照《明史》，勘误极少。为了还历史真相，他义不容辞地

① 阎崇年、俞三乐编：《袁崇焕资料集录》（下），南宁：广西民族出版社，1984 年，第 171 页。
② 陈伯陶：《东莞县志》，凡例，卷首，广州：岭南美术出版社，2007 年。
③ 九龙真逸（陈伯陶）：《明季东莞五忠传》，广州：广东人民出版社，2013 年，序言，第 2 页。

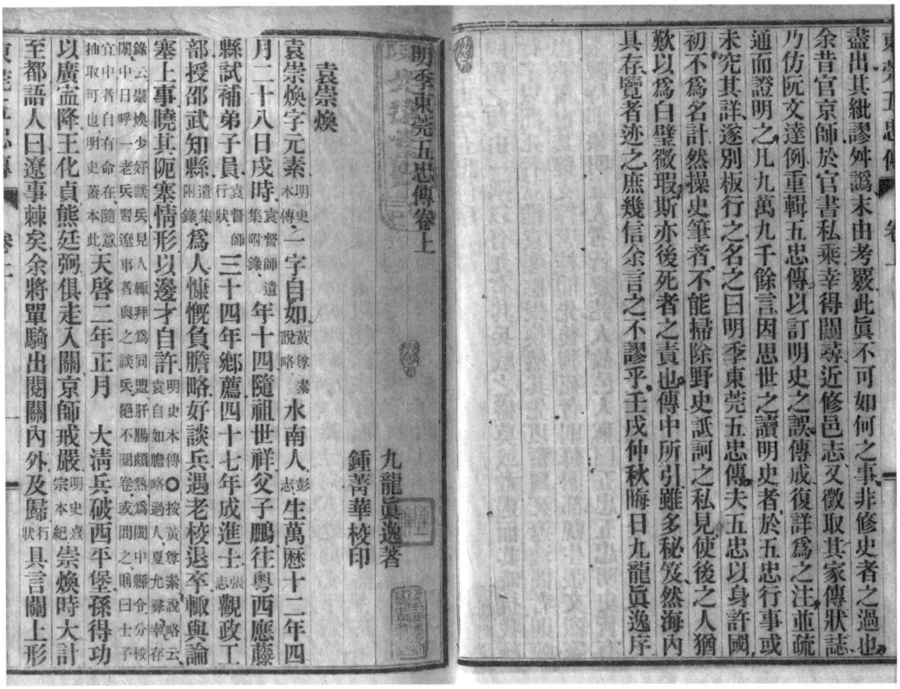
東莞五忠傳　卷上

盡出其紕謬舛譌末由考覈此眞不可如何之事非修史者之過也余昔官京師於官書私乘幸得闚尋近修邑志又徵取其家傳狀誌乃仿阮文達例重輯五忠傳以訂明史之誤傳成復詳爲之注並疏通而證明之凡九萬九千餘言因思世之讀明史者於五忠行事或未究其詳遂別板行之名之曰明季東莞五忠傳夫五忠以身許國初不爲名計然操史筆者不能掃除野史詆訶之私見使後之人猶歎以爲白璧微瑕斯亦後死者之責也傳中所引雖多秘笈然海內具存覽者迹之庶幾信余言之不謬乎壬戌仲秋晦日九龍眞逸序

明季東莞五忠傳卷上

九龍眞逸著

鍾蕃華校印

袁崇煥

袁崇煥字元素（明史本傳）一字自如（黃尊素說略）東莞水南人（彭志）生萬歷十二年四月二十八日戌時（袁督師遺集附錄）年十四隨祖世祥父子鵬往粵西應藤縣試補弟子員（袁督師行狀）三十四年鄉薦四十七年成進士（張志）觀政工部授邵武知縣（遺集附錄）爲人慷慨負膽略好談兵遇老校退卒輒與論塞上事曉其阨塞情形以邊才自許（明史本傳○按黃尊素說略云袁自如膽略過人夏允彝幸存錄云崇煥少好談兵見人輒拜爲同盟肝腸頗熱爲閩中縣令分校闈中日呼一老兵習遼事者與之談兵絕不閱卷或問之則曰士子宜中者自有命在隨意抽取可也明史蓋本此）天啓二年正月　大清兵破西平堡孫得功以廣寧降王化貞熊廷弼俱走入關京師戒嚴（明史熹宗本紀）崇煥時大計至都語人曰遼事棘矣余將單騎出閱關內外及歸（行狀）具言關上形

東莞五忠傳　卷上　一

《明季东莞五忠传》书影

承担起修订旧史之误的重任，“夫五忠以身许国，初不为名计，然操史笔者，不能扫除野史诋诃之私见，使后之人犹叹以为白璧微瑕，斯亦后死者之责也”①，他力图扫除正史、野史对袁崇焕的不实诋毁。

《袁崇焕传》在民国《东莞县志》及《明季东莞五忠传》两书中都是重点。陈伯陶对袁崇焕的考证诠释特别详尽，引书凡八十余种，多为稀见之秘籍。考证之精，篇幅之大，为民国初年以前袁崇焕传记资料之最。②

传中通过细致考证，极力为袁崇焕昭雪：

《明史稿》说袁崇焕打胜仗后就骄傲了，该传考证后说《明史稿》记载“‘崇焕既解围，志渐骄，与桂不协。’此非事实。《明史》改‘渐骄’为‘渐抒’，盖知其误。”③ 目前所见通行本未见此改动，不知陈伯陶材料来源。

《明史》认为袁崇焕与满桂、王之臣不和的说法也不准确，“时方倚任桂，必无志骄不协之事。其云‘与臣亦不和’者，盖崇焕以诏语戒饬之，而桂仍有

① 九龙真逸（陈伯陶）：《明季东莞五忠传》，广州：广东人民出版社，2013 年，序言，第 2 页。
② 九龙真逸（陈伯陶）：《明季东莞五忠传》，广州：广东人民出版社，2013 年，点校说明，第 6 页。
③ 九龙真逸（陈伯陶）：《明季东莞五忠传》，广州：广东人民出版社，2013 年，第 34—35 页。

违言也。《辽事实录》载：‘当时尚宝司卿冯时行议，谓满帅廉而无能，不堪大用。’必非无见。《崇祯纪事》谓：‘满桂勇捍善战，而矜己自用。’盖得之。”认为满桂自身有问题，自以为是，与赵率教不和，袁崇焕只是居中调停而已。“《两朝从信录》云：‘读崇焕《自讼疏》，可谓勇于闻过者矣。’《辽事实录》亦称崇焕上疏认罪。崇焕始终盖调停率教、桂二人，非与桂、之臣不协也。”①

天启六年八月，袁崇焕上《辽事治标治本疏》，该传评价道：“此疏论治标知己知彼，其后固守锦宁，即用此法。其论治本仿赵充国方略，且筑且屯，而尤以用少节省为先，以明亡边饷论之，可谓瞻言百里。惟此尚非速行平辽方略，其后再召，策又一变。《明史》本传谓崇焕虑廷臣忌己，故上此疏，所引未全，然其时廷臣尚不甚忌崇焕，疏盖为之臣发也。”② 认为袁崇焕所论治标治本策略“瞻言百里”，很有远见，能够“知己知彼”。《明史》认为袁崇焕是怕朝中大臣妒忌他才上此疏不准确，当时朝臣并未将袁崇焕作为攻击重点，此疏是针对王之臣的守辽策略而发。

袁崇焕为反驳王之臣所谓“屯田妨民”的说法，上《复陈辽地屯田疏》，提出屯田对辽东的七不便和七便利，该传评价：“观此，则当日屯田实为至计。”③ 是当时最好的计策。

对于《明史·袁崇焕传》认为朝廷起初不知道袁崇焕派遣使臣与后金议和，该传认为是“忠贤欲因是招款，建不世之勋，令崇焕遣使吊”，并引用多种史料证明，如王在晋《辽事实录》说：“遣使虽由崇焕设谋，实自逆珰。逆珰欲招款东敌，建不世之勋，意不止于封侯已也。”天启七年十一月，朱国弼疏云：“东敌与我心仇，忠贤乃遣人吊孝，边臣不奉忠贤命，敢迳为之乎？”《两朝剥复录》云：“霍维华发崇焕谈款之误云：‘款实忠贤意，使谢过崇焕。’”最后得出“遣使往吊，实忠贤胁为之，非崇焕意”的结论。④

对于《明史》认为袁崇焕平台召对所提“五年复辽”是随口漫对，该传认为：“崇焕此答，亦以兵事不宜宣泄，为是权词，非漫无方略也。”⑤ “五年平辽”并非大言不惭，而是深思熟虑，有大计谋，袁崇焕不向朝臣细谈是因为

---

① 九龙真逸（陈伯陶）：《明季东莞五忠传》，广州：广东人民出版社，2013年，第34—35页。
② 九龙真逸（陈伯陶）：《明季东莞五忠传》，广州：广东人民出版社，2013年，第37页。
③ 九龙真逸（陈伯陶）：《明季东莞五忠传》，广州：广东人民出版社，2013年，第38页。
④ 九龙真逸（陈伯陶）：《明季东莞五忠传》，广州：广东人民出版社，2013年，第38—39页。
⑤ 九龙真逸（陈伯陶）：《明季东莞五忠传》，广州：广东人民出版社，2013年，第60页。

涉及军事机密，故随口应付，作权宜之词。

对于《明史》认为袁崇焕擅杀毛文龙，该传指出："杀文龙实龙锡授意崇焕为之。"① 朝廷内对毛文龙不法之事早有觉察，只因事涉疆场，投鼠忌器，要缜密谋划。

对于《明史》所载袁崇焕杀毛文龙一事，"帝骤闻，意殊骇"，该传认为非事实。实际上是"帝闻之，甚喜"。《幸存录》的记载"崇焕初斩文龙，上亦甚喜之，褒扬倍至，不嫌其矫诏"，说明"帝怒文龙通敌，而喜崇焕"。②

对于《明史·袁崇焕传》所说："崇焕诛文龙，岛弁失主帅，心渐携，其后至有叛去者。"该传指出："此谓（耿）仲明、（孔）有德、承禄、有时等也。然仲明、有德实因兴治死而逃，不因文龙。（毛）承禄、（陈）有时本好为乱，故从叛，亦不因文龙死也。《明史》所云非事实。"③ 皮岛内部各种内斗厮杀并非因为袁崇焕杀毛文龙直接导致，是因为这些人争权夺利所致，而且毛承禄、陈有时本来就好为乱。

该传还用大量篇幅，记述了己巳之变时，魏忠贤遗党、朝廷奸臣温体仁、梁廷栋、高捷、史䇲等人合谋陷害袁崇焕的过程，说明袁崇焕之死是明末最大冤狱。

对于毛文龙的功过，该传也进行了考证，认为袁崇焕杀毛文龙是其罪有应得。该传用了大量文字叙述毛文龙之过：

"文龙一生冒功讳败以欺朝廷"④，多次虚构取得战事胜利，如镇江之捷，满浦、昌城之捷，凉马佃、牛马、牛毛、乌鸡关之捷，"犹时时冒捷献俘，中朝颇知其妄"⑤，朝廷也知道他虚报了。对于战败，毛文龙却不报告，如天启元年朝鲜边境之败，天启四年旅顺、辉发之败，天启五年官屯寨、撒尔湖之败等等。

毛文龙只向巡抚王化贞报功，不报经略熊廷弼，致使他俩不和，导致天启二年辽东军事大败，其源头在毛文龙。所以全祖望《鲒埼亭集》认为这一行为

① 九龙真逸（陈伯陶）：《明季东莞五忠传》，广州：广东人民出版社，2013 年，第 61 页。
② 九龙真逸（陈伯陶）：《明季东莞五忠传》，广州：广东人民出版社，2013 年，第 72 页。
③ 九龙真逸（陈伯陶）：《明季东莞五忠传》，广州：广东人民出版社，2013 年，第 93 页。
④ 九龙真逸（陈伯陶）：《明季东莞五忠传》，广州：广东人民出版社，2013 年，第 29 页。
⑤ 九龙真逸（陈伯陶）：《明季东莞五忠传》，广州：广东人民出版社，2013 年，第 32 页。

就可论死罪，“文龙交构经抚，其罪即可死，非苛论也。”①

“文龙媚魏忠贤为奥援”②，结交魏忠贤作为靠山。《大明律》规定大将勾结内侍即为死罪。

天启三年三月，朝鲜国王李珲被其侄子李倧所弑。由于李珲曾向明朝报告毛文龙的丑事，毛文龙对李珲深恶痛绝。此事发生后，朝臣廷议要讨伐李倧，不准朝鲜朝贡。毛文龙力主李珲德行不好，李倧是为讨叛臣以便尽心侍奉朝廷而杀李珲，颠倒黑白，为乱臣开脱，罪大恶极。该传评价道：“文龙此举，奖乱臣，开边衅，为明失朝鲜祸胎，其罪极大。崇焕数文龙十二罪不及此者，以帝既封倧成事，不说耳。”③

天启六年，毛文龙占据云从岛，“在岛中广招商贾，贩易禁物，名济朝鲜，实阑出塞”“《辽事实录》云：‘江浙奸民泛海逐利者，悉投文龙，得入建州互市。’《烈皇小识》云：‘文龙招集行商，南货缯、币，北货参、貂，咸于文龙输税挂号然后敢发。’每遣使入都，必携参、貂数十辆走帝侧及要人。兵饷之外，发数万为军前犒赏者再矣。而文龙但张皇不逊，谓不则仗剑归朝鲜，朝臣恶之，谓为国家一痈疽。”④ 毛文龙的不法行为为朝臣深恶痛绝，说他是国家的毒瘤，但毛文龙却得到魏忠贤的庇护，魏忠贤将揭露毛文龙罪状的朝臣罢官。

毛文龙多次私通后金，崇祯二年“时文龙与副将陈继盛等又私通大清”，“陈其元《庸闲斋笔记》云：‘崇焕斩文龙，一时无不谓其冤者，即后世犹盛訾之。洎乾隆年间，纪文达阅历朝档子，始知文龙曾通款我朝，则文龙在明固万死不足惜者也。’纪文达所见即此等档册。蒋良骐谓‘崇焕以文龙与我国私通，杀之’，盖亦谓此。”袁崇焕也知晓毛文龙通敌，《崇祯纪事》载：崇焕给朝廷的奏报说：“文龙逆迹昭然，机不容失。”⑤

当然，毛文龙并非完全无功，天启四年四月，努尔哈赤出兵进犯宁远等处，由于毛文龙出兵袭击鞍山驿，迫使努尔哈赤于五月退回沈阳。袁崇焕《辽事治标治本疏》也肯定毛文龙的功劳：“孰知毛文龙径袭辽阳，故旋兵相应，

① 九龙真逸（陈伯陶）:《明季东莞五忠传》，广州：广东人民出版社，2013 年，第 29 页。
② 九龙真逸（陈伯陶）:《明季东莞五忠传》，广州：广东人民出版社，2013 年，第 30 页。
③ 九龙真逸（陈伯陶）:《明季东莞五忠传》，广州：广东人民出版社，2013 年，第 40 页。
④ 九龙真逸（陈伯陶）:《明季东莞五忠传》，广州：广东人民出版社，2013 年，第 40 页。
⑤ 九龙真逸（陈伯陶）:《明季东莞五忠传》，广州：广东人民出版社，2013 年，第 69 页。

使非毛帅捣虚，锦宁又受敌矣。”①

在传文最后，陈伯陶评论到：

世传《明史列传》为万季野（斯同）作，而《袁崇焕传》尤为注意。以今考之，讹阙尚多。其最误者则未审东江所在，而于毛文龙逆迹又不尽详，且附会之以为妄杀。其于虎墩兔、刘兴祚事，概不之及。而五年平辽方略，一若大言自诡，而不究其成算之未得行。其狱之冤，虽知为我朝设间，又不知实出温体仁，皆失之大者也。

夫崇焕之守宁、锦，世竞称其功，然尚非至计。迨督师再召，乃始变其方略，锐意平辽。观其起用王象乾以抚虎墩兔，使敌多所备，而我少所虞，犹之乎前策也。至其练辽兵辽马，用之野战，而不仅恃坚城大炮为固防。其用东江则又虚帅以待有功，俾兴祚兄弟为之效死。诚使蓟门增备，畿辅无惊，而又不挠其渡河之计。吾知崇焕谋画，必将谓辽河压其前，东江捣其后，外围既急，内溃必多，其于恢复或不俟五年未可知也。

天不祚明，珰焰未熸，群凶炀灶。而帝亦愦愦，自坏尔万里长城，此非我朝之间能杀崇焕，实体仁辈用我朝之间以售其奸，使帝杀崇焕也。国家将亡，必有妖孽，崇焕其奈之何哉？或曰，崇焕之前有熊廷弼，崇焕死后亦尚有孙承宗。而《明史》谓议战守自崇焕始，崇焕死，明边事益无人，亡征决矣。何也？曰：“此万氏之特识也。”

当廷弼时，广宁犹未失，廷弼不于大凌、锦州、宁远节节固守，步步应援，而建山海、天津、登莱三方布置之策。夫天津、登莱之水师，岂能陆战以收四卫？而山海、辽远之步卒，又岂能竭蹶以援广宁？故广宁一失，廷弼与王化贞俱走入关，此未足言战守也。承宗城宁远、城锦州，俱崇焕策。其收复四城，亦崇焕兵。然而大凌之筑，既不知敌所必争，长山之援，又不知我所以战，遂使崇焕时精兵健将，死降殆尽，一蹶而不可复兴，此亦不足当边寄也。然则若崇焕者，其真我朝勍敌也夫！②

这些评论除对《明史·袁崇焕传》所载不确及缺失之处进行辨析、增补

① 九龙真逸（陈伯陶）：《明季东莞五忠传》，广州：广东人民出版社，2013年，第28页。
② 九龙真逸（陈伯陶）：《明季东莞五忠传》，广州：广东人民出版社，2013年，第98—99页。

外，特别指明袁崇焕平辽方略的远见卓识，如果他的计策得以实施，五年复辽完全有可能。但由于奸臣妖孽陷害，崇祯帝自毁长城，崇焕一死，边事益无人，明朝离灭亡不远了。总体而言，陈伯陶所论颇有道理，考证有据，对袁崇焕评价很高。

4. 民国时的其它评价

韩文举（1864—1944），广东番禺人，字树园，号孔庵，笔名扪虱谈虎客，是康有为的学生，维新派革命家、政治家、教育家、报人。李清曾为袁崇焕幕僚，他于崇祯十一年（1638）所著的《袁督师斩毛文龙始末》，详细叙述了袁崇焕诱杀毛文龙的经过。韩文举在《袁督师斩毛文龙始末》文后有个评论，与康有为、梁启超一样，高度评价袁崇焕是雄才大略的伟人，近世独一无二：

扪虱谈虎客曰：袁督师，天挺伟人，雄才大略，近世无两。其视毛文龙，不过狐鼠等类，曾不足当其一指趾。馘之杯酒间，仅如振落，而国家之大患已潜销。彼浙人徇其私情，犹有为文龙极口呼冤者，斯真可谓别有肺肠矣！饮冰子顷为《督师传》，刻意表章。顾于斩毛文龙一事不甚详，今得是记补之。阅者之快意为何如哉！吾尝论以叔季衰亡之国，撄犬羊暴起之众，自有历史以来，未有能取胜者，能取胜自督师始。且不徒取胜而已，实足制敌死命而无难，是中经营惨淡，殆非寻常英雄所能胜任。夫知敌所长而避之，侦敌所短而乘之，难矣！然犹非至难也。大败之后，人无固志，胡尘乍起，望风而逃。于此而欲振作士气，俾将卒去其畏敌之心；起其灭敌之望，宁非难中之至难者哉！以此而论，督师殆天人不可及欤！今世而有督师，为之执鞭所忻慕焉。近人陈子庄著《庸闲斋笔记》极诋左袒毛氏之人，并言："乾隆年间，纪文达公阅历朝档子，始知文龙曾通款我朝。文龙在明，实万死不足惜云。"呜呼！亦足见公论之久而愈彰矣！①

他认为梁启超的袁督师传记，对袁崇焕杀毛文龙细节谈得不甚详细，而《袁督师斩毛文龙始末》可以很好地对此加以补充。袁崇焕在辽东战局大败，明军遇敌望风逃窜，士气极端低落之时能够稳住战局，取得战争的胜利，燃起

① 阎崇年、俞三乐编：《袁崇焕资料集录》（下），南宁：广西民族出版社，1984年，第37页。

了明军灭敌的希望，是难中之至难，真乃神人。毛文龙是狐鼠之辈，是国家的大患，袁崇焕在杯酒之间就消除了隐患，胆识手段皆高超。毛文龙私通敌国，有档案记载在案，万死不足惜。而那些为徇私情替毛文龙鸣冤的浙江籍人，动机十分不纯。

1914 年出版的黄鸿寿的《清史纪事本末》，卷三《明季战争》谈及袁崇焕与后金的战斗，他对袁崇焕的评价总体比较负面：

（崇祯）二年。夏六月，袁崇焕杀皮岛总兵毛文龙。崇焕自宁远一捷，颇自矜。谓满洲人已破胆，可望献地讲和。及再起召对，遂言五年可灭满洲。虑文龙识其诈，深忌之。至是以阅兵为名，泛海抵双龙岛，以计诱文龙，诬以十二罪，杀之。自是岛弁离心，不为用。其后孔有德、耿仲明、尚可喜等相继叛去，全岛尽属于满洲矣。①

认为袁崇焕取得宁远大捷之后表现得骄傲自满，这或许是沿袭了《明史·袁崇焕传》的说法。对于和谈，认为是袁崇焕对敌估计的失误，不认为是战争策略之一。认为五年复辽也是基于形势判断失误而做出的不理智承诺。对杀毛文龙，认为是担心毛文龙泄露和谈诈术，才诬陷毛文龙十二桩罪杀之，并将孔有德、耿仲明、尚可喜等人叛清归结为袁崇焕杀毛文龙之恶果。这些见解，基本上与史实不符。黄鸿寿成书时，不能广泛参考《崇祯实录》《清实录》《清史列传》等书，使得书中内容贫乏，叙事也有不少失实之处。

当代历史学家萧一山（1902—1978）在 1923 年出版的《清代通史》，卷上第十一章《明国之覆亡》有云："熊廷弼、袁崇焕、孙承宗，皆以盖世之才，治辽事而有余，然或内毁于阉党，外罹于反间，不终其位"②，盛赞袁崇焕的盖世之才。

民国十六年（1927）编撰的《兴城县志》，卷九《人物》记载了袁崇焕的传记，其内容与乾隆《盛京通志》一样，对他持肯定态度。

1933 年，林振镛发表《袁崇焕与张煌言》，评价袁崇焕是为大众谋幸福，为民族谋出路的真正的英雄，他说：

---

① 黄鸿寿：《清史纪事本末》，上海：上海书店，1986 年影印本，第 14 页。

② 萧一山：《清代通史》，上海：商务印书馆，1932 年，第 232 页。

袁崇焕的躯壳虽死，他的精神永久在历史上放射着万丈的光芒。他的被冤恰是他的伟大。他一生不知逢迎、畏惧、恇怯、权诈，他不知什么是明哲保身的教训；他不懂曾国藩那种寅畏圆通的哲学，他只是勇敢守土杀贼，尽武人之天职，然而他也不学年羹尧的骄蹇残忍，因为十余年关外毳幙膻浆的生活，已养就了他刚强不屈和忠直诚笃的意志，有明享国数百年，除了戚继光、史可法、张煌言数人之外，没有能够与他同其伟大与不朽的了！①

20世纪30年代，明清史专家孟森多处评论袁崇焕之事：

崇焕诛文龙一事，流传失实之记载不可胜举，至今人有为文龙抱屈，称崇焕忌才者。然《史》文明白，合之《实录》所见，于文龙之罪状无疑也。但《史》又言："文龙专阃海外，有跋扈声，崇焕一旦除之，自谓可弭后患，然东江屹然巨镇，文龙死，势日衰弱，且岛弁失主帅心渐携，益不可用，其后致有叛去者。"此为后来诋议诛毛为失计说之所由来。然此皆崇焕冤死后岛兵变化之事实，若使崇焕久任以处其责，何至视刘兴祚兄弟与陈继盛相屠杀，而卒令耿仲明、孔有德、尚可喜辈遂为清廷佐命哉？诛毛部署不过三阅月，崇焕已中清太宗反间，明廷自坏长城，反信高捷、袁弘勋、史䇺辈，为阉党报仇，兴大狱，以妄杀文龙陷辅臣钱龙锡。易代以后，流闻语尚不实，则审慎读史者之少矣。②

孟森在此特别指出毛文龙被杀是罪状确凿、罪有应得。袁崇焕死后岛兵自相残杀，耿仲明、孔有德、尚可喜投降清朝，都是因为袁崇焕被杀，无人能够控制岛上形势造成，而非杀毛文龙造成，读史者要审慎地加以辨别。孟森此说很有见地，耿仲明等三人叛乱，事实上是袁崇焕被杀的负面后果，是辽东失去主帅而使得局面失去控制。

孟森还专门写了《专辨正袁崇焕之诬枉》：

---

① 林振镛：《袁崇焕与张煌言（未完）》，《时事月报》1933年第8卷第3期，第35页。

② 孟森：《明史讲义》，长春：时代文艺出版社，2019年，第299页。《明史讲义》是孟森先生1931—1937年在北京大学授课时的讲稿。

袁崇焕之狱，已叙于上节。然三百年来，公论不定。一翻明末人当时之记载，愈堕入五里雾中。论史者将谓：今日之人固不应妄断古人之狱，惟有求之故纸，凭耳目相及者之言以为断耳。岂知明季之事，惟耳目相及之人，恩怨是非尤为纠葛。而崇焕之被谤，则于温、钱相倾之门户旧套以外，只多一虚骄爱国者之兴奋，为清太宗反间所中，久而不悟，虽有正人，只能保钱龙锡之无逆谋，不敢信袁崇焕之不通敌。北都既覆之后，弘光朝尚持此论，且出于正人君子之言，如南都吏部尚书徐石麒专论历来款虏事一疏，录之可以备见明人对建州之认识不真，对力能抗敌之疆臣猜疑太过，皆为促亡之道。

……

虚骄之正人，既不慊于前时遣吊，又不审毛文龙之当诛罪恶，捏其情事为一串，竟称崇焕通敌胁款，至国亡后尚哓哓欲传为信史。《明史》出而稍据《清实录》。于《崇焕传》雪此诬构，近又好据同时人之褒贬以为可信，则不可挟此成见也。

毛文龙东江之兵，始以明廷无饷而借口通商，以违禁物与敌为市，敌乃大得其助，而崇焕治兵，请筦东江之饷，而文龙拒之，以与敌通市为利，又不欲以领饷而暴露其兵额也。崇焕斩文龙，编制其兵，覈实其饷，东江正可有为，乃身既被戮，毛兵亦无所依赖，自相屠杀，相率降清。论者又以此为崇焕之罪，不以为杀崇焕者之罪，至今尚纠纷不已，是用揭之。①

孟森再次重申，东江之乱非袁崇焕之罪，而是杀袁崇焕者之罪。事实上，袁崇焕被杀对明军的打击非常沉重。将士们普遍感觉到，像袁崇焕这样忠于国家的人都被杀，他们值得为这个朝廷卖命吗？此后，明军整个部队投降清军的情况越来越多。

1940 年，广西省政府编译委员会出版了吴汝柏撰写的章回体小说《民族英雄袁崇焕传》，在书名中就将袁崇焕定性为“民族英雄”，认为袁崇焕“平生的忠烈事迹，功在民族，也够得上流芳百世，名垂青史”。②

1942 年，为鼓舞民众的抗日信心，缅怀爱国民族英雄袁崇焕，藤县当地人民在天平镇新马村白马圩尾江边建成纪念碑，碑两边刻有时任藤县县长何杞题

① 孟森：《明史讲义》，长春：时代文艺出版社，2019 年，第 303 页。
② 吴汝柏：《民族英雄袁崇焕传》，广西省政府编译委员会，1940 年，第 69 页。

写的对联：“一塔表孤忠，白马江边留胜迹；千秋传信史，幽燕城下想英风。”①

1946年，历史学家吕振羽著成《简明中国通史》，谈及清军入关和明朝灭亡史事，对袁崇焕一事评价道：

《明季北略》对袁崇焕事实的记载，完全是颠倒是非、混淆黑白的。据王先谦《东华录·天聪朝》卷一述皇太极用间陷害袁崇焕的事实经过也说，皇太极令副将高鸿中、参将宁完我在两个被俘明太监前耳语说：“今日撤兵，乃上计也。顷见上单骑向敌，敌有二人来见，上语良久乃去。意袁巡抚有密约，此事可立就矣。”当时有个杨太监偷听记下。几天以后，看守故意松弛，放杨太监逃回。庄烈帝乃于十二月逮崇焕下狱。皇太极的反间计，是得到阉党、宦官的配合的。叶廷琯《鸥波渔话》卷四《温体仁家书》，崇祯二年金兵、即清军内犯，魏忠贤余党王永光、高捷、袁宏勋及浙党温体仁等，便大造谣言，说袁崇焕“引敌长驱，欲要上以城下之盟”。在这次清军内犯前，据余大成《剖肝录》等书，崇焕曾报告明廷说：“臣在宁远，敌必不得越关而西；蓟门单薄，宜宿重兵。”《明清史料甲编》第八本第七〇七页《兵部行（督师袁崇焕题）稿》提得更严重。在这两次战斗中，周文郁《边事小记》（《立览堂丛书》续集）说：崇焕“两股”中箭“如猬”，“赖有重甲不透。”由于崇焕率军苦战，北京才得以转危为安。②

他认可袁崇焕是明朝的“忠臣良将”：

此时，明廷的“忠臣良将”，已大都被斥退、惨杀，政权和军权依旧操纵在那班坏蛋的手里。他们一面不断牵制和破坏前方的军事部署计划，排除主战分子和有正义感的人士，“残害忠良”——不只惨杀清军所“畏惧”的名将熊廷弼、袁崇焕等，而又惨杀了坚决反清和主持正义的杨涟、左光斗、徐尔一、韩圹……等一班不利于清军的人物。另一面，明廷所支持和信任的人物，大都

① 藤县地方志编纂委员会编：《藤县年鉴 2011—2012》，南宁：广西人民出版社，2015年，第342页。

② 吕振羽：《简明中国通史》（下），北京：民主与建设出版社，2018年，第627页。

是多多少少与阉党有关系的，不是一些无能之辈（如袁应泰等），就是一些纵兵殃民、甚至通清投靠的家伙（如毛文龙等）、失败主义者（如实行放弃关外的高第，清军进袭、督师不战的张凤翼等）、投降分子（如叩头降清的洪承畴、迎接清朝入关的吴三桂等）、出卖灵魂和暗中通清的奴才（如抄袭毛文龙衣钵、私通清军配合清军行动、崇祯六年便公开率师降清的孔有德、耿仲明、尚可喜等）和屠杀人民的刽子手（如孙传庭等）。因此，腐败的明廷，到庄烈帝时便完全腐烂了，力量消耗殆尽了。[①]

清末民国时期，人们赞扬乱世英雄袁崇焕，多是对于内忧外患时势有感而发。例如1933年林振镛发表《袁崇焕与张煌言》就是针对日本人占领东三省，中国丧失大片土地，有亡国灭种之危险，人们热切呼唤救国英雄："明之未亡，有袁崇焕，明之已亡，有张苍水；末世有气节之士，虽亡国尚可自慰。若像现在我们这样七日之中，丧失六十万方里地方，看不见半个像袁、张一般的人，这样糊里糊涂地亡了国，我们能甘心吗？能无憾吗？"[②] 1934年敏子发表的《袁督师之死》以古喻今，指出"目前，又是那样子的一个时代到来啦。我们，那是应该拿半把眼泪为袁崇焕洒个不停！"[③] "又是那样子的一个时代"是指日本准备全面侵略中国，形势与当年袁崇焕与满洲后金的战争情形类似。1937年陈同发表《明末东北抗敌之熊廷弼与袁崇焕》，通过表扬民族英雄之忠勇杀敌，用以激发国人的民族意识，增强国人之民族自信。[④]

① 吕振羽：《简明中国通史》（下），北京：民主与建设出版社，2018年，第628页。
② 林振镛：《袁崇焕与张煌言（续）》，《时事月报》1933年第8卷第4期，第46页。
③ 敏子：《袁督师之死》，《空军》1933年第34期。
④ 陈同：《明末东北抗敌之熊廷弼与袁崇焕》，《教与学》1937年第2卷第12期。

第五章　新中国成立后的袁崇焕评价

新中国成立后，学者大多认可袁崇焕的爱国主义精神和民族气节，给予他高度评价，称他为民族英雄，为他的冤死感到痛心。一些学者也指出袁崇焕的时代和阶级局限性，存在一些缺点，评价更为客观。

一、1950—1978 年的评价

1952 年，北京市政府为整理市容，规划建设市政，对城郊坟墓进行整饬迁移，袁崇焕墓初拟也进行迁移。闻此消息，1952 年 5 月 14 日，叶恭绰、柳亚子、李济深、章士钊四位先生联名请求保护袁崇焕祠墓。

叶恭绰（1881—1968），字裕甫（又作誉虎、玉甫、玉虎、玉父、玉符），号遐庵，广东番禺人，爱国民主人士。新中国成立后曾任政务院文化教育委员会委员、中央文史研究馆副馆长等职。

李济深（1885—1959），字任潮，广西苍梧人，新中国成立后曾任中央人民政府副主席、全国人大常委会副委员长。

柳亚子（1887—1958），原名慰高，字安如，后改名人权，字亚卢，又改名弃疾，字亚子，后以字行。江苏吴江人，爱国民主人士、诗人。新中国成立后曾任中央人民政府委员。

章士钊（1881—1973），字行严，号孤桐，湖南长沙人，新中国成立后曾任全国人大常委会委员、政协全国委员会常务委员、中央文史研究馆馆长。

叶恭绰等四位先生并非完全出于乡谊而提出保护袁崇焕祠、墓，叶恭绰、李济深来自两广，可算袁崇焕家乡后人，柳亚子是江苏人，章士钊是湖南人，他们提出保护袁崇焕祠、墓，主要是提倡民族气节和爱国主义，当时正值抗美援朝战争时期，需要弘扬袁崇焕的爱国精神。

北京市政部门对袁崇焕祠墓进行修缮前，叶恭绰再次来到墓地，颇为感慨，触景生情，写下《其墓为施工计感而有作》两首诗：

其一

颓垣短径叩荒阍，太息残骸尚此存。
易代一抔仍属汉，当时诸夏惜无君。
长城坏久人方惜，大厦倾余局又陈。
史笔只今重论定，好申正气息群纷。

其二

豺狼当道已弓藏，一死酬庸太反常。
菹醢自缘家法暴，捐糜徒使敌氛张。
游仙黄石空余愿，归骨青山那是乡。
今日怀贤思将帅，李韩檀岳试衡量。①

叶恭绰对袁崇焕墓园围墙坍塌、小路荒芜的苍凉景象深深叹息。满清政权被推翻，改朝换代后建立的以汉族为主体的国家，可惜再也没有袁大将军。人们对明朝杀袁崇焕自坏长城之举十分痛惜，朝廷总是在大厦将倾之际才想到忠臣良将。今天史学家对袁崇焕功绩的重新肯定，正好伸张正气，平息纷争。明末奸臣当道，袁崇焕屡建奇勋却被杀，朝政实在太反常。明廷以凌迟酷刑残杀忠良，残暴至极。袁崇焕被害只会让敌人气焰更加嚣张。袁崇焕本想脱离尘俗，奈何无法如愿，而今尸骨埋他乡，何时能回故里。今日缅怀先贤袁崇焕，不由得想起李广、韩信、檀道济、岳飞等忠贞赤诚的名将，袁崇焕的遭遇与他们何其相似。叶恭绰在这首诗的注释中还提到："近日史学家钩稽事实，证明袁如不死，满洲不能坐大，即未必克入主中原，故袁死所关之重，有同岳飞于宋，文天祥辈尚非其比也。"

章士钊与叶恭绰一同拜谒了袁崇焕祠墓，也有感赋诗《咏袁督师与遐庵同作兼示次溪》二首：

① 石瑞良编注：《咏叹袁崇焕诗鉴赏》，广州：广东人民出版社，2018年，第244页。

其一

辽东风波踵岳王，空前谊辟忒荒唐。
长城阴坏量沙客，秘计方从盗嫂郎。
豪杰究为矜气累，江山常带大君亡。
九边传首当时令，三百年来血未凉。

其二

叶公原自好真龙，影事都归旧德崇。
古树欻看巢鹤稳，荒坟还见若堂封。
死邀庙貌同诸葛，生遣军机误总戎。
故实不堪重抖擞，几时策马向居庸。①

章士钊指出，袁崇焕被定以“纵敌谋反”之罪，与岳飞被构陷“莫须有”罪名一样，被处以极刑，是历史上空前荒唐的冤案。朝廷中的阴谋家暗中使坏，自毁长城，无中生有毁谤袁崇焕秘计百出，欲置其于死地。袁崇焕被杀后传首九边示众，受尽屈辱，但三百年来他的英名依然与世长存。那些表里不一，口是心非的政客，为取悦皇帝，阿谀奉承，陷害忠良，败坏朝纲。袁崇焕墓虽然荒凉，却也修得方正高大。祠堂内的袁督师遗像，与武侯祠内的诸葛亮塑像一样，四时受人祭拜，人们依然可以想像那调兵遣将、勇猛威武的袁督师形象。回顾往事，袁督师何时再策马边关？

1952 年 8 月，李济深为重修后的袁崇焕祠墓撰写《重修明督师袁崇焕祠墓碑》：

明崇祯二年，满清兵大举入寇京师。蓟辽督师袁崇焕率大军驰援。方战，明帝朱由检遽缚袁下狱，寻磔杀之。满清欲图中原久矣，所畏惟袁。袁死，满清益肆，越十余年甲申之变，吴三桂为之伥，遂入关为帝，享祚二百数十年。袁之死，系于明清之兴亡亦重矣。然其是非功罪，以门户水火故，初无正论。至乾隆帝自承当时用间杀袁事，谓明实自坏其长城。于是是非功罪始定。比年

① 石瑞良编注：《咏叹袁崇焕诗鉴赏》，广州：广东人民出版社，2018 年，第 240 页。

神州解放，真理日昌，论明清间事者，佥以为督师不死，满清不能入主中原。三百年后奇冤大白，督师其亦可以瞑目矣。督师死时，家族几殄，遗骸莫收。其仆佘君，潜瘗之于广渠门广东义园，载在志乘。其后，乡人复立祠于左安门内龙潭，祭吊不绝。今北京市方整饬城郊文物，百废俱举，同人乃请之市人民政府崇饰祠与墓，以彰正义。此仅存之遗迹将蔚为首都名胜，与文文山祠并垂不朽。督师为广东东莞人，而以广西藤县通籍，两粤人士感今怀古，用纪其事于石，以谂来者。[①]

碑记又一次歌颂了袁崇焕的高风亮节，赞扬袁崇焕一身系于明清兴亡，人们认为袁崇焕不死，满清不能入主中原。

1958年，学者刘伯涵在《历史研究》发表论文，阐述袁崇焕与东林党的关系，指出："袁崇焕是明代抵抗后金（即后来的满洲）内侵的民族英雄，他的爱国主义精神和军事才能是值得人们称道的。"[②]

1960年，羊弓发表《论袁崇焕的爱国思想》，评价袁崇焕是"我国历史上封建统治阶级中的英俊人物之一。他有着热烈的爱国精神和杰出的军事才能。在明末抵抗后金侵略的战争中建立了不少的功勋，成为一位著名的民族英雄。但是由于时代和阶级地位的限制，在他身上也存在着一定的缺点"，"作为边防军将领的袁崇焕是具备了廉洁奉公、热爱祖国、勇于负责、不计较个人得失，并且有一定的政治眼光这样一些优点的"。[③]

1964年，著名史学家商鸿逵在《谈明末袁崇焕坚守宁锦的敢战敢胜精神》中评价袁崇焕："从袁崇焕坚守宁锦这一历史事件当中，清楚地揭示了：要想保存自己，驱除强暴，首先必须具有敢于战斗、敢于胜利的大无畏精神。袁崇焕在对敌斗争中所表现出的意向坚决，斗志昂扬，大家后退他不走，敌人威吓他不怕，正是这种可敬可贵的精神"，"袁崇焕的全部战略方针和办法是极其周密稳健的"，具有"切实而不可动摇的坚强意志"，"袁崇焕所表现的高贵品质和卓越战绩更应予以肯定和赞扬"。[④]

① 罗志欢编选、东莞市政协编：《袁崇焕研究论文选集》，广州：广东人民出版社，2005年，第629—630页。

② 刘伯涵：《论袁崇焕与东林党的关系》，《历史研究》1958年第4期，第11页。

③ 羊弓：《论袁崇焕的爱国思想》，《史学月刊》1960年第5期，第17、20页。

④ 商鸿逵：《谈明末袁崇焕坚守宁锦的敢战敢胜精神》，《史学月刊》1964年第10期，第24页。

当代历史学家陈登原《国史旧闻》第三分册，大体写于20世纪六七十年代，卷50《袁崇焕之死》赞扬袁崇焕是“一代英雄”，袁崇焕的死因并非一遭反间就被杀，而是由于崇祯帝疑心太重，又遭朝中奸党诬陷，才最后导致他被杀：

崇焕所以杀身，政潮起伏，借题发挥，一也。疲兵思息，可招人忌，二也。毛文龙案迄无定论，三也……明季习气，每多借题发挥。三案之事，已为雌雄莫辨。边塞戎机，自更皂白难分。至于为旧国而丧身，见旌表于易代，则更为一代英雄之恨。崇焕之死，孱主狐疑，一也；中朝朋党，二也。初非一纵反间，即致杀身之故也。至于当时适逢饥荒，则更偶然之事矣。①

金庸的《袁崇焕评传》写于1975年，附在其小说《碧血剑》后面发表，是当时影响最大的袁崇焕传记之一。他评价袁崇焕是近三百年内与孙中山齐名的“与中国历史有重大关系的人物”，认为：

袁崇焕真像是一个古希腊的悲剧英雄，他有巨大的勇气，和敌人作战的勇气道德上的勇气。他冲天的干劲，执拗的蛮劲，刚烈的狠劲，在当时猥琐萎靡的明末朝廷中，加倍地显得突出……

袁崇焕却是真正的英雄，大才豪气，笼盖当世，即使他的缺点，也是英雄式的惊世骇俗。他比小说中虚构的英雄人物，有更多的英雄气概。

他的性格像是一柄锋锐绝伦、精刚无俦的宝剑。当清和升平的时日，悬在壁上，不免会中夜自啸，跃出剑匣。在天昏地暗的乱世，则屠龙杀虎之后，终于寸寸断折……

袁崇焕不是高瞻百世的哲人，不是精明能干的政治家，甚至以严格的军事观点来看，他也不是韩信、岳飞、徐达那样善于用兵的大军事家。他行事操切，性格中有重大缺点，然而他凭着永不衰竭的热诚，一往无前的豪情，激励了所有的将士，将他的英雄气概带到了每一个部属身上。他是一团熊熊烈火，把部属身上的血都烧热了，将一群萎靡不振的残兵败将，烧炼成了一支死战不屈的精锐之师。他的知己程本直称他是“痴心人”，是“泼胆汉”，全国惟一

① 陈登原：《陈登原全集》（第8册），杭州：浙江古籍出版社，2014年，第257—258页。

肯担当责任的好汉。袁崇焕却自称是大明国里的一个亡命徒。亡命徒是没有家庭幸福的，日日夜夜不得平安。官居一品，过的却是亡命徒生涯，只因这十年之中，他生命之火在不断地猛烈燃烧。①

金庸认为袁崇焕是真正的英雄，他也有这样那样的缺点，但即使是缺点，也是“英雄式的惊世骇俗”。

二、1978 年以来的评价

有关袁崇焕的研究主要集中在 20 世纪 80 年代至 90 年代初，随着更多相关资料被发现、整理和运用，加上互联网的便利，袁崇焕研究进一步走向深化，对其评价也更客观。

1. 四次大型袁崇焕学术会议及学者们的评价

（1）1984 年袁崇焕诞生四百周年纪念学术讨论会

1984 年是袁崇焕诞辰四百周年，6 月，在阎崇年、莫乃群等人的积极推动下，由中国社会科学院历史研究所、北京大学历史系、中国人民大学清史研究所、北京市社会科学研究所、广西史学会和藤县六个单位发起，在广西藤县举办了第一次全国性的以纪念袁崇焕诞生为主题的学术研讨会。来自全国各地的近百名学者参加了大会，发表学术论文五十多篇。会议主要围绕五个问题进行讨论：①是否民族英雄；②“议和”“斩毛文龙”及其功过；③军事思想；④被杀的原因；⑤籍贯。与会学者对袁崇焕给予很高的评价，认为他是民族英雄、爱国将领和杰出的军事家。他存在一些令人惋惜的军事失误，但总的来说他功大于过。

以下是部分参会专家学者的具体评价：

曾任广西省副省长、广西壮族自治区副主席、广西区政协副主席兼任广西区通志馆馆长、广西区文史研究馆馆长的莫乃群评价：“袁崇焕是明末一位杰

① 金庸：《袁崇焕评传》，转载自罗志欢编选、东莞市政协编：《袁崇焕研究论文选集》，广州：广东人民出版社，2005 年，第 760、761、822 页。

出的政治家、军事家和爱国将领，其生平言行、事业功勋、英风大节，可歌可泣，感人甚深”，“他立志报国，挺身而出，不畏艰险，支撑危局，英雄胆识，气壮河山”，“袁崇焕的明见卓识，可以说是超过了和他同时代的人”，“从处理民族关系（汉、满、蒙的关系）方面来看，他也是正确的，符合各民族人民利益的。作为历史上的民族英雄人物，袁崇焕可以当之而无愧”，“袁崇焕虽身可以被戮，而功却不可以泯没，其爱国将领、民族英雄的形象亦终不可以抹煞”。①

清史专家王钟翰评价袁崇焕是“屡建奇功的抗金（清）名将”，并指出：“‘同室操戈’一语，正好道破了明与后金（清）的交恶和争战，是一个国内民族矛盾问题。三百多年前袁居然能持有这种观点，正是袁的胆识过人之处。直到今天，我们更不能不承认他是中华民族的一位伟大英雄人物。”②

明清史专家阎崇年则说：“诚然，袁崇焕是一位历史人物，有其历史的、阶级的与民族的局限性，也有其军事失误和举措失当之处，但瑕不掩瑜。袁崇焕作为明代杰出的军事家和著名的民族英雄而永垂史册。”③

清史专家林铁钧、郭成康说：“袁崇焕不愧为明末一个胆魄才识可以睥睨一世的杰出疆臣，但对于死之将至的明帝国的崩溃，他不可能有起死回生的神力。他为之奋斗的崇高理想以及他所体现的中华民族的美德竟被黑暗腐朽势力毁灭了，最后只能以一个可歌可泣的悲剧人物留载于史册。”④

清史专家孙文良、李治亭说：“明清之际，是一个战争连绵、军事斗争激烈的年代，山海关外，从鸭绿江畔，到辽河两岸，直至长城脚下，曾是明与清（后金）长期角逐的舞台，一批批能征惯战的勇将，运筹帷幄的战略家接踵而至，云集于此，各自显示出他们独具一格的军事才能，袁崇焕是所有这些杰出人物中最优秀的代表之一，他从遥远的南国，慷慨走塞外，两次经略辽东，奋力构筑并支撑著名的宁锦防线近十年，力挽辽西败局于既倒，创造了令人惊叹的奇捷大胜。他的胆识、远见、才能，不愧称为军事家、战略家，他的军事思

---

① 莫乃群主编：《袁崇焕研究论文集》，南宁：广西民族出版社，1984年，序言第2、3、4页。

② 王钟翰：《论袁崇焕与皇太极》，莫乃群主编：《袁崇焕研究论文集》，南宁：广西民族出版社，1984年，第15、16页。

③ 阎崇年：《论袁崇焕》，莫乃群主编：《袁崇焕研究论文集》，南宁：广西民族出版社，1984年，第55页。

④ 林铁钧、郭成康：《论袁崇焕的主和与斩帅》，莫乃群主编：《袁崇焕研究论文集》，南宁：广西民族出版社，1984年，第106—107页。

想犹如一只火炬，长久地照耀着明清军事斗争的舞台”，“作为一个军事家，除了具有杰出的军事才能，还具有军人的某些特殊品质。从这两个方面加以衡量，袁崇焕都当之无愧。从上文的评述中，谁也不会怀疑他的军事才能。同样，他个人的思想素质所表现出来的特殊品质也是令人信服的。这些品质具体表现为勇敢、坚定、意志刚毅，富有自我牺牲精神，比较接近士兵、百姓，以及善于用兵民的某种程度的民主作风”，袁崇焕也有不足之处，“不能驾驭全局，尚嫌才力不足。尽管如此，我们仍然认为，袁崇焕不愧称为明清之际一个杰出的军事家，是那个时代的一个英雄人物”。①

此外，关文发称袁崇焕为“杰出的抗清将领，威震关外的蓟辽督师”②。邓珂称袁崇焕为“明末杰出的军事家、抗击后金（清）的民族英雄”③。张中政说“袁崇焕是伟大的爱国者，民族的英雄，也是一位有远见卓识的战略思想家”④。刘伯涵说：“明末爱国将领袁崇焕和他的上级内阁大学士兵部尚书孙承宗之间关系相当亲密，两人都是明末的爱国志士，卓越的明军统帅”，“袁崇焕尽忠报国，公而忘私，不避嫌疑，誓死抗敌……充分反映了爱国志士袁崇焕光辉的爱国主义精神”，“袁崇焕也犯了对敌人估计不足的错误”，“他的战略眼光和孙承宗比起来是有所逊色的”。⑤ 余三乐说：“袁崇焕与孙承宗经历、职务，性格虽各不相同，但同怀一颗炽热的爱国、卫国、报国之心，在对辽东的战略战术上也有很多共同见解。他们都是明末抗击后金的正义战争中的杰出的民族英雄。”⑥ 吕孟禧说：“袁崇焕是明末的一位著名的政治家、军事家、爱国统帅和民族英雄。”⑦ 王天有指出：“袁崇焕也是与东林党相联系，并深受其影

---

① 孙文良、李治亭：《论袁崇焕的军事思想》，莫乃群主编：《袁崇焕研究论文集》，南宁：广西民族出版社，1984 年，第 165、183、188 页。

② 关文发：《袁崇焕诛毛文龙辨析》，莫乃群主编：《袁崇焕研究论文集》，南宁：广西民族出版社，1984 年，第 114 页。

③ 邓珂：《袁崇焕诛毛文龙辨》，莫乃群主编：《袁崇焕研究论文集》，南宁：广西民族出版社，1984 年，第 146 页。

④ 张中政：《民族英雄袁崇焕军事思想刍议》，莫乃群主编：《袁崇焕研究论文集》，南宁：广西民族出版社，1984 年，第 219 页。

⑤ 刘伯涵：《袁崇焕与孙承宗》，莫乃群主编：《袁崇焕研究论文集》，南宁：广西民族出版社，1984 年，第 233、244、246 页。

⑥ 余三乐：《也谈袁崇焕与孙承宗》，莫乃群主编：《袁崇焕研究论文集》，南宁：广西民族出版社，1984 年，第 248 页。

⑦ 吕孟禧：《袁崇焕与岳飞》，莫乃群主编：《袁崇焕研究论文集》，南宁：广西民族出版社，1984 年，第 275 页。

响的杰出人物”，“袁崇焕在抗金斗争中，显示了卓越的军事才能”，“袁崇焕无愧于民族英雄的称号”。[①] 任道斌说：“梁启超先生在纪念袁崇焕时，高度评价了他的爱国主义精神，并称之为‘明季第一重要人物’。我以为梁先生这一评价并非全是溢美之词，袁崇焕不仅是一位富有牺牲精神的民族英雄，而且，在明季‘西学东渐’的潮流中，他还是一位有胆有识、善于学习外来先进技术，思想开明的军事家”，“热爱祖国，不怕牺牲、勇敢机智、善于学习外来先进技术，这些优秀品质铸就了袁崇焕，使他名垂千古，成为人们景仰的杰出的民族英雄”。[②] 王革生认为“袁崇焕是杰出的军事家、热忱的爱国者，赤诚的民族英雄”[③]。卢围认为袁崇焕是“明末杰出的政治家，军事家，爱国统帅和民族英雄”，“有功无罪”。[④] 石斌指出：“在我们肯定袁崇焕历史功绩的时候，不应忘记，他毕竟是一个封建官吏，因此不可避免地要存在某些不足。例如，在他的爱国主义思想中揉杂着浓厚的忠君思想……宁远大捷之后，袁崇焕产生了骄傲情绪，曾与能征善战的部将满桂及镇守关内的王之臣发生矛盾，或多或少地影响了以后的战事。至于他的军事布局和军事指挥，也不无可以指摘之处，尤其与经验丰富的皇太极相比，更显略输

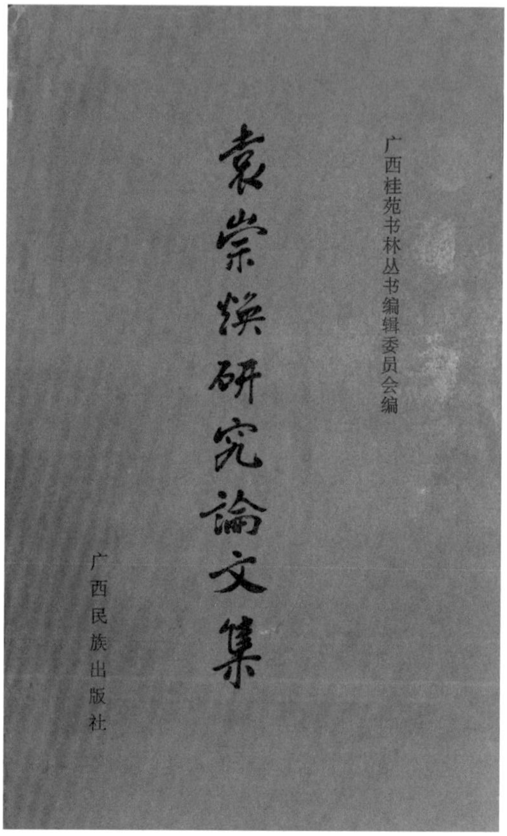

《袁崇焕研究论文集》封面

① 王天有：《东林党与袁崇焕》，莫乃群主编：《袁崇焕研究论文集》，南宁：广西民族出版社，1984 年，第 297、298 页。

② 任道斌：《“西学东渐”与袁崇焕》，莫乃群主编：《袁崇焕研究论文集》，南宁：广西民族出版社，1984 年，第 301、309 页。

③ 王革生：《论袁崇焕之死》，莫乃群主编：《袁崇焕研究论文集》，南宁：广西民族出版社，1984 年，第 373 页。

④ 卢围：《论明思宗朱由检忌杀袁崇焕》，莫乃群主编：《袁崇焕研究论文集》，南宁：广西民族出版社，1984 年，第 407 页。

一筹。但尽管如此，袁崇焕仍不失为明清之际一位杰出的民族英雄和卓越的军事家……残酷的封建专制制度可以寸磔袁崇焕的躯体，却不能磨灭他在人们心中的高大形象，袁崇焕作为一位杰出的爱国名将将永远受到人们的崇敬与怀念。”① 季士家认为：“袁崇焕，是一个扭转乾坤并永远值得人们怀念的民族英雄……是不容置疑的民族英雄。”②

（2）1988 年兴城国际袁崇焕学术讨论会

1988 年 8 月，在袁崇焕生活和战斗过的地方——辽宁兴城（即明代宁远城），举办了“兴城国际袁崇焕学术讨论会”，中外学者、专家共四十多人出席，提交论文二十多篇，论文主要关注以下几个问题：①袁崇焕与辽东战事以及他同毛文龙等人的关系；②袁崇焕与宁远大捷；③袁崇焕与西方科技。此外还关注到与袁崇焕相关的其它问题。

参加此次学术讨论会的大多数学者肯定袁崇焕作为一个杰出统帅、民族英雄的历史功绩，肯定他在军事上有超群的才能，不畏强敌、以少胜多，同时认为他很开明，注意吸取西方先进的科学技术。如筑城时采用西方的筑城法，打仗、守城时使用西洋大炮等。大家争论较多的问题是：他处理与毛文龙的关系问题，特别是他处斩毛文龙的问题。如有人认为，此事乃“事理之必然，是完全正确与必要的”，即斩得对，杀得好。当然如他能“机栝圆熟，得到‘密旨’或可杜塞讽刺其‘专杀’者之口”。有的人则认为，在当时杀毛文龙是他的失误：“他没有充分理由又不合时宜地斩杀了军事重镇东江统帅毛文龙，后果是不好的”。③

以下是兴城学术讨论会部分参会专家学者的具体评价：

著名清史专家李鸿彬称袁崇焕是“明末著名的抗金将领”④。

军事史专家朱清泽评价袁崇焕：“袁崇焕是一位进士出身的军事将领，可谓军中的大知识分子，文武双全、智勇兼备的军人。袁崇焕又是一位善于思

① 石斌：《试论爱国名将袁崇焕》，莫乃群主编：《袁崇焕研究论文集》，南宁：广西民族出版社，1984 年，第 480 页。

② 季士家：《袁崇焕简论》，莫乃群主编：《袁崇焕研究论文集》，南宁：广西民族出版社，1984 年，第 600、626 页。

③ 一丁：《“国际袁崇焕学术讨论会”在辽宁举行》，《中国史研究动态》1988 年第 11 期，第 29—30 页。

④ 李鸿彬：《袁崇焕与宁远》，阎崇年、吕孟禧主编：《袁崇焕学术论文集》，南宁：广西人民出版社，1989 年，第 1 页。

考、具有独到见解的军事谋略家。他在宁远大战之前和之中，已经对军事上的许多重大理论问题，作了深思熟虑的研究和探索，并且把脑海中的构思运用于指导战争实践，去经受实战的检验。袁崇焕又确实不同于一般行伍出身、只知领兵打仗、不知总结实战经验的勇武将领，他既善于指挥打仗，又善于从实战中进行理论探索。”①

冯佐哲评价袁崇焕是“杰出将领，民族英雄”，具有“出色的指挥才能和坚韧不拔的英雄气概”。②

陈涴评价袁崇焕是“爱国名将”，“勇于任事、刚毅果敢、忠心报国”，“以坚定的献身精神和卓越的军事才能为自己的国家和民族立下了不朽功勋”。她还特别指出：“这里充分肯定袁崇焕为辽东战局所作出的贡献并不意味着把扭转辽东战局的功劳完全归功于他一人。他只是作为当时明廷朝野上下众多的爱国将士、热血男儿如孙承宗、熊廷弼、满桂、赵率教及广大浴血苦战、顽强御敌的士卒的代表人物，发挥了抗敌守辽的主要作用，如果没有孙承宗等朝中重臣给他以支持，他就没有发挥作用的条件；如果没有广大将士在作战前线与他同仇敌忾、奋勇杀敌，他就没有发挥作用的基础。我们肯定袁崇焕个人也正是肯定他的这种代表意义。”③

清史专家孙文良高度赞扬了袁崇焕的英雄主义精神，“他代表明朝，同大清奠基人努尔哈赤、皇太极父子两代，为生死存亡而战。以大无畏的英雄主义精神，开创了转败为胜的新局面，取得了同时代人无可比拟的巨大功绩。这种英雄主义精神，不但在三百年前是难能可贵的，即在今日，也是值得借鉴和发扬的。”④

陈安丽、石斌认为：“袁崇焕的爱国主义精神和蒙古民族助明抗金的功绩，均应载入史册。袁崇焕的悲剧在于，虽然他是一个具有人道主义倾向的爱国主

① 朱清泽：《袁崇焕指挥宁远大捷的高超艺术》，阎崇年、吕孟禧主编：《袁崇焕学术论文集》，南宁：广西人民出版社，1989 年，第 27 页。

② 冯佐哲：《袁崇焕与兴城》，阎崇年、吕孟禧主编：《袁崇焕学术论文集》，南宁：广西人民出版社，1989 年，第 67 页；《北方论丛》1990 年第 1 期，第 106 页。

③ 陈涴：《袁崇焕与辽东战局》，《史学集刊》1989 年第 2 期，第 25、28、29 页，原载阎崇年、吕孟禧主编：《袁崇焕学术论文集》，南宁：广西人民出版社，1989 年。

④ 孙文良：《论袁崇焕的英雄主义精神》，《满族崛起与明清兴亡论稿——孙文良明清史文集》，沈阳：辽宁民族出版社，2016 年，第 159 页，原载阎崇年、吕孟禧主编：《袁崇焕学术论文集》，南宁：广西人民出版社，1989 年。

义者，但终因做了腐朽明王朝的卫士，而难逃失败被害的下场。”①

（3）1991 年明末清初华南历史人物功业研讨会

1991 年 12 月，受袁汝南堂宗亲总会及泰国袁氏宗亲总会赞助，以袁崇焕为主题的“明末清初华南历史人物功业研讨会”在香港中文大学举行，来自美国、法国、日本等国及香港、澳门、台湾、北京、天津、广州等地的三十多位专家学者应邀出席，收到会议论文二十多篇。论文重点关注袁崇焕，同时涉及与袁崇焕有关联的黎遂球、陈子壮、张家玉、屈大均等明末清初华南重要历史人物。会议重点对袁崇焕军事韬略、籍贯、在天启间的人际关系进行深入分析。②

以下是部分参会专家学者的具体评价：

阎崇年的《袁崇焕固守宁远之扬榷》指出袁崇焕有固守宁锦防线之功，也有觉华岛基地被毁之失，但“瑕不掩瑜。综观袁督师崇焕固守宁远之历史业绩，既创造了显赫遐迩之战守功业，又发挥了笃实精到之军事思想。于当时，挽救危局，护卫京师；于后世，兵坛经纶，警示来人。他不愧为中国古代杰出的军事家、抗御后金的民族英雄。袁督师之奇功伟勋和爱国精神，动天地，泣鬼神，光千古，耀万世。”③

香港中文大学罗炳绵教授的《天启朝袁崇焕人际关系的变化》指出，袁崇焕为人忠直、负责、肯担当重任，受到东林党人孙承宗、侯恂、韩爌等的爱惜和提拔。东林党忠君爱国反腐败，与袁崇焕一样充满热血、嫉恶如仇、坦率而光明磊落，袁崇焕虽没有加入东林党，但对他们非常认可，以未能列为东林党籍为憾。他们都不屑去搞什么人际关系，嫉恶如仇及坦率的性格难免使彼此之间产生误会或不愉快的事件。袁崇焕本性与阉党格格不入，但为了让他们支持辽东抗金大业，袁崇焕不得不对他们虚与委蛇、敷衍周旋，从对抗转为合作。阉党在拉拢袁崇焕失败后，就转为对其进行打击报复，迫使他辞职。袁崇焕不

① 陈安丽、石斌：《袁崇焕与蒙古》，《内蒙古大学学报》1990 年第 2 期，原载阎崇年、吕孟禧主编：《袁崇焕学术论文集》，南宁：广西人民出版社，1989 年。

② 冯明卓：《一次求实的国际学术交流——记香港中文大学“明末清初华南历史人物功业研讨会”》，《清史研究》1992 年第 1 期，第 119—120 页。

③ 阎崇年：《袁崇焕固守宁远之扬榷》，原载《明末清初华南地区历史人物功业研讨会论文集》，香港：香港中文大学历史系，1993 年；又收入罗志欢编选、东莞市政协编：《袁崇焕研究论文选集》，广州：广东人民出版社，2005 年，第 328 页。

结党营私，独来独往，以事情是非曲直作为判断标准，不太懂得搞人际关系，与上司、同事关系不太协调，但他善待下属、体恤下属，与他们建立良好、融洽的人际关系，得到下属的真心拥护和爱戴。袁崇焕敢作敢为，说话直率，个性刚烈，一生廉洁，拒绝收礼，虽说处理人际关系的态度与方法不够理想，但其处理人际关系的原则仍应当肯定。①

香港学者马楚坚的《西洋大炮对明金态势的改变》称赞袁崇焕“成为中国军事史上将火器推上战场占主导地位之第一人”②。

解立红的《袁崇焕京华故迹考》评价：“华南人杰袁崇焕不仅以热血捍卫京师功勋卓著，而且其故迹留居京华世代生辉。”③

（4）2012年袁崇焕历史评价与精神文化学术研讨会

2012年11月24日，由暨南大学历史系和东莞市袁崇焕纪念园联合举办的“袁崇焕历史评价与精神文化学术研讨会”在东莞市石碣镇召开。辽宁省兴城市历史文化会、书法家协会，暨南大学、华南理工大学、华南师范大学、华南农业大学、韶关学院等单位的嘉宾、专家学者，袁崇焕纪念园的领导、工作人员等40多人出席了研讨会。研讨会以“袁崇焕历史评价与精神文化”为主题，收到来自辽宁、上海、广州等地的专家学者的论文共30余篇，并集结成《袁崇焕历史评价与精神文化研究论文集》出版。

以下是部分参会专家学者的具体评价：

刘正刚的《袁崇焕与屈大均在乾隆朝的形象转变》指出：“袁崇焕为明代末期的顶层领军人物”。④ 束海燕、唐元平的《明代东莞的经济开发与士人群——兼论袁崇焕出身的地域背景》评价袁崇焕是“明末爱国将领、优秀的军事

① 罗炳绵：《天启朝袁崇焕人际关系的变化》，原载《明末清初华南地区历史人物功业研讨会论文集》，香港：香港中文大学历史系，1993年；又收入罗志欢编选、东莞市政协编：《袁崇焕研究论文选集》，广州：广东人民出版社，2005年，第391—410页。

② 马楚坚：《西洋大炮对明金态势的改变》，原载《明末清初华南地区历史人物功业研讨会论文集》，香港：香港中文大学历史系，1993年；又收入罗志欢编选、东莞市政协编：《袁崇焕研究论文选集》，广州：广东人民出版社，2005年，第174页。

③ 解立红：《袁崇焕京华故迹考》，原载《明末清初华南地区历史人物功业研讨会论文集》，香港：香港中文大学历史系，1993年；又收入罗志欢编选、东莞市政协编：《袁崇焕研究论文选集》，广州：广东人民出版社，2005年，第628页。

④ 东莞市袁崇焕纪念园、暨南大学历史系编：《袁崇焕历史评价与精神文化研究论文集》，广州：广东人民出版社，2013年，第1页。

家”“杰出的民族英雄”。[1] 张坤的《袁崇焕与他所处的时代》指出：“袁崇焕为明末杰出的抗金将领，在抵御后金入侵、坚固辽东防务方面功勋卓著。”[2] 张铁文的《从袁崇焕婚盟看籍贯》说：“袁崇焕是我国杰出的军事家，明末著名的抗击后金的民族英雄……袁崇焕之伟大，鼓舞、激励了我国清末民初大批革命志士，奋勇参加反清反封建的斗争，影响甚大甚深。”[3] 颜广文的《论“督师精神”》提出有必要归纳出袁崇焕的精神核心，可以用“督师精神”加以概括，它包括精忠报国、奋斗进取、清正廉明、侠胆柔情等内涵。[4] 吴建新的《袁崇焕精神与东莞人的爱国主义传统》评价袁崇焕是明末抗击后金的著名军事家、爱国将领。[5] 梁丽红的《万里长城永不倒——评袁崇焕的爱国精神》高度肯定袁崇焕的爱国精神。[6] 常德义的《略谈袁崇焕的用人艺术》指出：“袁崇焕以诚待人，能与诸将、官吏推心置腹；袁崇焕任人唯贤，充分发挥各大将之特长；袁崇焕以自

东莞市袁崇焕纪念园的袁崇焕雕像

① 东莞市袁崇焕纪念园、暨南大学历史系编：《袁崇焕历史评价与精神文化研究论文集》，广州：广东人民出版社，2013 年，第 21 页。

② 东莞市袁崇焕纪念园、暨南大学历史系编：《袁崇焕历史评价与精神文化研究论文集》，广州：广东人民出版社，2013 年，第 54 页。

③ 东莞市袁崇焕纪念园、暨南大学历史系编：《袁崇焕历史评价与精神文化研究论文集》，广州：广东人民出版社，2013 年，第 118 页。

④ 东莞市袁崇焕纪念园、暨南大学历史系编：《袁崇焕历史评价与精神文化研究论文集》，广州：广东人民出版社，2013 年，第 128—132 页。

⑤ 东莞市袁崇焕纪念园、暨南大学历史系编：《袁崇焕历史评价与精神文化研究论文集》，广州：广东人民出版社，2013 年，第 133 页。

⑥ 东莞市袁崇焕纪念园、暨南大学历史系编：《袁崇焕历史评价与精神文化研究论文集》，广州：广东人民出版社，2013 年，第 155—159 页。

己的人格魅力凝聚着辽将，使之共同对敌。事实证明，袁崇焕用人是很成功的。”① 陈良如、傅唤民的《袁崇焕的人格魅力》认为：“袁崇焕是明朝末年抗击后金的著名将领，不仅是一位杰出的军事家，也是伟大的爱国者和民族英雄。鲁迅先生说过：‘中国自古有埋头苦干的人，拼命硬干的人，有为民请命的人，有舍身求法的人——这就是民族的脊梁。’袁崇焕正是这样的‘民族脊梁’。”② 杨葛亮、杨学的《从袁崇焕诗作探究其爱国献身精神》认为袁崇焕是“明代杰出的军事家、爱国将领、民族英雄”③。郑丽华的《从袁崇焕诗作诠释其爱国精神》指出：“袁崇焕是明末杰出的爱国将领，他的赫赫战功，早已彪炳史册……读其诗，品其行，从中可沿着袁崇焕的人生轨迹，窥见他以身许国、矢志边关的雄阔胸襟，见证他无私无畏、忠贞不渝的爱国情怀。”④

2. 其它袁崇焕研究论文的评价

除上述四次学术会议的论文之外，另有其它相关研究论文对袁崇焕作出评价，大体情况如下。

1980年，学者阎崇年发表文章《论明代保卫北京城的民族英雄袁崇焕》，称赞袁崇焕是明末“一位优秀的军事统帅、杰出的民族英雄”。⑤

1982年，孟昭信的《试评袁崇焕的功与过》提出：“袁崇焕是一位既有功，又有过，功大于过的历史人物。保卫宁远使他成了公认的英雄，火并东江又严重损伤了他的英雄形象。对这样历史人物的评价，我们既不能出于民族偏见，根据民族斗争需要，因时而变，忽高忽低；又不应囿于明末党争的窠臼，各执一端，任意取舍，而必须从实际出发全面评价。”⑥

1984年，黄国强在《论民族英雄袁崇焕》一文中评价袁崇焕：“纵观袁崇

---

① 东莞市袁崇焕纪念园、暨南大学历史系编：《袁崇焕历史评价与精神文化研究论文集》，广州：广东人民出版社，2013年，第160页。

② 东莞市袁崇焕纪念园、暨南大学历史系编：《袁崇焕历史评价与精神文化研究论文集》，广州：广东人民出版社，2013年，第167页。

③ 东莞市袁崇焕纪念园、暨南大学历史系编：《袁崇焕历史评价与精神文化研究论文集》，广州：广东人民出版社，2013年，第176页。

④ 东莞市袁崇焕纪念园、暨南大学历史系编：《袁崇焕历史评价与精神文化研究论文集》，广州：广东人民出版社，2013年，第181页。

⑤ 阎崇年：《论明代保卫北京的民族英雄袁崇焕》，《北京史论文集》第1辑，1980年，第128页。

⑥ 孟昭信：《试评袁崇焕的功与过》，吉林省历史学会编：《历史人物论集》，长春：吉林人民出版社，1982年，第205页。

焕战斗的一生，他不愧为我国历史上一位杰出的民族英雄。他那为国捐躯的爱国主义精神和勇敢保卫国防、保护国家民族利益的丰功伟绩，将永远铭刻在中国人民的心中。”①

1985 年，何溥滢、谢肇华在《论袁崇焕的民族思想》指出袁崇焕的民族思想具有两重性，有大汉族主义的一面，也有比较开明、进步的一面。个人较少保守、胸怀开阔、积极进取，这是与他同时代的许多政治家和思想家所不能比拟的。② 石斌的《袁崇焕军事思想简论》评价：“袁崇焕是在明末抗击后金战争中涌现出来的一位叱咤风云、颇有作为的杰出人物。他从天启二年出任辽东，抗敌守边，到崇祯三年惨遭磔刑，蒙冤而死，前后十载，对于加强和巩固明王朝的关外防线，捍卫山海要塞，抵御后金南犯，阴止和抗击女真奴隶主贵族的掠夺和侵扰，做出了宝贵贡献，立下了不朽功勋。他作为杰出的爱国将领，应该受到后人的崇敬和爱戴，作为卓越的军事干才，也应受到后人的崇敬和重视。”③ 张中政的《袁崇焕军事思想刍议》则评价袁崇焕“是晚明一位有胆有识的战略思想家，是一位英勇善战的军事家”。④

1986 年，梁超然的《从袁崇焕的诗来看他的一生》指出：“明末杰出的军事家、爱国将领、民族英雄袁崇焕，以他的赫赫战功、煌煌勋业、英风大节屹立在历史上，载入了典册。”⑤

1988 年，何建林在论述袁崇焕的军事辩证法思想指出，他是胆识远见、才能卓著的一代杰出军事家、战略家，但作为特定历史条件下的产物，他的军事思想也存在着不少缺陷，在通盘考虑各个战场、各条防线的内在联系和协同关系方面，显得欠缺，有顾此失彼之疏漏。⑥

1990 年，胡亚炜、龙天民在论及袁崇焕时指出，袁崇焕一生虽然短暂，但他凭着生死忘心、身家不顾的热诚，气壮山河、一往无前的豪情，表现了伟大的爱国主义精神和高明的军事指挥才能，他的爱国精神与不朽功勋，光耀千秋

① 黄国强：《论民族英雄袁崇焕》，《华南师范大学学报》1984 年第 4 期，第 80 页。
② 何溥滢、谢肇华：《论袁崇焕的民族思想》，《民族研究》1985 年第 3 期，第 16、44 页。
③ 石斌：《袁崇焕军事思想简论》，《锦州师院学报（哲学社会科学版）》1985 年第 4 期，第 105 页。
④ 张中政：《袁崇焕军事思想刍议》，《唐都学刊》1985 年第 1 期，第 48 页。
⑤ 梁超然：《从袁崇焕的诗来看他的一生》，《广西社会科学》1986 年第 1 期，第 227 页。
⑥ 何建林：《略论袁崇焕的军事辩证法思想》，《桂海论丛》1988 年第 5 期。

万代。①

1991年，季士家在《袁崇焕策略思想探究》中指出："袁崇焕的思想理论与战争实践，证明他是当时最为杰出的军事家和军事思想家"，"袁崇焕的策略思想，不能不说是我国古代军事思想武库中的光辉篇章"。②

1992年，姜守鹏发表《熊廷弼、孙承宗、袁崇焕经辽研究》，认为熊廷弼、孙承宗、袁崇焕都是"辽东优秀的军事统帅"，"是明朝的栋梁之才，是难得的帅才"。③

2003年，何国华、吕器发表《民族英雄袁崇焕》，评价袁崇焕是"我国杰出军事家，明末著名抗击后金的将领和民族英雄"。④

2005年，中华民族史研究会会长史式评价袁崇焕是一位一身系天下安危的英雄。⑤

2013年，李清泉提出袁崇焕是被清朝神化的人物，袁崇焕虽然临危不乱、忠勇可嘉，但也并不是一个可以扭转乾坤的关键性人物，他的存在与否并不能决定明朝的兴衰成败。他的品性也有很大问题。在镇守边关时不讲原则，任意妄为，私心很重，听话的就提拔，不听话的要么被整要么被杀，毛文龙就是不听话而被杀的。靠这样一个人拯救危在旦夕的大明王朝，简直是痴人说梦。清朝肯定袁崇焕，就是否定崇祯皇帝，否定明朝，以稳固大清的统治。⑥

2015年，冀宁、王阁通过对明末辽东形势进行了深入分析，对明和后金与辽东局势有关的人物进行了评价，得出袁崇焕是唯一可以与后金军对抗之明军将领的结论，认为袁崇焕是当之无愧的民族英雄，是明朝抵抗后金之不可或缺的英雄。⑦

2016年，曾磊提出袁崇焕的历史评价，在明清两朝一直存有争议，并非清朝所"翻案"，其形象是伴随着清末民初排满革命思潮的兴起而进一步抬升。

① 胡亚炜、龙天民：《袁崇焕和他的悲剧》，《历史教学》1990年第9期。

② 季士家：《袁崇焕策略思想探究》，《社会科学辑刊》1991年第1期，第97、102页。

③ 姜守鹏：《熊廷弼、孙承宗、袁崇焕经辽研究》，《东北师大学报（哲学社会科学版）》1992年第4期，第34页。

④ 何国华、吕器：《民族英雄袁崇焕》，《岭南文史》2003年第2期，第44页。

⑤ 史式：《一身系天下安危的袁崇焕》，《同舟共进》2005年第6期。

⑥ 李清泉：《被清朝神化的袁崇焕》，《大科技（百科新说）》2013年第5期。

⑦ 冀宁、王阁：《民族英雄袁崇焕与明末辽东防务》，《理论观察》2015年第5期。

他认为袁崇焕是一位杰出的民族英雄和爱国将领。①

此外，这一时期，学术界围绕袁崇焕籍贯问题进行深入探讨。明清时期的官方、私人史料记载有所差异，有广东东莞人、广西藤县人、广西平南人三种说法。在袁崇焕平反之前，人们对其籍贯争议不大，主流看法认为他是广东东莞人，另有些人以《明进士题名碑录》记载他为广西藤县籍而说他是藤县人。随着乾隆朝官方给袁崇焕正式平反，并给予好评，人们开始争论其籍贯问题，不仅有两广之争，广西省内则有平南、藤县之争。这种争论历经民国，直至当代。② 20 世纪八九十年代，袁崇焕的籍贯之争空前激烈，两广官方纷纷举办活动加以争夺，各方专家学者发表文章进行辨析。这一热潮背后，反映的是人们对袁崇焕的高度认可，两广都以与袁崇焕与本地相关而感到自豪，袁崇焕作为英雄豪杰，可以为本地争光。当时正值改革开放之初，各地都非常重视旅游经济对当地经济的拉动作用，人们纷纷宣传袁崇焕等名人，以扩大本地的知名度。当然，经过充分讨论，今天学术界普遍认为袁崇焕的籍贯在东莞，曾在平南居住，科考出仕名籍（类似今天的学籍）在藤县。

3. 袁崇焕研究著作的评价

1980 年，学者邓珂出版了“中国历史小丛书”《袁崇焕》，全书共 32 页，是一本普及读物类的小册子，内容包括辽东的失守、袁崇焕监军关外、宁锦大捷、为恢复辽东而努力、从关外入援京师、袁崇焕的冤死六部分，大体依照《明史·袁崇焕传》的内容。他指出：“袁崇焕在抗击后金战争中保护人民安全的功业是值得肯定的。他做官廉洁，当朝廷抄他的家时，发现他当了这么大的官却家无余财”，“袁崇焕在活着的时候就受到人民的敬仰和爱戴，正直的人们都信任他为国的忠诚”，“袁崇焕的为国为民的献身精神和保卫关外地区、保护当地人民的功业，则将永远受到后世人民的称颂”。③

1988 年，江苏学者杨本义出版《袁崇焕》，在开篇就评价：“袁崇焕是我

① 曾磊：《袁崇焕非清朝所“翻案”——论清朝对袁崇焕的历史评价》，《哈尔滨学院学报》2016 年第 6 期。
② 其中争论过程与细节，王荣湟《袁崇焕全传》第七章第二节《籍贯、后裔的争论》有较为详细的介绍。
③ 邓珂编著：《袁崇焕》，北京：中华书局，1980 年，第 35—36 页。

国历史上封建统治阶级中的优秀人物，也是历史上著名的民族英雄。他在明末抵抗后金的战争中建立了巨大的功勋，成为一时的名将。后来，不幸死于金人的反间和朝廷的党争，使他复疆雪耻的抱负不能实现，并且横遭不白之冤，好久不能昭雪。三百年来，不少人为他的爱国热情所鼓舞，不少人为他的不幸遭遇挥洒同情之泪。从他的这一首真切感人的诗中就可以想见他那光明磊落、肝胆照人、慷慨激昂、以身许国的英雄形象”，“袁崇焕为了维护民族尊严，湔雪国家耻辱，甘冒杀身之祸和身败名裂之险，决不放弃自己对国家、民族应尽的责任。这种但求有利于国，不顾不利于身的大无畏精神和爱国热情是非常值得钦佩的。清代爱国政治家林则徐说：‘苟利国家生死以，岂因祸福避趋之？’这两句话，袁崇焕在二百多年以前已经做到了”。①

1994 年，梁奇才、莫争春编著的《千古奇雄袁崇焕》出版，是“八桂俊杰丛书”之一种，该丛书全面展示广西历史上的俊杰人物，袁崇焕即其中之一。从书名也可以看出作者对袁崇焕的评价是“千古奇雄”，“他的英风伟略，他的民族精神和英雄气概，在明朝，在整个中国历史上都是十分罕见的。他，就是后来成为大名鼎鼎的千古奇雄袁崇焕”，“袁崇焕是明末一位杰出的政治家、军事家、爱国将领和民族英雄”。②

1996 年，赵颖编著的《袁崇焕》出版，是中国历史人物丛书之一。作者评价袁崇焕“是我国历史上著名的民族英雄。他横戈戍边，威震敌胆，在明末抵抗后金的战争中建立了巨大的功勋，成为当时的名将”，“袁崇焕的功绩和精神与日月同辉，共天地长存，人民永远纪念他”。③

1997 年，李广文编著的《袁崇焕》出版，属于中华历史名人丛书之一。作者评价：“这是袁崇焕写就的《边中送别》一诗。从他的这首诗中，就可以想见他那光明磊落、肝胆照人、慷慨激昂、以身许国的英雄形象。袁崇焕是我国历史上封建统治阶级中的优秀人物，是明末一位杰出的政治家、军事家和爱国将领，同时也是历史上著名的民族英雄。他在明末抵抗后金的战争中，成为当时叱咤一时的名将”，“作为一名杰出的爱国将领和卓越的军事才干受到后人的崇敬和爱戴”，“袁崇焕不仅是一位杰出的民族英雄，而且堪称有胆有识、大

① 杨本义编著：《袁崇焕》，南京：江苏古籍出版社，1988 年，第 1、16 页。
② 梁奇才、莫争春编著：《千古奇雄袁崇焕》，南宁：接力出版社，1994 年，第 11、140 页。
③ 赵颖编著：《袁崇焕》，北京：中国国际广播出版社，1996 年，第 1、240 页。

智大勇的卓越军事家”。①

美籍华人学者李而已研究袁崇焕多年，曾写过袁崇焕的粤剧剧本和小说。2001年，他编著的评传《民族英雄袁崇焕》出版，作者评价袁崇焕是“民族英雄”，还指出“袁崇焕是一位允文允武的全材。他不仅是一位杰出的统帅，一位天才的军事家，一位叱咤风云雄姿英发的名将，而且还是一位风流儒雅豪隽蕴藉的诗人。”② 2006年，李而已又出版了《碧血悲风录：袁崇焕传奇》长篇小说，同样评价袁崇焕为“闪古烁今的民族英雄、具有军事指挥天才诗人气质的伟大统帅”③。

2005年，阎崇年在《袁崇焕传》的“自序”里对袁崇焕给予高度评价：

袁崇焕的性格凸显一个“敢”字——敢走险路，敢担责任，敢犯上司，敢违圣颜。他为坚持真理而不怕披荆斩棘，不怕承担责任，不怕得罪上司，甚至于不怕违逆天颜。严崇焕这种性格，既成就了他的丰功伟业，也造成了他的人生悲剧。

袁崇焕的精神，主要是爱国、勇敢、求新、清廉。《宋史·岳飞传》记载：“或问天下何时太平，飞曰：‘文臣不爱钱，武臣不惜死，天下太平矣！’”袁崇焕的确做到了——当文官不爱钱，做武官既不爱钱又不惜死。他能够爱国亲民，任劳任怨，知难而上，敢于创新。他居官十年，热血沸腾，简朴清廉，兢兢业业，勤勤恳恳，坦坦荡荡，熠熠煌煌，其“父母不得以为子，妻孥不得以为夫，手足不得以为兄弟，交游不得以为朋友”。

……

袁崇焕的德言与功业、勤政与清廉、无私与无畏、冤死与风骨，动天地、泣鬼神、撼人心、贯古今。袁崇焕之死，不仅是袁督师个人的悲剧，也是大明皇朝的悲剧，而且是中华文明的一幕悲剧。袁崇焕以陨星的悲鸣与光亮，划破君主专制沉寂与黑暗的天庭，换来千万人的智慧与觉醒。④

① 李广文编著：《袁崇焕》，海口：海南出版社，1997年，第1—2、86页。
② 李而已编著：《民族英雄袁崇焕》，广州：广东人民出版社，2001年，第305页。
③ 李而已：《碧血悲风录：袁崇焕传奇》（下），广州：新世纪出版社，2006年，第455页。
④ 阎崇年：《袁崇焕传》，北京：中华书局，2005年，序言，第2—3页。

2006年，阎崇年在中央电视台百家讲坛讲《明亡清兴六十年》，称：“袁崇焕是中国历史上一位大仁、大智、大勇、大廉者……袁崇焕的仁与智，令人赞颂；勇与廉，令人敬佩。这种爱国精神，同他的浩然正气密切相连。袁崇焕留给后人熠熠永辉的思想、薪火永传的精髓，是‘正气’，就是‘浩然正气’……通俗地说，‘浩然正气’就是正大刚直、合乎道义、充满天地、超越时空之气。袁崇焕身上的这种‘浩然正气’，主要表现为爱国的精神、勇敢的品格、求新的旨趣和廉洁的风范。”① 阎崇年用“仁”（“仁爱”、“爱国”）、“智”（以智求新）、“勇”（勇敢拼搏）、“廉”（清正廉洁）四个字高度概括袁崇焕之魂。

2015年，在《袁崇焕传》出版十年后，阎崇年对该书进行修订，出版了《袁崇焕传（修订本）》，在该书前言，他对袁崇焕再次给予评价：

明朝历史上有三位军事天才：早期的徐天德（徐达），中期的戚继光，晚期的袁崇焕。他们都能做到为官、为将、为帅的高修养、高境界：仁、智、勇、新、廉。徐天德和戚继光都算是善终，袁崇焕却吞下恶果。

袁崇焕既是一位悲剧的天才，也是一位天才的悲剧……

袁崇焕平生第一大历史功绩，就是夺取宁远大捷。……袁崇焕夺取宁远大捷之后，又相继夺取了宁锦大捷和京师大捷。宁远、宁锦、京师三次大捷，奠定了袁崇焕的历史地位。袁崇焕感人之处，既是他的丰功伟绩，更是他的品格精神。

袁崇焕的性格，凸显一个“敢”字——敢走险路，敢担责任，敢犯上司，敢违圣颜。他为大明江山社稷，披荆斩棘，跋涉前进，竭尽所能，身心践行。袁崇焕的这种性格，既成就了他的丰功伟绩，也铸成了他的人生悲剧。

袁崇焕的精神，主要体现在爱国、智慧、勇敢、求新、清廉，简言之，就是仁、智、勇、新、廉……

袁崇焕的德言与功业、勤政与清廉、无私与无畏、冤死与风骨，动天地、泣鬼神、撼人心、贯古今。袁崇焕之死，不仅是他个人的悲剧，不仅是大明朝的悲剧，不仅是汉文化的一幕悲剧，而且是中华文明的一场悲剧。这场历史悲剧，袁崇焕以陨星的光亮，划破君主专制黑暗的天庭，震撼世人的愚昧与心

① 阎崇年：《明亡清兴六十年》，北京：华文出版社，2022年，第379页。

灵，激发人们的智慧与觉醒。

袁崇焕也有疏失——失言（如五年复辽）、失友（如同满桂关系）、失礼（如先斩毛文龙而后奏）。疏失之原，或则有三：其一，阅历：袁崇焕由七品知县在五年之间升为巡抚，不到一年又升为兵部尚书、蓟辽督师，历练短，见识浅，未能把握明朝、后金、蒙古、朝鲜四方关系之大局与走势，智慧不周，谋虑有隙，顾此失彼，留下后患；其二，性格：性情狷躁，急于求成，袁崇焕"复辽"的话说得过满，斩帅的事做得过莽；其三，修养：格局贵大，器量忌小。袁崇焕在处理高层人事关系上，缺乏胸怀、机谋、沉稳和气度。

然而，瑕不掩瑜，这些都不能掩盖袁崇焕的英雄光辉。①

阎崇年的这些评价很客观，既指出袁崇焕的丰功伟绩，也指出他的缺点，归纳全面，分析入理，可以作为评价袁崇焕的重要参考。

2006年，张朝发编著的"岭南文化知识书系"之《袁崇焕》出版，它一部10万字左右的通俗读物。该书系要求文字精炼，图文并茂，寓知识性于可读性之中，使之成为群众喜闻乐见的知识书。它以岭南进士、投笔从戎、内忧外患、力排众议、宁远大捷、锦宁再捷、辞官回乡、督师蓟辽、失策杀帅、横遭反间、蒙冤惨死十一个章节介绍了袁崇焕的一生，将袁崇焕定为"忠心报效国家、誓死守卫边疆的英雄"。②

2006年，林猹编著的历史小说《袁崇焕：孤胆忠魂传》评价："在华夏民族的历史上，有一个和岳飞齐名的民族英雄，他就是大名鼎鼎的明朝书生袁崇焕"，"他的卓越才华和傲世风骨，以及'亡命徒''痴心汉'的献身精神，赢得了敌人的尊敬"。③

2006年，兴城学者石瑞良有感于学术界对袁崇焕的研究侧重在他的战绩功业，对于他的艺术创作却留意不够，努力搜集袁崇焕遗诗，编成《袁崇焕诗赏析》，为袁崇焕研究提供新的资料。书中赞誉："袁崇焕是明末杰出的军事家、爱国将领和民族英雄，他以一身生死系一国之存亡，勋业煌煌，劲节孤忠，早已彪炳史册。"④ 同类的著作还有袁仲麟编著的《袁崇焕诗选注》，安宏涛在前

① 阎崇年：《袁崇焕传（修订本）》，北京：华文出版社，2022年，原版序，第1—3页。

② 张朝发编著：《袁崇焕》，广州：广东人民出版社，2006年，第1页。

③ 林猹编著：《袁崇焕：孤胆忠魂传》，北京：团结出版社，2006年，内容简介第1页。

④ 石瑞良编：《袁崇焕诗赏析》，北京：中国书籍出版社，2006年，第319页。

言“忧国忧民一军魂”中评价：“中华有五千年文明，英雄辈出，灿若群星。袁崇焕就是这群星中的一颗，从广义上讲，他是民族英雄，从狭义上说，他是爱国将领。”①

2007年，由学者黄国信、张素容编写的“广东历史文化名人丛书”之《明末抗金英雄：袁崇焕》出版，全书十万字左右。丛书总策划人，时任中共广东省委常委、宣传部长的林雄，以及广东炎黄文化研究会名誉会长欧初指出：“这里所说的‘历史文化名人’，是指在一定的历史时期、一定的领域或学科，曾经取得卓越的业绩，或其思想具有重大影响，在中国历史乃至世界历史上具有相当高知名度的杰出人物。”② 袁崇焕列入“历史文化名人”，表明其是取得卓越业绩的杰出人物之一。作者在书名中已为袁崇焕评价定位：“抗金英雄”。

2011年，樊树志发表《袁崇焕之死》，对袁崇焕被杀前后经过有较为详细的介绍，他评论袁崇焕：

明末的辽东战场，努尔哈赤的后金军队以咄咄逼人之势，攻城略地，成为明朝的心腹之患。在此风云激荡之际，堪称中流砥柱者，非袁崇焕莫属。

对于袁崇焕提出的“五年复辽”的许诺，樊树志评论道：

草率地用“五年复辽”的豪言壮语，来“聊慰上意”，铸成大错。根据当时辽东的军事力量对比，奢谈“五年复辽”，犹如梦呓。不切实际的豪言壮语终于酿成了日后的悲剧。

袁崇焕犯的另一个不可挽回的错误，是擅杀东江总兵毛文龙之后，承诺：“我若不能恢复辽东，愿齿尚方（宝剑）以谢尔。”并且再一次向皇帝立下军令状：“臣五年不能平奴，求皇上亦以诛文龙者诛臣。”无异于把自己逼上了绝路，如果不能实现“五年复辽”的承诺，那么只有一死。

“己巳之变”后，袁崇焕率兵入卫，军事部署有误：

① 袁仲麟编著：《袁崇焕诗选注》，哈尔滨：黑龙江大学出版社，2012年，前言第1页。
② 黄国信、张素容：《明末抗金英雄：袁崇焕》，广州：广东人民出版社，2007年，总序第3页。

袁崇焕的另一个错着是，当他得知敌军已经越过蓟州向京城进发时，居然率领军队在后面跟蹑。理应在前面阻截，而非跟蹑。于是乎敌军接连攻陷京城的屏障——玉田、三河、香河、顺义等县城。他一错再错，十一月十五日赶到河西务，不顾将领们反对，悍然率部前往北京，于次日晚抵达广渠门外。

这一决策铸成大错。本来应该把来犯之敌阻挡在蓟州至通州一线，展开决战，确保京城安全。现在舍弃上策，退保京城，无异于纵敌深入，把战火引到京城。此举引来了居住在京城郊外的达官贵人的不满，纷纷向皇帝告状。

对于袁崇焕之死，樊树志评论道：

如果说袁崇焕妄杀毛文龙是一大错误，那么朱由检误杀袁崇焕是错上加错，两者均为亲者痛仇者快，对于明朝而言，无异于自斩手足，自毁长城……一位罪不至死的有功之臣，遭到他所效忠的朝廷如此不公平对待，而且从崇祯一直到南明，始终没有人为他鸣冤叫屈，令人心酸。①

樊树志关于袁崇焕的评价，既指出他是明朝的“中流砥柱”“有功之臣”，也指出他犯下的一系列错误：贸然提出“五年复辽”，擅杀毛文龙，“己巳之变”中的消极军事部署。他对袁崇焕冤死深感不公，是一个悲剧。总体而言，樊树志的评价较为中肯。当然，也有可商榷之处，其中有关毛文龙是否该杀还有争议，不少人认为毛文龙骄横跋扈，不遵朝廷命令，不服袁崇焕节制，已经起不到牵制后金的作用，暗中与后金通敌，如果不及时处置，后果不堪设想。他还认为从崇祯一直到南明，始终没有人为他鸣冤叫屈，这不是事实。不少人为袁崇焕鸣冤，程本直、余大成、梁稷、邝露等人便是，最终南明永历朝廷给袁崇焕平反了，赐予谥号“襄愍”。

2013 年，姜正成主编的《泣血忠魂铸悲歌——袁崇焕》，是作为“青少年应知的历史贤臣”丛书之一，袁崇焕入选其中，可见编者认可他是“贤臣”，在该书封面，编者又以“中华神勇武将”为之冠名，该丛书同编入“中华神勇

① 樊树志：《明朝大人物：皇帝、权臣、佞幸及其他》，上海：复旦大学出版社，2011 年，第 266、268、269、272 页。此评价与樊树志另外一本专著《晚明史》（上海：复旦大学出版社，2003 年）第九章《袁崇焕与毛文龙》一致。

武将系列”的人物还有孙武、孙膑、吴起、韩信、郭子仪、岳飞、戚继光、郑成功、左宗棠。作者评价：“袁崇焕是明末清初中国政治、军事舞台上一位伟大的爱国者、杰出的军事统帅和著名的民族英雄。他崇高的精神、勇敢的品格、顽强的意志、求新的态度、清廉的作风、骄人的业绩，在中国文化史上和人类文明史上，都是汗青留名，千古永垂。”①

2013 年，网络业余历史研究者杜车别的《明·冤》由生活·读书·新知三联书店出版，该书主旨是为毛文龙鸣冤叫屈，书中逐一辩驳袁崇焕宣布的毛文龙罪行，认为毛文龙生前备尝艰辛，苦心竭力为国效忠，死后还要遭受铺天盖地的污蔑，精神上凌迟毁灭的酷刑，实在冤屈。该书指出袁崇焕杀毛文龙造成的极为恶劣的后果，是昏聩之举。

为发扬乡贤袁崇焕的爱国精神，身为东莞地方学者的杨宝霖先生花数十年功夫辑校的《袁崇焕集》，在 2014 年由上海古籍出版社出版。杨宝霖先生在此书前言说：“感谢造化安排，将笔者降生于忠义之乡的东莞……卫国受凌迟，袁督师冤同武穆……耳濡目染，笔者对乡贤的高风亮节深心敬佩，立志发潜德之幽光，以励生人。窃以为发扬乡贤爱国精神，首先需搜集、保存、整理、刊布乡贤著作。”

作为“东莞历史名人评传”丛书之一的《袁崇焕评传》2014 年由广东人民出版社出版，作者王元林、梁姗姗在著作封面就给予评价：“袁崇焕是明末著名的抗金将领，他在辽东战场上金戈铁马、保家卫国的事迹为后人所津津乐道；他公道雄奇却含冤而亡的悲惨结局为后人所扼腕叹息；他的爱国主义精神和高尚英雄品质名垂千古，更为后人所继承和发扬。”

2016 年，由王元林、彭劲松著，东莞市袁崇焕纪念园、暨南大学考古与文化遗产研究所编的《袁崇焕与东莞》由广东人民出版社出版。王元林先生评价袁崇焕是“忠君报国、堪与岳飞齐名的一代名将”，说：“袁崇焕形成的‘督师精神’，‘精忠爱国’是其核心；‘奋斗进取’是其主体；‘清正廉明’是其精髓；‘侠胆柔情’是其生动写照，‘督师精神’成为东莞城市精神‘厚德务实，海纳百川’的最好写照。”

2017 年，作家刘大程创作的长篇历史传记小说《袁崇焕》出版，本书熔大量史实与艺术创造于一体，以宏大、凝重而生动的文学叙事，再现了明朝末

① 姜正成编：《泣血忠魂铸悲歌——袁崇焕》，北京：海潮出版社，2013 年，第 4 页。

年错综复杂、波澜壮阔的历史图景和袁崇焕忠勇报国、个性鲜明的英雄形象，引领读者重新认识袁崇焕这一极具争议的悲剧性历史人物。在该书后记《话说袁崇焕》，作者较为客观地评述了涉及袁崇焕的一些重要历史事件，很多看法具有较大参考价值。如认为袁崇焕是死于官场风波及政治游戏；毛文龙之死是罪有应得，毛文龙对后金的牵制作用十分有限，不能夸大。袁崇焕在“斩帅”上的不足在于先斩后奏，但也实属无奈；“五年复辽”并非完全是吹牛、夸口，有实现的可能；崇祯帝给袁崇焕的罪名都经不起推敲，袁崇焕虽有一些失误，但都罪不至死；等等。刘大程还指出：

他的被破格擢用和提升之快，并不是因为他运气好，而是与他的才能和性格、为人有直接关系。他之所以取得超乎常人的成就，原因也在于此。大致归纳起来，除了拥有卓越的军事思想和军事指挥才能外，他的身上还集中了这些性格和品质，那就是：刚毅、爱国、清廉、实干、进取、亲民等。他的才能和人格魅力，使他成为一名既受朝廷倚重，又受军民拥戴的重要将帅。①

2018年，吴凡编著的《护边战将：袁崇焕传》以饱含深情的笔触，写出了在主昏政暗、大厦将倾的局面之下，袁崇焕明知艰险，而敢于任事、不避不畏，最终惨遭冤杀的历史悲剧。作者评价袁崇焕是大英雄，洁身自好、清正廉明，是明朝后期难得的好官，他执行力强、能吃苦、办事务实、公正严明。②

2020年，王荣湟出版了《袁崇焕全传》，是目前所见袁崇焕传记中较为客观、详实的一部，史料非常丰富。王荣湟指出：

袁崇焕之所以长留在人们的历史记忆中，不仅在于他是建有突出功勋的抗金（指后金）名将，而且在于他感人的爱国精神和人格魅力，此外，和他惨遭磔死、不得善终的悲剧命运也有重要关联。他作为一位对国家赤胆忠心且战功赫赫的疆场统帅，却被诬为“谋叛欺君”的“叛徒”，被处以残酷的极刑，这种悲惨遭遇与南宋名将岳飞颇为相似……他生性孤傲耿直，高官厚禄视若等闲……特立独行、不避忌讳、敢作敢为。

---

① 刘大程：《袁崇焕》，合肥：安徽文艺出版社，2017年，第430页。

② 吴凡：《护边战将：袁崇焕传》，武汉：华中科技大学出版社，2018年，第64、116页。

同时，王荣湟也认为袁崇焕性格瑕瑜互见，一生有功有过，他既有“独特的个性和卓越的军事才能”，也有“军事失误、个性缺陷及军事素养的薄弱环节”，既有战略得当，英勇抗敌的一面，也有指挥失误，偏狭专断的一面，后人囿于英雄史观的支配，往往高估其能力和历史地位。①

4. 戏曲、影视中的袁崇焕形象

1982年春，《羊城晚报》连载了吴有恒的历史小说《罗浮山外史》。粤剧和潮剧的编剧人员不约而同看上了这一题材，他们从小说中受到启发，参考其他历史资料，分头进行剧本编写。

潮剧《袁崇焕》由陈英飞、杨秀雁编剧，林鸿飞导演，陈秦梦、陈文炎、姚璇秋、郑健英等主演。1982年11月由广东潮剧院二团首演，获得广东省1982—1983年度专业剧本创作一等奖，获文化部举办的1982—1983年度全国优秀话剧、戏曲、歌剧剧本创作奖，成为潮剧界第一个荣获全国性奖励的剧本。1984年参加了广东省首届艺术节。潮剧《袁崇焕》还被选登于全国性的《剧本》月刊。剧中的袁崇焕，闪耀着爱国主义的光芒，作品围绕着出世还是入世、顾国家安危还是虑自身存亡、争个人荣辱还是救百姓于水火等重要的人生抉择，逐渐展示了袁崇焕这个英雄人物的性格。袁崇焕宽广的爱国情怀，赤诚之心，感人肺腑。②

粤剧《袁崇焕》于1983年初夏出台，由秦中英、李而已、唐峰编剧，陈酉名导演，罗家宝、林锦屏、小神鹰等主演，1984年由广东粤剧院二团首演。该剧也参加了1984年广东省首届艺术节，也获得广东省1982—1983年度专业剧本创作一等奖。该剧歌颂了袁崇焕的爱国主义精神，刻画了袁崇焕为国赴汤蹈火的高尚品格。

1986年，辽宁兴城政府与辽宁电视台合作，拍摄了第一部关于袁崇焕的历史电视连续剧《袁崇焕》，由著名导演陈家林执导。该剧展示明代末年一代名将的英雄气节，刻画了袁崇焕将生死、荣辱置之度外，一心报效国家的忠勇形象。他大忠大义却以“叛国”罪名被杀，产生强烈的悲剧色彩。该剧获第九届

---

① 王荣湟：《袁崇焕全传》，长沙：岳麓书社，2020年，前言第1、2、4页。

② 谢彬筹：《潮音新谱正气歌——介绍潮剧〈袁崇焕〉》，原载《南方日报》1984年12月，见谢彬筹：《岭南戏剧观赏集》，北京：中国戏剧出版社，2004年，第406页。

全国优秀电视剧“飞天奖”提名荣誉奖。

1999年，广东东莞石碣镇电视台拍摄了二十集历史电视连续剧《袁崇焕传》，由陈伟田执导，著名演员莫少聪、冯婉乔、梁小冰等联袂主演，阵容鼎盛。该剧反映了袁崇焕尽忠报国的高贵品质，歌颂他廉洁自律、爱民如子的高贵品德，讴歌他英勇不屈、不畏邪恶的英雄气概，但皇太极却用奸计陷害袁崇焕，明崇祯皇帝轻信谗言，致使他含冤而死。

2005年的新编京剧《袁崇焕》，堪称京剧表演史上最强阵容联袂演出。余派当红老生于魁智、裘派花脸孟广禄、老旦名宿赵葆秀、梅派传人李胜素、叶派小生李宏图等八个艺术流派的当今京剧界13个名角担任角色，是京剧表演史上涉及行当最全、流派最多、连武带唱的创新尝试，使《袁崇焕》被人们称为京剧发展史上一里程碑式的作品，袁崇焕的传奇也因此再一次风靡神州大地。该剧的内容主题是一曲高扬爱国主义、民族精神、英雄情怀、丈夫气概的慷慨悲歌，大英雄袁崇焕，不仅是一位“上马能战，提笔能文”的具有战略眼光的将领，而且具有儒将气质，隐忍、坚毅、果敢、睿智。① 2009年4月3日，由原班人马主演的京剧电影《袁崇焕》公映，是用电影的形式来传播和推广优秀传统文化，堪称京剧电影的新生之作。

2006年，著名粤剧编剧梅晓、王新生和陈锦荣（东莞虎门人）合力打造大型粤剧《大明悲歌》（又名《袁崇焕》），由著名粤剧演员彭庆华主演。《大明悲歌》2005年获得第九届广东省艺术节剧目奖一等奖、编剧奖二等奖，2007年获第五届中国戏剧文学奖金奖。据总导演梁建忠介绍，该剧以爱国名将袁崇焕与崇祯皇帝之间的纠葛为题材，主题在“气节”二字，体现袁崇焕的才气、豪气、骨气、节气、浩气。② 袁崇焕的扮演者彭庆华评价袁崇焕是“雄才大略、忧国忧民，不计个人得失安危，高瞻远瞩、文韬武略出众，数次大败努尔哈赤与皇太极的民族英雄”③。

2006年，由中央电视台“百家讲坛”推出以袁崇焕为主角的《明亡清兴六十年》视频讲座，清史专家阎崇年用生动、通俗的语言讲述袁崇焕的人生历

① 黄树森主编：《东莞九章：现代化中的东莞现象与东莞想象》，广州：花城出版社，2008年，第185页。

② 《粤剧讴歌袁崇焕 〈大明悲歌〉昨在穗上演》，https://news.sina.com.cn/o/2005-11-29/09177568136s.shtml。

③ 彭庆华：《饰演“袁崇焕”的点滴感悟》，《南国红豆》2006年第1期，第35页。

程。阎崇年评价袁崇焕为官十年，先做文官，后做武官——做文官，亲民爱民，独不爱钱；做武官，亲兵爱兵，既不爱钱、也不惜死。袁崇焕是中华文官的楷模，也是中华武官的楷模。①

2015 年，由国家一级导演梅晓导演及编剧的琼剧《浴血英魂》，赞扬袁崇焕大智大勇安社稷、蒙受奇冤志不移的爱国主义情怀。

为了颂扬民族英雄、传播浩然正气，传承中国优秀传统文化，由东莞市人民政府、东莞实业投资控股集团、东莞市石碣镇人民政府、北京现代天幕影视文化传播公司投资出品了 46 集电视剧《袁崇焕》。该剧大腕云集，由唐国强任总导演，金霖担任执行导演，邵兵、王媛可、高梓淇、刘屹宸、唐国强等人主演，于 2018 年 10 月 8 日在地方台首播。唐国强表示，该剧要传扬袁崇焕敢担当、“顶硬上”的爱国精神。

以上戏曲、影视剧都着力弘扬袁崇焕的崇高精神，正面塑造袁崇焕的光辉形象。

5. 其它纪念与评价

1989 年北京市政协常委蒋建国等民革界委员联名提出《建议修复明末民族英雄袁崇焕祠墓对社会开放》的提案。北京市文物局于 1991 年第十一届亚运会前拨专款 40 万元，修复袁崇焕墓地。为了弘扬爱国主义精神，1992 年清明期间北京市政协邀请各界人士凭吊袁崇焕，此后每年清明时节都有中小学生和海外华人前来祭祀。如今，袁崇焕祠及墓冢是全国重点文物保护单位，也是青少年爱国主义教育基地。

作为袁崇焕认可的第一故乡，东莞市及袁崇焕出生地石碣镇对袁崇焕推崇备至，除共同出资拍摄两部袁崇焕电视连续剧之外，还有丰富多彩的纪念活动。石碣镇建有袁崇焕纪念园、崇焕大道、袁崇焕中学、袁崇焕小学。这些年来，石碣镇坚持以说英雄故事、写英雄传奇、走英雄之路、颂英雄伟业为重点，通过著作、展览、研讨、宣讲、书法、征文、朗诵等丰富的活动形式，宣

① 阎崇年：《袁崇焕传》（修订本），北京：华文出版社，2022 年，第 204 页。

北京袁崇焕墓

传英雄事迹，在全社会呼唤忠贞爱国的英雄情怀，大力传播浩然正气。① 值得一提的是东莞在袁崇焕出生地石碣镇水南村兴建了袁崇焕纪念园，占地 4.8 万多平方米，规模宏大，气势宏伟。纪念园有牌坊、袁崇焕石雕像、袁督师祠、袁崇焕传记浮雕、故居、衣冠冢、三界庙等景点，展示了袁崇焕光辉的英雄事迹，弘扬其崇高的品德精神，是人们缅怀英雄的重要场所。

广西藤县是袁崇焕参加科考时所用的籍贯，1942 年所建的袁崇焕纪念碑于 1958 年被毁，1982 年藤县人民政府重建袁崇焕纪念碑。藤县出于对英雄的崇敬以及延续地方文脉的需要，通过三十多年的努力，在藤县图书馆建立了“袁崇焕专题文库”。收集了《袁氏族谱》《藤县历史人物图文集 · 袁崇焕》《藤县历史人物袁崇焕事略》（视频资料）等一百多种与袁崇焕相关的文献。② 为弘扬袁崇焕的高尚节操、家国情怀与勇敢、求新、清廉的精神，2013 年，藤县在天平镇新马村建设袁崇焕纪念馆，包括陈列馆、纪念袁崇焕诞辰 400 周年书法

① 《石碣建设高品质滨江特色小镇，以文化新业态培育经济新增长点!》，https://static.nfapp.southcn.com/content/202011/01/c4233495.html。

② 何锦奋：《袁崇焕研究文献综述》，《图书馆界》2011 年第 1 期。

东莞市袁崇焕纪念园牌楼

碑廊、袁崇焕雕像与纪念碑。陈列馆展示了袁崇焕“生于藤县、矢志报国”“投笔从戎、战功显赫”“忠魂冤逝、精神永存”等英雄事迹。[①] 藤县纪委监委于 2021 年 7 月在藤县袁崇焕纪念馆原有基础上策划和建造袁崇焕廉洁文化园，弘扬袁崇焕的廉洁精神，以加强党员干部党风廉政警示教育，搭建反腐倡廉宣传教育新平台。

在袁崇焕曾经居住过的广西平南，当地也有不少纪念活动。1981 年，袁崇焕父亲袁子鹏墓被确定为平南县文物保护单位。白马圩曾建有“总制三边坊”，原坊已毁，1987 年平南县政府重建“总制三边坊”，高 13. 38 米，坊碑上有仿古图案，由时任广西壮族自治区人民政府副主席吴克清题写坊名。袁崇焕与南汉状元梁嵩被合称为“白马双英”，“白马双英”总门门联为“八桂风光推白马，千秋群众仰双英”，表达当地人对英雄的敬仰。

在袁崇焕建功立业的兴城（明代宁远城），1994 年 6 月 24 日，高大雄伟的袁崇焕像建成，雕像高 11 米，重 240 吨。雕像威武霸气，袁崇焕头戴战盔，身披铠甲，左手握剑鞘，右手拔剑，旁边有一口巨大的火炮，似乎随时准备与敌人开战。塑像底座背面镌刻《袁崇焕事略》。2000 年 9 月，兴城袁崇焕纪念堂

① 陈雨燕、李咏蘅、吴天：《袁崇焕纪念馆：展示英雄事迹　陶冶爱国情操》，《梧州日报》2022 年 5 月 20 日第 2 版。

开馆，它位于兴城市蓟辽督师府景区内，在纪念堂里面，详细介绍了袁崇焕英雄事迹，展现他的卓越军事才能。2002 年，兴城重建了孙承宗、袁崇焕等人处理军务的蓟辽督师府，占地面积一万多平方米，建筑面积 4800 平方米，各类房间 100 多间，规模宏大。

广西藤县袁崇焕石雕像

香港袁氏宗亲会 1982 年开始兴建袁氏大宗祠，奉袁崇焕为香港袁氏共祖，建有袁崇焕纪念馆，设袁督师祠堂，祠堂内悬挂袁崇焕画像，四时燃香祭拜，追思先祖。

令人感动的还有袁崇焕仆人佘义士子孙十七代一直为北京袁督师墓守墓，坚守了 390 多年。佘义士是广东顺德人，当年跟随袁崇焕身边，袁崇焕被杀后，佘义士十分悲痛，将袁崇焕遗物收拢，葬在今地，并立下誓言，佘家后人不回广东，世世代代为袁督师守墓，寄托他们对袁督师的哀思。佘义士死后，葬于袁督师墓旁，世代陪伴。1998 年，香港中学历史老师白耀灿无意看到佘家为袁督师守墓 300 多年的故事，为佘家后人佘幼芝等人的忠义精神深深感动，他多次拜访佘幼芝，瞻仰袁督师墓园，独自编排了《袁崇焕之死》的话剧，歌颂佘家的忠义精神。2001 年，该话剧在香港公演，连演五场，场场爆满，500 人的剧场座无虚席。对于一些人的质疑，佘幼芝回应：“我们守的是忠义，忠义永不过时。”

辽宁兴城的袁崇焕像

此外，值得一提的还有互联网上有关袁崇焕的评价，网友们分成两派，一部分是高度肯定袁崇焕的，被称为“袁粉”，另外一部分极力贬低袁崇焕，被称为“袁黑”，他们相互攻击对方罔顾事实，吵得不可开交。

对于网络上有关袁崇焕评价的争论，已有一些专家学者谈及。历史作家吴凡在《护边战将：袁崇焕传》中就指出：

在网络上，不少的网友不明就里，偏听偏信，断章取义，一味地抹黑惨死且沉冤数百年的英雄袁崇焕。网络上舆论汹汹，好像喊叫得最大声的，真理就在他们那一边。然而，事情并非如此。网络上叫嚣得厉害的往往连历史事实都没搞清楚，更别提明末极为混乱的政局和战争场面了，他们以“莫须有”的罪名，甚至是造假的史料扣在英雄的头上。

笔者非常诧异，既然是坏人，为何袁崇焕会“坏”得那么红，那么火？一个毫无能力的人、一个爱慕虚荣的人，舍命跑去无人愿意去上任的地方挣军功？一个毫无能力的人能够屡次迫使努尔哈赤、皇太极损兵折将？一个毫无能力的人会被大明帝国的高层选中并重用？……①

《袁崇焕全传》作者王荣湟也指出：

随着大众传媒的影响，袁崇焕的功过问题在民间依然讨论热烈。民间历史爱好者的持论虽然未必具有学术价值，但是由于著书立说而影响广泛，已经造成对学术界的冲击。在我看来，历史研究不应局限于象牙塔，而应将研究成果向学术圈外传播，借以提升民众的历史认知，这是历史研究的应有之义和目的之一。在当下各种诽谤袁崇焕的荒谬古怪的言论充斥民间之时，将个人研究心得与普通大众分享，以正民间视听，这是很有必要的，也是每个袁崇焕研究者义不容辞的责任。②

① 吴凡：《护边战将：袁崇焕传》，武汉：华中科技大学出版社，2018 年，第 298 页。
② 王荣湟：《袁崇焕全传》，长沙：岳麓书社，2020 年，前言第 3—4 页。

第六章　袁崇焕评价的讨论

历史人物评价是极具争议、极具挑战的话题，不同时代、不同人群站在不同阶级立场，以不同标准，对同一历史人物往往作出不同评价，正如广为流传的民间谚语所说的“一千个人眼中有一千个哈姆雷特”。袁崇焕评价的历史变迁就是其中一个突出的例子。评价袁崇焕，以下一些原则值得重视。

一、全面、历史地加以评价

评价历史人物应坚持全面性原则，全面客观地看待历史人物的是非功过。“人无完人”，历史人物既有功劳、优点，又有过失、缺点，要看他们哪个部分占主要方面。新中国成立后，人们以唯物史观为指导，对袁崇焕的评价更加全面、客观。在这些评价中，人们既指出袁崇焕的丰功伟绩，高尚的爱国情操，是明末杰出的政治家、军事家和爱国将领，是当之无愧的民族英雄。同时，人们也指出袁崇焕存在不少缺点，如性格上独断专行、急于求成、固执己见、意气用事。“五年复辽”太过绝对，斩杀毛文龙缺乏深谋远虑。修养上心胸不广，不善于保护自己。满桂骄横，袁崇焕与之不和。他申请调离满桂，不与当时辽东经略王之臣商量，擅作决断。处理人际关系不够圆滑，阻碍了他取得更大的成功。军事上驾驭全局的能力尚有不足。

评价历史人物还应在当时的历史背景和历史条件下去考察，不能超越当时的历史时代。要坚持唯物史观导向，将历史人物置于一定的阶级关系中，同其所属的阶级联系起来加以评价，从他所处的具体历史条件出发，具体问题具体分析。如有人认为袁崇焕“愚忠”，那就是超越那个时代的评价。当时所有读书人所受的教育都是儒家礼教“三纲五常”的内容，皇帝即国家，忠君与爱国是一体的。袁崇焕也是封建时代的人，不可能超越他们的时代去反对崇祯帝，即使受了天大的冤屈，他也只能无奈承受，所谓“君要臣死臣不得不死”。

历史地评价人物，还要将其与同时代的历史人物相比较，以判断其进步或者落后。袁崇焕的许多做法和明见卓识，都是超越他同时代的人。如：

他在军事上注意吸取西方先进的科学技术，采用西方的筑城法，打仗、守城时使用西洋大炮等就是走在时代前列。他既善于行军打仗，又善于从实战中进行理论总结，这又超越了那些只知埋头打仗、不知实践总结的有勇无谋的将领。

他清正廉洁，任知县时“不入一钱”，任封疆大吏时也是囊中羞涩，被杀后“家无余赀”，这在当时贪腐横行的时代是多么难得。他不图功名，“杖策只因图雪耻，横戈原不为封侯”，他为国守疆只为报仇雪耻，不图高官厚禄、荣华富贵。在立有大功，朝廷给他升职时他都是辞让。这又与那些只为个人升官发财不顾国家利益者有天壤之别。

他勇担重任，勇于任事，不计个人得失，以国家利益为重。萨尔浒之战后，山海关外明军如惊弓之鸟，一触即溃，关外土地尽失，边疆危机深重。在人人避之唯恐不及的情形下，袁崇焕却挺身而出，主动请缨，提出要去为国守边，这是何等的担当精神。袁崇焕单骑赴关考察也体现了他为国勇担重任的自觉性。他冒天下之大不韪，明确提出要与后金议和。部分朝臣也认为议和有必要，但不敢提出来。袁崇焕不仅提出来了，而且把“款为旁著”作为他复辽战略的重要组成部分加以落实，派人与后金和谈。羸弱客兵对辽东战事的困扰，人人皆知，但无人敢于公开提出来要撤换他们，这是因为此事关系边防大事，责任重大，若有闪失，难以承受。但袁崇焕以大局为重，置个人安危于不顾，言人之不敢言。毛文龙跋扈不法，朝廷不少人认为毛文龙该杀，但都不敢杀，只有袁崇焕不惧个人得失，敢作敢为，当机立断，为国除害。“知其不可为而为之”，体现了袁崇焕超乎常人的担当精神。“苟利国家生死以，岂因祸福避趋之？”袁崇焕早就这样做了。

因此，客观、辩证地看，袁崇焕虽然有弱点、缺点、失误，但总体上是值得肯定的杰出历史人物。

二、区分袁崇焕个人与袁崇焕精神

袁崇焕所生活的时代是一个沉沦的时代，而袁崇焕精神却是这个沉沦时代一抹靓丽的风景。许多学者对袁崇焕精神进行过归纳。阎崇年指出：袁崇焕的精神可以概括为大仁、大智、大勇、大新、大廉。仁是仁爱亲民，灵魂是爱国爱民。智是指他有过人的军事智慧，以智制敌、以智取胜。勇指其勇敢拼搏、精进勇猛、临危不惧的性格特点。新是指他求新进取、自强不息。廉指其清正廉洁、做官不贪、浩然正气。①

爱国亲民、大智大勇、求新进取、清正廉洁等袁崇焕精神是世人公认的“大道”，在今天依然具有时代价值，激励着人们奋勇向前。我们评价袁崇焕，不是为评价而评价，而是要挖掘袁崇焕精神中的宝贵财富，弘扬他的爱国精神、浩然正气，为今天建设更美好的社会提供精神支撑。因此，它有重要的学术价值和现实意义。

① 阎崇年：《袁崇焕传（修订本）》，北京：华文出版社，2022年，第206—215页。

附　录

1. 孙承宗致袁崇焕书信

答山石道袁

吾辈做天下事，只论人不论天。然天道安可诬也。此一流人，非天去之，又搅多时。吾辈安得不善承天意，亟为勉图。（《高阳集》卷十九）

答袁山石

陶士行以运船作兵船，曰总是公家物。仆窃欲效之。门下更欲以兵船作运船，亦自便计。独念兵非用之水，当为陆练；即其用之水，当束〔速〕习水道。而人骛于利，竞相希冀，至夹带为奸利，当致纷纷。就中推诿、插和，似难究诘。此久成无事之计。如目前果为大计，则此法似未得便行，门下可悉心计之。船为实用，何如盐政自可如此。惟速之为利，数城诸将好作事者，亦曾不闻有《盐铁论》意可知也。兄可早计。

拱酋妥惟兄调停，力即高台堡，亦当以无事为福，目今风雨时若，公私俱曰："再得款抚无恙。"而大家毕力一场，是同襟深愿也。

兄居外，久为念，且每欲面，诸种种急，不可得。（《高阳集）卷二十）

答山石道

念此中大计，则门下当辞山石而专宁前，乃可有为。其种种俱辽之急要，不独复辽土后也。抚非门下，谁能为计？此不独清其费，而一操一纵，惟真实

心，用光明藏，乃可耳。读门下光阴人命之说，悚然为念也，愿悉念为之。仍当与门下细论。（《高阳集》卷二十）

答宁前道袁

此何地，敢爱其身？此何地，敢不爱其身？得手教，乃快此惓切也。当瘁呿时，愿惟少加静息，自爱正以爱此地耳。种种计略，俱为稳切，不可恃，必不可无兵。间要妙，惟所运设，乃舟车、道路，细加体察。何高何深，何远何近，未可臆度者，须一一明瞭，幸一一筹策为望。（《高阳集》卷二十）

答袁山石

粮料之筹悉矣。倘得衔尾如期，何遽乏绝乎？宁城之兵，尽为屯筑，而左既为哨，祖更为抚，其所备架护之兵，独甘、固耳。奈何骠武随两帅来，而不再计也。车略有绪，而辎车未具。即练稍合马步，而战辎相倚相容，马步相兼相藉。百未一知，何得称既同既攻乎？练车而不问辎，此关内之套车不念进取者。到底以事力未备，坐失事会为解耳。奈何？（《高阳集》卷二十）

答宁前道

主客分合，视其多寡，均其劳逸，更为之酌其迟速。此自门下当熟计之。中间却防一流人谓：空蓟门以修关门，而又空关门以修宁远。则班兵之当速其所急，而仍回关门可念也。惟门下熟计之。盐事当早计，勿犄犄，令奸利者久不归，公家屯田何如？暇时一算宁城之车与牛、骡，若干民间者。（《高阳集》卷二十）

答袁山石

适处前屯之逋卒，固令饬以拊恤，勿急兵丁于工，而做我官也。以春班修两卫，以秋班修两所。自是要言，适已前计之。独关门之急工，不可不急，未

敢尽出为两卫耳。然所余固无多也，惟门下悉计。(《高阳集》卷二十)

答袁山石

其部署各兵最悉，深念。连山自当修复，但宁远未固，姑稍待之。以连山之修复，又当勤兵力。不宜省之宁远，而更费之连山，仍疲我训练也。为物力计，自合如此。第稍出左将军兵，分班探防之。当再积一哨探营，合左辅为五千，作行营前哨耳。目下后营便令之出矣。门下独劳为念。(《高阳集》卷二十)

答袁山石

以所云不足，烦一割者，曾一割之未能，而曰："大盘山横据。"今人只为怕大盘山横据，便了却一生，宁足与深谈天下事乎？如此幺么而左顾右盼，前推后扯，仆直以此试共事而心死矣！奈何，奈何！

门庭间，不敢问浅深远近，而远行数百里，亦不过如两大将军、一道、两副、六参，提四千马兵，以三十驼载半月粮，望西虏烟尘却步，直入锦州，为椎埋之行耳。仆至今羞不掩面，兼以中右之议，更勘破世人顾盼心肠。口惠而实不至者，宁足与深谈天下事乎？小小题目，便左右顾，那得此工夫？世有好手，不必入觐即可做；世无好手，入觐何为？以天下之智勇材力，何坚不克？而谁堪为智勇材力？(《高阳集》卷二十)

答袁山石

适有疏入奏，明言当诣宁远。然何敢以车徒为扰。正欲以后部更番之兵同行，不则骑舍中马单骑往耳。边城仍当详计，而同舟落落，那得不独任乎？屯田何如，煮盐何如，造舟何如，糗糒何如？车二千辆而无一人肯任，日买驮骡而不掩炮，只得仍行有司之事，如持钵募化，执扑而临之，饥思食，寒思衣。以边事为饥寒者，仆当顿首。(《高阳集》卷二十)

答山石道

诸将有材胆者，当留为关外用。闻之以它歧，不为向者笑人乎？门下外内俱重，可旋矣。诸将饬之演射，打明侦探，择细心人，察诸髮种种者，柴若干，炭若干，砖若干，门下向所计者，似未得一一如议也，然亦曾有可见之数乎？众口嗷嗷，何以给？屯田法，竟何如？（《高阳集》卷二十）

2. 程本直《漩声记》

大江之涯，其石横出，斗水使怒，曰矶。为矶之处，其下有回流焉，曰漩。舟楫弗戒，匪触于矶，即汩于漩。与其汩于漩也，宁触于矶，犹可拯也；汩于漩，不可拔也。杜工部曰："《最能行》：搬［当作撇］漩捎濆无险阻。"吾乌得此最能者，与之操舟楫而游者哉？其将问之水滨。

客有执《矶声》而叩予者，曰："子胡不通于时论？若是也甚矣，子之为袁崇焕辩也！"予曰："通也，不通也，无论也，然而实语也，非虚语也。"客曰："所谓不通也，以子之语虚也，非实也。"曰："何居乎余言之虚也？"客曰："袁崇焕故俨然督师也，故居然自任以复辽者也。辽不能复，而顾使敌直入蓟门且京师也。而子谓非崇焕纵敌也，非其罪也。不通也，虚也！"

曰："客未睹夫辽与蓟者也？辽之有督，亦犹乎蓟之有督也。崇焕辽督也，敌之来也，从三岔过河、从山海入关，崇焕其奚辞罪也？然而敌之来也，入大安、过龙井、破遵化也。蓟之与辽相去千余里，敌走蓟，而辽督是罪也，蓟之督也、抚也、镇与道也，何所从事也？且也崇焕之疏曰：'蓟门单弱，敌所窃窥。臣身在辽，辽无足虑。严饬蓟督，峻防固御，为今日急著。'此固言之于敌未入半年前也。一疏不得，继以再疏，乃旨下部科著议。两疏迄今犹可覆按也。言于半年前，而敌来于半年后。罪也？非罪也？使蓟之所以守蓟也，亦犹乎辽之所以守辽也，何至使敌入无人之国也？"

客曰："子胡意之陂而词之游也？岂朝廷举如许兵马、费如许金钱，而授之崇焕，仅得其守辽东一块土也？"

曰："辽有兵马，蓟有兵马也。辽兵辽马费朝廷金钱，蓟兵蓟马亦费朝廷金钱也。第使蓟之训兵者、练马者，亦犹夫辽之训兵练马者也，则蓟之所以守蓟者，何至不能犹夫辽之所以守辽也，而使敌入无人之国乎？今夫家之御盗者，有勇仆者也，毅然曰：'但阻其旁趋而歧逸者也，彼冲突者，我独当之也！'乃盗舍其当冲突者，而趋且逸于旁与歧者也。吾未见旁与歧者之能藉口于冲突自当者之不力也。然则崇焕固独当冲突者也，安能代旁歧而任咎也？"

客曰："子不知，夫予言之恕也！深言者谓崇焕款敌者也，非御敌者也。揣款之不可得，冀以城下一盟，结五年之局也。敌之来，崇焕来之也！"

曰："噫嘻！为斯言者，客也？天下也？客为斯言，客愚也；天下为斯言，天下愚也！而崇焕之愚不至此也。城下之盟，列国事也，否则亦宋真宗事也。今中国何如国？而皇上何如主也？无论要以求盟必不得，即要之而盟得也，款成也，敌退也，崇焕将安归也？果若是也，崇焕知为敌谋而不知为己谋也，愚不至此也。不但此也，崇焕自任复辽者五年也，戊辰之秋，己巳之冬，仅期也。复辽而不以兵也马也则已也，复辽而必以兵与马也，辽之兵业何如兵？辽之马业何如马也？即敌之避辽而趋蓟也，复避蓟而趋京也。敌之畏辽之兵之马也，昭然也。浸假而进乎五年也，其兵其马当复何如也？复辽而不以兵马则已也，复辽而亦以兵马也，崇焕不必若是其亟亟也。然而款敌正不必为崇焕讳也。崇焕之言曰：'敌以款愚我，我亦以款愚之也。'盖兵，机也，非形也。形可得而言，机不可得而言也，形常然而机忽然也。故有形已然也，而机未必其然也。用机者莫善于用间也，用间者莫善于用反间也。款者，形也；所以款者，机也。敌之欲款者，间也；我因敌款而款之者，反间也。故款可言也，所以款者不可言也。何也？款之为言缓也，所以缓彼而急我也。谓款之有害于兵也，愚也！"

客曰："姑舍是。敌之欲走蓟门者非一日，而不敢者，毛文龙牵制之也。文龙杀而牵制废，而敌乃得逞焉于蓟也。何曰非崇焕罪也？"

曰："时之遇也，数合也，而谓毛文龙之故也，非也。敌固曾攻宁远于丙寅也，敌固曾围锦州于丁卯也，藉非崇焕死战死守，敌不逮己巳而始纵横于神京之下也。而文龙当日固居然岛上帅也，未闻其提一旅、渡一骑以牵制之使不来也，乌在今日必其能牵制之而使不来也？客亦闻夫年来中国所议文龙乎？否也。曰虚兵也，曰冒饷也，曰假俘假捷以骗功骗赏也，且曰尾大也，曰鞭长也，曰一跋扈将军也。自武登抚相与争而去，其欲得而甘心于文龙者非一日也，非一人也。辱白简，挂弹章，可数百计也。是左右诸大夫皆曰可杀，国人皆曰可杀也，其不杀也，非不杀也，不能杀也，不敢杀也。是以崇焕一杀之而通国快然，皇上欣然，圣谕煌煌然也。其有一二不合者，私也，匪公也。及夫敌来适其时也，嚣然而起，曰：'臣言不幸至今日而中也。'杀崇焕以报文龙也！其私言者私，其公言者亦忘焉其非公也。于是乎为文龙讼冤者有之矣，复官者、请恤者纷纷也。犹幸皇上之圣而明也，一则曰：文龙有应得之罪也；再则曰：不得藉口于崇焕也。是文龙之杀，文龙之罪也，而非崇焕罪也。”

客曰：“是故恶夫佞者曰：‘非敢为佞也，予不得已也。’曰：‘信如子言，袁崇焕非特无罪也，且有功也。’”

曰：“据崇焕今日不能无罪，按崇焕平日未尝无功也。”

客曰：“亦知敌人发难以来，亦有攻而不下、战而不克也否也？”

曰：“未也。客亦知乎有宁远丙寅之围，而后中国知所以守，有锦州丁卯之功，而后中国知所以战也，否也？”曰：“然也。”曰：“然则谓崇焕无功于平日也，不可也，而犹未也。今日滦之复，遵之复，永之复也，谁兵也？辽兵也。谁马也？辽马也。辽兵辽马其来久也？试即平日论，自崇焕未莅辽以前，辽亦有是兵也？有是马也？否也。然则按崇焕于今日犹未尝无功也。”

客曰：“诸路援兵，难于调集。幸其调而集也，崇焕散遣之，以致敌从而越蓟入京也。此则崇焕之罪也。”

曰：“谓敌越蓟入京，崇焕罪也，诚然也。谓散遣援兵而崇焕罪也，非然也。何也？蓟州三里之城也，其民不知兵者也。有辽之马步万余也，又有总兵曹鸣雷之马步三千也。蓟民虽逃，犹强半于其城也。集兵而处，业嚣然也。复益之兵，则不必战敌而先自乱也。且蓟孤县也，四外无援者也。退侯世禄于三河，去蓟六十里也，欲其驻三河以为蓟声援也。而不虞三河之不入世禄兵也。三河不入世禄兵，而世禄之兵于是乎颓然西溃也。颓然西溃，于是不独违节制而失声援，且丧纪律而肆剽掠也。畿之东西于是乎不及暇择而概曰：‘援兵剽掠也！’更误‘援’以‘袁’，而曰：‘剽掠者皆督师兵也！’皆曰：‘争得督师而啮其肉、啖其骨也！’由是也。至若尤世威，昌镇也，陵寝重地所赖以安之者也。调世威以援蓟，其如陵寝何也？崇焕之所以遣而回镇者，由是也。而且尤兵、侯兵也，具名也，占数也，无实用也，不可以见敌也。驱不可以见敌之兵而速之败，则虽有可以见敌者，亦将因而寒心也、夺气也，留之不如其遣之也。若夫满桂之遣也，桂善逃者也，非善战者也。曩者锦、宁之役，其左券也，然桂兵则差胜于诸路也。令其踞都城而阵，惧京营之兵易摇撼也，所以壮根本、安人心也。此崇焕之苦心也、周虑也，而谓其罪也，非吾所能知也。”

客曰：“人皆谓，据崇焕于今日不能无罪也。其罪安居也？”

曰：“崇焕之罪，在崇焕驻蓟而使敌得越蓟而入京也。方督兵到蓟也，有疏曰：‘臣兵幸而诣蓟也，而今而后断不使敌过蓟西一步也。’‘臣之罪也，乃终不能不使敌过蓟西一步也。’”

客曰：“然则崇焕之死宜也？”

曰：“宜也。”

曰：“崇焕宜死，而子复为呶呶不置，何也？”

曰：“崇焕而死于失机也，宜也；崇焕而死于叛逆也，非宜也。予之呶呶不置，为其叛死也，非逆死也。昔予有言曰：‘今只请释崇焕以收辽兵，事平之后，定其功罪未晚也。’语具《矶声》中也。而且议功之典，国典也；使过之法，军法也。崇焕十载边臣，屡经战守，独提一旅，挺出严关。迄今山海之外，一里之草莱，崇焕手辟之也；一城之垒，一堡之堞，崇焕手筑之也。试问：自有辽事以来，谁不望敌数百里而逃，弃城于数千里而遁？敢与敌人画地而守、对垒而战，翻使此敌望而逃、弃而遁者，舍崇焕其谁属也？崇焕之功未必不可议也。若夫崇焕之过，又未始不可使也。崇焕盖爱克厥威者也，崇焕盖轻于料敌者也。爱克威故不营兵于野，而幕兵于城也，敌乃得越蓟而西也。然而敌能避崇焕之坚于蓟也，而不能知崇焕乘其瑕于潞也。敌能反客为主，而不能反主为客也；而不能知崇焕反主为主，而反客为客也。盖敌方乘崇焕之不能，得以潜越蓟西，蟠踞于潞，中断京师与崇焕，首尾不相应。崇焕兵虽强，势不能缩地而顾京师。一面结营困潞，一面张势撼京。敌谓潞困而京可不俟攻也，不知崇焕之舍蓟而蹑其后也，不知崇焕且舍潞而绕其外也，不知崇焕业据京而出其前也。是故高密店之遇侦也，诧以为袁督师之兵从天降也；是故广渠门之大战也，谓十五年来未尝有此劲敌也。于是乎魂销也，于是乎胆落也，于是乎不复逼京师而惟出没于海子、采囿之间，以观我动静也。使宽从数日，崇焕不待步兵后到，吾知其可不劳我兵而力遁也。宁独良乡、固安可保无虞也，即永平、滦州何至受其蹂躏若此惨也。而何天之不悔祸也？故曰：崇焕之过未始不可使也。而崇焕今日乃何如也？身凌迟也，家籍没也，后嗣绝也；妻孥兄弟以及七旬之母、数龄之女，方游魂于浙水之上也，复赍魂于黔山之间也！而今或死或生于八闽之外，而莫可问也！而谓崇焕果何如也？”

客不觉潸然泪之盈襟，濍然声之填咽也，不复相诘，黯然而退。客退之明日，复起而进曰：“甚矣，子言之乱吾寐也！吾不复为袁公求也。然而袁公何修而得此于子也？”

曰："袁公非能得予者。予三见袁公而弗予见也。袁公非得予者也。"

客曰："曷为其死之也？"

曰："柱厉叔之事莒敖公也，自以为不知己而去之。莒敖公有难，柱厉叔往死焉，曰：'公固不知我也，今我死之，是果不知我也。'今日之事，古之人有行之者，柱厉叔是也。"

客曰："以子之才与子之行，独不能少俯焉，以就世用也？而顾为不知己者死也，为人则善也。所以自为，则吾不知也。"

曰："是谋非客所能知也。无已则壬申之秋将赴西市，兰辑诸稿而自为之序，詹詹数言，意为颇悉。客不惮烦，请缕絜之也。其言曰：'十载长安，三年蚕室。一影之外，余尔数藤。今夕何夕，尚堪尔偃然据予敝簏中哉？古人曰：顾此七尺之躯，终成一棺之土。不朽之事，寄之题目。然则今日行将以七尺作数藤，题目也，大题小做，其咎问谁？在宋高帝之责吏部曰：'使孔熙先年将三十作散郎，那得作贼耶？'武天后之谓骆宾王曰：'有才如此，而使之流落不偶，宰相过也！'嗟夫！人至佐叛助逆，尚使人主为之唏嘘惋惜，乃知世间但有昧目瞒心之尚书、宰相，断无有不怜才爱士之帝王。宾王非叛，恐终不得知于武后；熙先非反，恐莫能申叹于宋帝耳！虽谓一檄为宾王之应制诗，徐将军为孔熙先之荐举主，可也。然则数十年后，览兹数藤，当必有愕然矍然者曰：'安得起本直于地下而为之执鞭？'若夫今日生死则未可必，此则予稿也。客以为何如也？虽然，士死于知己，千古为难；不知己者而可以死之也。攘攘世宙，莫非死所，而独为袁公也，固自复寥寥也，何也？举世皆巧人，而袁公一大痴汉也。惟其痴，故举世最爱者钱，袁公不知爱也；惟其痴，故举世最惜者死，袁公不知惜也。于是乎举世所不敢任之劳怨，袁公直任之而弗辞也；于是乎举世所不得不避之嫌疑，袁公直不避之而独行也；而且举世所不能耐之饥寒，袁公直耐之以为士卒先也；而且举世所不肯破之体貌，袁公力破之以与诸将吏推心而置腹也。犹忆其自言曰：'予何人哉？十年以来，父母不得以为子，妻孥不得以为夫，手足不得以为兄弟，交游不得以为朋友。予何人哉？直谓之曰：大明国里一亡命之徒也，可也。'噫！聆斯言也，而不为之恫乎其心者，其人未必其有心也。即今圣明在上，宵旰抚髀，无非思得一真心实意之人，任此社稷封疆之事。予则谓：掀翻两直隶，踏遍一十三省，求其浑身担荷，彻里承当如袁公者，正恐不可再得也。此所以惟袁公值得程本直一死也。虽然，死则死也，窃有愿也。愿余弃市之后，复有一程本直者，出而收予尸首，并袁公遗骨合而葬之。题其上曰：‘一对痴心人，两条泼胆汉！’九原之下，目为瞑也！”

客曰：“窃更有可疑于袁公也，固有所疑于子前言也。请得进而与子一剖而决之也。袁公负都城而营也，半月所也，曾未闻其出一骑、加一矢于敌也。通国唾之也。而子谓其广渠之大战也，胡为乎其言之也？”

曰：“噫！袁公正复多此一战也，此袁公所以为袁公也。盖兵也者，惟其不败也，非以求胜也。故战也者，斗力事也，非兵法之上言者。况乎不稔彼己，不辨衰锐，不问坚瑕，惑于人言，迫于君命，而轻一战以塞之也。此而胜焉，幸也。幸而胜，古人谓甚于败也。若敌人悬兵深入我地，彼利在速战也，我利在重持也。不必深于兵者皆能知之也。胡为乎以不战疑袁公也？胡为乎以广渠之战疑予言也？然而广渠之战，客无予之问也。客其问诸广渠门外、东便门外以及通惠河两岸之居民，或能言之也；客其问诸韦公祠之僧众曰天林者、曰梵林者，以及当日分守广渠之太监郝曰隐儒者，亦或能言之也。客无予之问也。余则曰：袁公正复多此一战也，袁公之所以为袁公也，何也？惑于人言，迫于君命，而轻一战以塞之也，幸而胜，古人谓甚于败也。”

客曰：“由子所言，今而后知任事之人之难也。”

曰：“任事之人难也，执任事之人而杀之，尤难也。杀任事者，谓其偾事也，杀之亦必其后之者，果足以胜其所杀之者而后可也。如不问其后之何若也，而但绝之以快一朝也，将杀者不可再生也，而人实其难得也。行见任事者一人不如一人也，偾事者一日甚于一日也。诛之不可胜诛，不诛何以服诛者之心也？何以服天下万世之心也？其初曰，不过杀一以惩百。孰知其究也，杀一以废百者也，天下事不可复问也！且封疆之事，大事也；封疆之任，重任也。爱封疆者，自当爱及封疆之人也。是故严刑峻罚加于他焉者，犹可言也；严刑峻罚加于封疆之人焉，不可言也。今夫担夫之肩重也，即或一蹶焉、一颠焉，将必扶持之、慰劳之，以宽其绳约则可也。蹶焉、颠焉，而必诟辱之、鞭挞之，不啻也势必将一扑而不复起焉则已也。于此而求一人焉易之也，其势未免救痛防灾之不暇也。甚且曰：乌得坐而致此于千里也，庶免夫蹶焉、颠焉，以无致于诟辱之与鞭挞也。世乌得夫坐而致千里也者？其势又将一仆人焉，而不复则已也。东汉王充曰：‘宋人有御马，不进，拔剑到而弃之沟中；又驾一马，又不进，又到而弃之。若是者三，以之威马，至也，然非王良、造父之法也。’故曰任事之人难也，杀任事之人尤难也。况乎今日所以杀任事人也，又未必杀其所杀之事也，且未必杀其所杀之人也。”

客乃瞠目咂舌，罔俟予词之毕而去。

3. 张岱《石匮书后集》卷十一《袁崇焕列传》

袁崇焕，广西藤县籍，东莞人。万历己未进士，为邵武县令。天启壬戌，升兵部职方司主事。

时广宁失陷，王化贞与熊廷弼逃归，画山海关为守。京师各官，言及辽事，皆缩朒不敢任。崇焕独攘臂请行。与阎鸣泰同出监军山海。

巡抚刘策议于山海关外掘壕堑，筑备城关，左山右海，山麓礫确，不受锄镭。崇焕创言守关当于关外守之，筑城与掘壕俱不便，请罢。阁部孙承宗自请至关，相度形势，是崇焕言，掘壕论遂寝。朝议遂以孙承宗为经略，于关外恢复八城。崇焕移镇宁远。

丙寅，北骑四十万逼宁远城。城中戍守数千人，兵势单弱。城外有红炮数门，无敢发者。崇焕事急，勒唐通判亲自发炮。凡放红大炮者，必于数百步外，掘一土堑，火着线，即翻身下堑，可以免死。唐通判不晓其法，竟被震死。炮过处，打死北骑无算，并及黄龙幕，伤一裨王。北骑谓出兵不利，以皮革裹尸，号哭奔去。捷闻，上大喜，拜崇焕为都察院右佥都御史，巡抚辽东，寻晋兵部右侍郎。辽东人谣曰：“苦了唐通判，好了袁崇焕。”

丁卯养病归。崇祯践祚，起兵部尚书，加太子太保，令地方官敦趋就道。遂于元年七月十四日至邸。上御平台，特宣崇焕，并辅臣尚书九卿等召对。上语崇焕曰：“女直跳梁十载，封疆沦陷，辽民涂炭。卿万里赴召，有何方略？具实奏闻。”崇焕对曰：“臣受皇上特达之知，注臣于万里之外。倘皇上假臣便宜，五年而东患可平，全辽可复，以报皇上。”上曰：“五年灭寇，便是方略。朕不吝封侯之赏。卿其努力，以解天下倒悬。”辅臣韩炉、刘鸿训、李标、钱龙锡等奏曰：“崇焕肝胆识力，种种不凡，真奇男子也。”崇焕奏曰：“臣在外调度，所有奏闻，一凭阁臣处分。阁臣不可不着力主持。”上顾谕阁臣，阁臣奏曰：“敢不承命。”崇焕又奏曰：“边事四十年，蓄聚此局，原不易结。但皇上宵旰于上，正臣子枕戈待旦之秋。臣尽心竭力，约略五年。但五年之中，须事事核实，第一钱粮，第二器械。户、工二部，俱要悉心措置，以应臣手。”上顾谕两部尚书，王家祯、张维枢奏曰：“敢不承命。”崇焕又奏曰：“臣承命在外，止以灭寇为事，五年之中，事变不一，还要吏、兵二部，俱应臣手。所当用之人，选与臣用；所不当用之人，即与罢斥。”上顾谕两部尚书，王永光、王在晋曰：“敢不承命。”崇焕又奏曰：“圣明在上，各部公忠，毫无不应臣手。但臣之力，制东事而有余，调众口而不足。一出君门，便成万里。忌功妒能，岂遂无人？即凛然于皇上之法度，不致以权掣臣之肘，亦能以意乱臣之心。”上曰：“朕自主持，不必以浮言介意。”崇焕又奏曰：“有皇上主持，臣不孤立。诸臣果能实心任事，悉如臣请，臣若不能成功，以复故土，何颜复见皇上？但臣学力疏浅，望皇上指示教训。”上起立曰：“卿条对井井，不必谦让。”阁臣奏曰：“此臣作法自别。向为县令，不取一钱。天生此臣，以为社稷用，佐皇上中兴。乞皇上假以便宜，撤回王之臣、满桂尚方剑，单赐崇焕，以一事权。”上然其言，传谕兵部。上复呼崇焕近前，温语谕之曰：“愿卿早平外寇，以舒四方苍生之困。”崇焕举手加额曰：“皇上念及四海苍生，此一语，皇天后土，实式临之。臣所学何事？所做何官？敢不仰体皇上，早结此局！臣之作用，仿汉之赵充国则无异。勿烦皇上焦劳，惟皇上宽心。”上曰：“卿所奏更见忠爱。卿宜严明号令，抚恤士卒，与文武同心，何难灭寇？”崇焕奏曰：“谨遵明旨，铭之肺腑，前去告谕官军，以宣皇上威德，灭寇必矣。”遂叩头出。

是年八月，至镇，上疏请巡视九边。明年五月晦，巡至镇江双岛，与毛文龙盘桓数日。于六月六日设帐房于山上，犒军较射，遂缚文龙，数以十二罪，出尚方剑斩之。疏闻，京师震骇。

崇焕随奏：臣守宁远，寇被臣创，决不敢侵犯臣界。只有遵化一路，守戍单弱，宜于彼处设一团练总兵。遂以王威为请。兵部以王威新奉部劾，不肯即予。留难移时，北骑果于遵化入口。

崇焕与祖大寿率蒙古壮丁万余骑，进援蓟镇。北骑至蓟镇，与崇焕兵遇，不战，离城数里扎营。次早直趋京师。崇焕尾其后，亦至京师城下。即上疏，请入城养病，俟病稍痊出战。上不许，召崇焕陛见，劳以裘帽，即命归营。

是日，北骑绕城北，山海关总兵满桂方到。兵未成列，北骑袭之，大败，全军覆没。满桂侄杀入阵，救出满桂。满桂创重，伏马上驰出阵。至城下，请入陛见。遂言崇焕于女真主殂，差喇嘛僧往彼议和，杀毛文龙以为信物，今勾引入犯，以城下之盟，了五年灭寇之局。

上犹未信。有二内官被掳，囚营中逃归，言亲见崇焕差官往来，语言甚密者。又言城上瞭望，有见敌兵与我兵嬉笑偶语，往来游戏者。又言满桂战不利，差人往崇焕营，速其放炮。及放炮，皆无钱粮者。

上大怒，即遣中使二人，召崇焕面议军事。崇焕欲无往，而难于辞。乃以军中见疑，请以二中使为质。上即以二中使留质军中。

崇焕陛见，上命满桂与之面质。满桂见崇焕御前赐坐，拉之下跪，尽发其通敌奸状，并言其接济寇粮，凿凿有据。崇焕见满桂，色变，遂不能辨，免冠请死。上命锦衣卫堂上官拿送镇抚司，即令满桂往统其军。

祖大寿闻崇焕下狱，即引大队人马，夺关而出，径奔宁远。北骑以崇焕死，饱掠去。满桂以创重毙。

明年四月，镇抚司谳其狱具。上曰："袁崇焕斩帅以践约，市米以资盗粮。今勾引入犯，对垒不战，又坚请入城养病，意欲何为？本当族诛。姑开一面之网，袁崇焕即着会官凌迟处死；妻子流三千里口外为民。"遂于镇抚司绑发西市，寸寸脔割之。割肉一块，京师百姓，从刽子手争取生啖之。刽子乱扑，百姓以钱争买其肉，倾刻立尽。开膛出其肠胃，百姓群起抢之。得其一节者，和烧酒生啮，血流齿颊间，犹唾地骂不已。拾得其骨者，以刀斧碎磔之，骨肉俱尽，止剩一首，传视九边。

石匮书曰：袁崇焕短小精悍，形如小猱，而性极躁暴，攘臂谈天下事，多大言不惭。而终日梦梦，堕幕士云雾中，而不知其着魅着魇也。五年灭寇，寇不能灭，而自灭之矣。呜呼！秦桧力主和议，缓宋亡且二百余载，崇焕以龌龊庸才，焉可上比秦桧；亦犹之毛文龙以幺魔小卒，焉可上比鄂王？论者乃取以比拟，不特开罪鄂王，亦且唐突秦桧矣。

4. 张岱《夜航船》卷三人物部名臣附奸佞大臣

明洪武朝，胡惟庸、蓝玉；永乐朝，纪纲；正统朝，王振；天顺朝，石亨、石彪、曹吉祥、门达；成化朝，汪直、王越、陈钺、戴缙、李孜省；弘治朝，李广、杨鹏；正德朝，刘瑾、陆完、江彬、许泰、刘晖、钱宁、张忠、朱泰；嘉靖朝，陶仲文、严嵩、严世蕃、丁汝夔、赵文华、鄂懋卿、罗龙文、仇鸾、陆炳；万历朝，庞保、刘戍；天启朝，魏忠贤、客氏、崔呈秀、田尔耕；崇祯朝，周延儒、袁崇焕、杜勋、马士英。

5. 查继佐《罪惟录》

袁宗焕

崇祯元年七月，督师袁崇焕于平台召对，自请："假臣五年，东事可平，全辽可复。"四阁臣标、龙锡、道登、弘训，皆称崇焕奇男子。崇焕自诩："臣操纵方略，有程有则，有分有合，只须吏兵二部应手，还臣薪饷六十万，工部全应武器。"且云："以臣之力，应东事则有余，调众口则不足。"上曰："朕浮言必不听。"则又要上一语，必信行之。阁臣云："此臣作县官，不入一钱，宜假以事权。"撤王之臣所佩尚方剑与之，便宜行事。仍谕崇焕严明号令，抚恤士卒，与文武同心。后在事，无所见，止有诡致岛帅毛文龙杀之一节。文龙牵制不足，枢臣不察。乃所责十一罪，不足以杀文龙。一、凡事专恣；一、妄报刘其祁来奔，逾数；一、疏中语言不道；一、侵盗边海钱粮；一、私市通外夷；一、分札赐姓袭名；一、劫客赀；一、擅收部将女为妾；一、拘饥饿难民；一、拜魏忠贤为父，结交近侍；一、铁山之战，掩败为功。

按：毛帅初，岛捷似幸，只以朝无知兵，意欲藉之大恢复，不无溢美，遂使气高，稍有擅动。从来边将往往如是。果知其不当扼要，早加衔，移镇重用。彼所部皆逸材，自能展一臂之用。而必杀之，在帝意以靡饷，故即阁臣钱龙锡意有崇焕，可无文龙，亦不定杀之。而崇焕以计斩疆场大臣，专以坚帝眷，则无法矣，其中不可问也。且十一罪皆非不赦，且万无不再勘一辞而定之理。致使难民走活登莱，以酿后变。崇焕之罪，谁能曲解以宽之？或曰：调文龙御险，如矫抗，可杀也。

6. 周文郁《边事小纪》卷一《辽师入卫纪事》

崇祯元年戍辰秋七月，余谒督师袁公崇焕于长安，偶谈间遂订出关之约。八月至宁，得觇公简练鼓励，气可吞胡，种种作略，出人意表。未及期而虏已在目中矣。是以奴眈眈欲先发破我成局。

己巳春，余请归不得。七月，谍者得奴情欲渡河，公随疏闻，谆谆以蓟镇为虑。余亦启曰："辽事颇整，奴来无患，惟蓟边单薄，我当速发一劲旅往备乃可。倘奴谍知，亦可潜伐其谋。"公然之。

重九前一日，又报奴已渡河，公即发参将谢尚政等备蓟。及至彼，蓟抚以奴信未确，仍勒之为。然而奴逆踪迹，亦竟诡秘无闻，故蓟益懈。

十一月朔，公自宁远往山海，过前屯，得报：奴已困遵化矣。盖前七日，从大安口入也，于是疾趋关。先令赵总兵率教统所部援遵；飞檄祖总兵大寿精简辽士入援。初四日，辽兵至关。次日，公遂亲帅以西，令余主旗鼓。初六日至永平，闻遵化已陷，抚军王公元雅死之，赵总兵亦力战以死。公擐甲星驰，次榛子镇，奉上谕，令公调度各镇援兵，相机进止。初九日，入蓟料理战守，以旧总兵朱梅、副将徐敷奏等守山海；参将杨春守永平；游击满库守迁安；都司刘镇华守建昌；参将邹宗武守丰润；游击蔡裕守玉田；以昌镇尤总兵世威仍还昌平，保陵寝；宣镇侯总兵世禄前守三河，以防贼西奔。保镇曹总兵鸣雷同辽镇祖总兵等驻蓟以遏敌。

十二日，辽卒哨至马伸桥，与奴遇，大败之，斩敌酋，军声大震。余亟启曰："奴既来马伸桥，离蓟城二十里耳。此必系前哨。大队定在后，我当速为之计。"公遂同诸镇将宿城东楼以待。

十三日，侵晨，报奴全军过石门驿，公令马步兵尽出城外列营。营甫定，有奴骑二百余，分四队扎我军之东南，相持两时，并不见贼大兵。公令我发炮，贼闻炮即四队排为一字，忽退去。竟日无一骑复至，使我欲战而无可战。

十四日，乃探奴大队潜越蓟西矣。公即督辽将士西追，镇将议从间道绕出贼前，余请必分兵为二，以一出其前，以一蹑其后。镇将咸以兵寡不可分。

十六日，至河西务，营城外。有一兵擅取民家饼，当即枭示。薄暮，集诸将议进取，皆云宜径趋京师，以先根本。余谓："大兵宜向贼，不宜先入都。"诸将又言士马疲敝，恐难野战。余曰："不然，今贼在通（州）张湾，距通仅十五里，我兵若屯张湾，取食于河西务。令侦者确探，如贼易，则明与决战，一了百了；倘贼坚，则我乘夜出奇，击其不意，彼孤军深入，势必站立不住。此一定之策也。"诸将狃以勤王之师，必当进京请旨。公曰："周君言是。第恐逆奴狡诈异常，又如蓟州显持阴遁，不与我战。倘竟逼都城，则从未遇敌之人心，一旦摇动，其关系又不忍言。必我兵先至城下，背障神京，面迎劲虏，方是完策。"余又曰："外镇之兵，未奉明旨而径至城下，可乎？"公曰："君父有急，何遑他恤？苟得济事，虽死无憾！”故决意趋京师。先发哨拨六人前行，遇保镇逃兵抢掠地方，拨丁斥之，保兵遂操戈相向，伤五拨丁，仅一丁脱回报知。公当差家丁追捕，擒六人以报，于韦公寺审明而斩之。

是晚抵左安门，乃十七日也。下令军韦公寺前，不许一兵入民家，即野外树木，亦不得伤损。其时京城戒严，塘报不能即入。直至更时，始有兵部差官至营，公附奏于差官。

十八日，上遣散内臣冯允生等六员，诣军中查看。内臣回奏，乃下户、兵二部议发粮草。更差司礼监内臣吕直颁赉御前青盐千斤、禄米百石、酒十坛、羊百只、银万两犒师。

十九日，又赐公玉带一围、六币有副；祖帅玉带一围，四币有副；其诸将各红蟒一袭。户部始发刍豆粮米，然士马已冻馁两日矣。是夕，公密令参将刘天禄等劫奴营，不意行至高密店，为奴哨觉，贼营有备，不得入而返。

二十日早，报奴大队分六股西来，公传令开营迎敌。先遣都司戴承恩择战地于广渠门，余随行间。公令余回，余不从。公又曰：“我有奏书二通，子可速回，为我料理。”且嘱勿再来。余还寺，即将奏疏阅发，遂披甲跃马，仍驰军前。而公正在布阵，其祖帅正兵镇南面，副将王承等列西北，公与余扎正西，阙东面以待敌。

奴拥众直突东南角，我兵奋力殊死战奴，奴奔北，见前处有承胤等兵，方立马无措，若承胤等合力向前，则奴已大创，不意承胤等徙阵南避，翻致奴众复回，径闯西面。一贼抡刀砍值公，适傍有材官袁升高以刀架隔，刃相对而折。公获免。复一巨酋背黄旗者，扑向余，亦以夜役高得富射贼落马。时贼矢雨骤，公与余两肋如猬，赖有重甲不透。得南面大兵复合，贼始却。我兵亦倍奋砍杀，游击刘应国、罗景荣、千总窦浚等，直追贼至运河边。贼忙迫拥渡，冰陷，淹没者无数。此一战也，自午至酉，鏖战三时，杀贼千计，内伤东奴伪六王子，及西虏名酋都令。我兵亦伤亡数百。

盖九边尚首虏，每以争割首级误事。公深鉴陋规，于未战之先，与诸将士约，惟尽歼为期，不许割级，故将士得一意剿杀，以获此胜。是晚收兵，直至二鼓方毕。

当蒙皇上颁发酒肉各数千斤、麦饼五万劳军。公先望阙叩谢，然后分发诸营，犹诣带伤诸将士所，一一抚慰。回时东已白矣。其中军何副将问之曰：

"旗鼓乃军中紧要官，何早间反令之回?"公曰："彼署事官，兵凶战危，何忍相累？即兵马冻馁三日，而迫之战，亦非得已。赖主上威灵，诸公戮力，获此一捷，实出意外。然贼自阑入以来，未尝一矢加遗，今遭此挫，其气必沮。俟士马休息几日，再以奇着，破之必矣。"正语间，忽有报昨夜战时，满大将军桂，在安定门以西虏束不的战，败绩，且不知处。营中遗弃辎重甚多。公亟令寻觅满帅，并简所遗军器。少顷，回报满帅带有败卒百余，卧关圣庙中。其所遗弃军实，见有城上内臣在彼收取。时犹虑满帅不免于法。迨二十二日，则满帅且调入内城矣。

二十三日，贼移营南海子。晚接上谕，令速进兵。

二十四日，召对，赐公狐裘一领，盔甲一副。

二十五、二十六日，奴陈兵于前战处，似进不进，盖欲疲我也。

二十七日，奴攻外罗城南面，城上下炮击退之。辽将于永绶、郑一麟营，炮药失火，兵立火中不敢退，公当即给赏，每人二十金。

二十八休兵一日。

二十九日，用乡导任守忠策，以五百火炮手，潜往海子，距贼营里许，四面攻打，贼大乱，随移营出海子。

十二月一日，正在遣发副将张弘谟等追摄，而忽报召公与祖帅。公等戎服趋命。酉刻，祖帅出，闻公已下诏狱。随有内臣车应祥奉命谕辽东将士，将士放声大哭。从此人心惊惧，不复有固志矣。

余时暂主旗鼓，非专司兵马，既不能力歼狂奴以赎公罪，又不能长叩九阍以白公心。遂于二日，护持敕剑符节回山海。

初四日，辽兵惊溃而东。其前所守各州、县兵将，亦咸生猜忌，间有径自驱逐者。无何，良乡破，固安屠，房山下，迁安陷，滦、永据。卢沟桥则有申甫之败，永定门则有大将军满桂、孙祖寿之死，麻登云、黑云龙之执，马步数万，一掷而空。至蓟州更有兵侍刘公之纶之惨死。贼遂纵横畿辅，如入无人之境矣。

7. 康熙《广东通志》卷十六《人物》

袁崇焕，字元素，东莞人，生有四方之志，多才能，遇事有经济。登广西乡荐，万历己未成进士，授知县，升兵部主事。

辽左发难，自万历末年，时承平日久，民不知兵。经、督委非其任。将军刘铤、杜松、陈策等皆威望素著，血战沙场，卒以身殉。

天启壬戌，广宁师溃，当事者欲划关而守，崇焕愤不顾身，谓守关当在关外，遂毅然受甲，由主事历宁前道。丁外艰，有旨夺情，崇焕乃披荆立军府，吊死问伤，与辽人同生死，绝烽燧者五载。

丙寅正月，宁远复警，崇焕竭力守御，功高，诏嘉焉，擢巡抚，世荫。

丁卯夏，复有锦州之捷。魏珰尽攘为己功。时珰已有异志，素有忌崇焕。会崇焕固请终制，遂罢归。

崇祯初，上思其才，手诏起之田间，召对优异，晋大司马，授以专阃。崇焕受事，时毛文龙在东江，縻金钱数十万，无尺寸之功，扬帆登莱，渐示跋扈，腹党布满中外。崇焕渡海，入其军，数文龙十二罪，立斩之，一军帖然。据实奏闻，席藁待辜。有旨褒美。举朝皆惊其能，然识者以为崇焕自此不知死所矣。党兴之众，贿赂之多，其能一朝居乎？崇焕亦自言于上，谓："用臣信臣，虽谤盈不问，臣得一意向前，义无返顾。如或不然，独力何施。今匿名文帖中外已不少，臣死何足惧，但恐罹不测，则人将以臣为戒，而东何由平，臣心知而危之。"

时蓟门单弱，崇焕虑之，请宿重兵。遵抚力却不用，后果有警。崇焕乃星夜入援，日驰三百里，兵不解甲。砂窝门一战，胜之。竟以同事者谗构，流言四出，逮置极典。阁臣成基命、冢宰王永光皆疏申救，不报。籍没之日，无子，亦无所积。

时有江南布衣程更生，冒死白其冤，其疏略曰："窃惟'忠无不信，诚不见疑'。过听斯言，实为祸本，宁独昔者邹阳寒心于梁狱哉！如皇上今日特鉴袁崇焕锦、宁战守两次殊功，起之田间，付以辽事，皇上信任崇焕者千载无两；仰感信任之恩、特达之遇，矢心誓日，有死无生，以期报皇上者，亦千古无两。夫以千里赴援，餐霜宿露，万兵百将，苦死无言。而且忍馁茹疲，背城血战，则崇焕之心迹，与诸将之用命，亦概可知矣。今一旦执崇焕而付之理，将将之微权，固自神武不测；而讹言流布，种种猜疑，其巷议街谈，不堪入耳者，臣不必为崇焕辩。总之崇焕恃恩太过，任事太繁，而抱心太热。平日任劳任怨，既所不辞，今日来谤来疑，宜其自取。独念崇焕就执，将士惊惶，彻夜啼号，莫知所处。而城头炮石，乱打多兵，骂詈之言，骇人闻听。遂以万余精锐，一溃而散失。此宁关数万之众，实皇上竭天下物力，养之千日用之一朝者也。今日因群疑而执崇焕，执崇焕而轻弃数万生灵，亦非崇焕之蒙冤，实天之不悔祸也。崇焕一出辽东，此身此首不拟付之沙场，即拟付之法市，争早晚原不争死生，崇焕筹之稔矣。惟是臣于崇焕，门生也，生平意气豪杰相许，崇焕冤死，义不独生。伏乞皇上并收臣狱，与崇焕并斩于市。崇焕为封疆社稷臣，不失忠；臣为崇焕纲常士，不失义。臣与崇焕，虽蒙冤地下，啣笑有余荣矣。”书上，与崇焕并戮于市。更生，徽州人。

8. 袁珏《前明蓟辽督师袁元素先生》十六首

一

少时贫贱叹飘零，家托扶风任少卿。伏皁群空骐骥足，雌黄日起蝼蛄声。
藤阴馆里徘徊意，西岳碑前感慨情。志乘至今传两地，田园犹在不须争[①]。

二

名成榜上已中年，却被风吹下九天。万井饥寒民父母，一身清白吏神仙。
沧浪诗话公余续[②]，甑釜歌诗去后传。三载循良来奏绩，济时又著祖生鞭。

三

书生拔戟去从戎，慷慨行间国士风。剑气光连头易白，箭瘢冻裂血常红。
短兵蓐食髑髅里，匹马宵行虎豹中。信是男儿能报效，一枝斑管六钧弓。

四

誓师痛哭守孤城，下拜三军感至情。泪染旌旗痕不灭，令严刁斗夜常鸣。
析骸能使人心定，扪虱都从甲缝生。底事良谋摈主帅，十三山外泣遗氓。

① 原注：先生东莞人，今庐墓遗址与后人俱在平南。

② 原注：先生为邵武宰，地有宋严羽诗话楼，先生曾续作，今不存。

五

家书一纸事艰辛，泣血从军有棘人。生我劬劳天罔报，杀身忏悔佛无因。

心知已乱悲徐庶，裾记曾牵恨太真。最是君恩深未报，庐山徒步为思亲。

六

三疏陈情未许归，不堪缞墨做戎衣。枕戈待旦亲传战，秣马趋风大合围。

塞上烽烟腾杀气，朝中弓狗兆危机。尸饔有母情难割，回首南天叹靡依。

七

戍人何幸代瓜时，拜别军门意转悲。失势廉颇心未死，不侯李广数原奇。

当前禄厚承君赐，从此家贫奉母慈。膝下怆怀亲已老，商瞿四十尚无儿。

八

林下宽闲未十旬，玺书万里召孤臣。再回乡里知何日，忍向庭帏乞此身。

宦海曾尝鸡肋味，征途重拂马头尘。平台帝语询谋略，复把兵机次第陈。

九

细柳军营说亚夫，尚方宝剑手亲扶。军容精采轻裘出，士气飞扬免胄呼。

磷照伏尸魂惨淡，风吹大纛血模糊[①]。偏裨旧将今犹在，荐举良材共引桴[②]。

十

星落形势绕边城，上将亲行阅岛兵。反骨法应诛魏延[③]，奸谋梦早兆田横[④]。

---

① 原注：其后人现藏一大纛，长丈许，中绉五龙，血渍过半，盖当时军中物也。

② 原注：谓祖大寿、赵率教、何可刚。

③ 原注：延本平声，亦入霰韵，今借用。

④ 原注：毛文龙少年梦人告曰：欲学淮阴，已老一半；欲作田横，无人作伴。淮阴年二十七，文龙诛时年五十四。

虚靡国饷充私橐，巧借官阶盖贼名。杯酒灵前亲一祭，本来僚友有私情①。

十一

保守封疆已厌兵，欲销金甲事春耕。息肩辛苦倡和议，侧目从容坐罪名。
千里勤王驰突骑，两人定策坏长城②。广渠门外亲鏖战，阵上捐躯决死生。

十二

疲兵苦战少奇功，再见天颜即狱中。四面鼓鼙声未息，五更魂梦气犹雄。
手书尚可追逃将，心迹真难白上公。臣罪当诛原本分，三边太息事成空。

十三

阴霾惨惨日无光，不死沙场死法场。热血何人收藁葬，孤魂有路返家乡。
争来事业千秋定，误却功名半世忙。地下伤心应自慰，岳家青史共流芳。

十四

奇狱真如三字成，朝端肉食尽公卿。百身莫赎甘同死③，一语难翻不可生④。

弱弟问天天已醉⑤，寡妻赴水水无声⑥。剖肝录与愚忠记，公道人间罪自明⑦。

十五

家徒四壁久萧然，骨肉流离旧治迁⑧。身后尚收廉吏报，邑中共说大夫贤。
曾为上将惟知死，本是文官不爱钱。白发高堂年八十，留居破屋剩三椽⑨。

---

① 原注：文龙死后，先生致祭，分其兵二万八千人为四协，仍以其子承祚领之。

② 原注：谓温体仁、梁廷栋。

③ 原注：谓程更生诸人。

④ 原注：忠贤遗党王永光等，论先生擅主和议，坐谋叛。

⑤ 原注：先生胞弟煜有《问天赋》，序其家祸。

⑥ 原注：夫人黄氏赴水死，尸流至赤水，渔人葬之。

⑦ 原注：江南布衣程更生作《愚忠纪》，兵部郎中余大成作《剖肝录》，皆明先生冤。

⑧ 原注：家属徙二千里安置，适在邵武县，邑人怜之，济其困乏。

⑨ 原注：母叶氏年老不徙。

十六

百年往事少人知，特旨褒忠出盛时。旧日门庭今已失①，圣朝雨露本无私。一官可慰孤魂馁，半面尤存小像奇②。百世闻风顽懦起，山川生色动遐思。

8. 何寿谦《乡先正袁崇焕督师事略》

据《明史》本传，参以《皇朝开国方略》、钱家修《辨冤疏》、程本直《漩声纪》、余大成《剖肝录》。若夏允彝《幸存录》、竹坞遗民《烈皇小识》者，书生谈朝事，讹者十之三四，于督师固多微词，亦窃取一二。至其家世，则本诸乡里旧闻。

乡先正袁督师者，藤县太平乡白马村（一名莲塘村）人也。讳崇焕，字元素。其先东莞人。父子鹏，游西江过藤，慕白马山川之胜，遂卜居焉。兄弟三人，次崇灿、季崇煜，督师其长也。

明万历丙午举于乡，己未成进士。授邵武知县。为人慷慨，负胆略，好谈兵，以边才自许。为闽中令，分校闱中，日呼一老兵习辽事者与之谈兵，绝不阅卷，或问之，则曰："士子宜中者，自有命在，随意抽取可也。"

天启二年正月，朝觐在都，御史侯恂请破格用之，擢兵部主事。无何，广宁师溃，廷议扼山海关，崇焕即单骑出阅关内外。部中失袁主事，讶之，家人亦莫知所往。已，还朝，具言关上形势。曰："予我军马钱谷，我一人足守此"。廷臣益称其才，超擢佥事，监关外军。时关外地为哈剌慎诸部所据，未几，悉受款，经略王在晋令崇焕移驻中前所。寻令赴前屯，安置辽人之失业者。崇焕即夜行荆棘虎豹中，以四鼓入城，将士莫不壮其胆。在晋深倚重之，题为宁前兵备佥事，然在晋无远略，不能尽其才。及在晋议于距关八里筑重城，崇焕力争，以为非计。

十三山难民十余万，久困不能出。大学士孙承宗行边，崇焕请将五千人驻宁远，壮十三山势，别遣骁将救之。议阻不行，众遂没，脱归者仅六千人。已而承宗代在晋镇关，益倚崇焕。崇焕内拊军民，外饬边备，劳绩大著。崇焕尝核虚伍，立斩一校。承宗怒曰："监军可专杀耶？"崇焕顿首谢。其果于用法

① 原注：旧宅今为大姓所有。
② 原注：有画像小帧今尚存。

类此。

三年九月，承宗乃使崇焕屯军宁远，更定规制，筑宁远城。明年工成，屹然为关外重镇，远近望为乐土。旋遭父忧，三疏乞归守制。不许（苏爻山《镡津考古录》抄存疏稿，情辞哀切），夺情视事。四年九月，东巡广宁，历十三山，抵右屯，遂由水道泛三岔河而还。寻以五防叙劳，进兵备副史，再进右参政。

当崇焕之东巡也，请即复锦、右诸城，承宗以为时未可，乃止。五年夏，复说承宗遣将分戍锦州、松山、杏山、右屯、大、小凌河诸要隘，扩地二百里，几复辽西旧疆，宁远且为内地。自承宗、崇焕之戮力，敌人几不敢窥边者四年之久。

逆阉魏忠贤忌承宗，使其党排去之。十月，承宗罢，以高第代，谓关外必不能守，令尽撤锦、右诸城守具。崇焕力争，曰："诸城已复，安可轻撤？锦、右动摇，则宁、前震惊，关门亦失保障。"第意坚，且欲并撤宁、前二城。崇焕曰："我宁前道也，官此，当死此，我必不去。"第无以难，乃撤锦州、右屯、大、小凌河及松山、杏山诸城守具，驱屯兵入关。死亡载途，哭声震野，民怨而军益不振。崇焕再疏乞终制，不许。十二月，进按察使。

于是，清军知经略之无能，而崇焕之孤立也。六年正月大举渡辽河。二十三日，直捣宁远。崇焕集诸将誓死守，刺血为书，激以忠义，坚壁清野以待。明日，大军猛力进攻，戴楯穴城，城垣圮丈许。崇焕身先士卒，辇石塞缺口，身被再创。将士有劝崇焕自重者，崇焕厉声曰："区区宁远，中国存亡系之，失此不守，数年后吾族皆左衽矣。"自裂战袍裹左臂伤处，战益力，将士争先效命，城复合。连战三日，三攻三却，围遂解。开壁袭追三十里，敌军死万余，气大挫。清太祖尝言：我大清举兵，所向无不摧破。诸将罔敢议战守，议战守自崇焕始。

初，中朝闻警，大集廷议战守，皆无善策。经略第拥兵关上，不救。中外皇皇，谓必无宁远。迨捷闻，举朝大喜，立擢崇焕右佥都御史。第坐失援，褫职，以王之臣代。三月，复设辽东巡抚，以崇焕任之，旋加兵部右侍郎。崇焕与之臣不协，中朝虑偾事，命之臣专督关内，以关外属崇焕，画关守。崇焕上书曰："陛下以关内外分责二臣，用辽人守辽土，且守且战，且筑且屯。屯种所入，可减海运。大要坚壁清野以为体，乘间击瑕以为用。战虽不足，守则有余；守既有余，战无不足，顾勇猛图敌，敌必仇，奋迅立功，众必忌。任劳则必召怨，蒙罪乃克有功。怨不深则劳不著，罪不大则功不成。谤书盈箧，毁言日至，从古已然，惟圣明与廷臣始终之。”帝优旨褒答。

其冬，巡历锦州、大、小凌河，议大兴屯筑，复高第所弃旧土，并上书言辽左之壤。

先是，八月，清太祖晏驾，崇焕遣使吊，且觇虚实。太宗遣使还报，崇焕因复书申和议云：“（前略）往事七宗，汗家抱为长恨者，不佞宁忍听之漠漠？但追思往事，穷究根因，我之边境细人，与汗家之部落，口舌争竞，致起祸端。作孽之人，即逭人刑，难逃天怒。今欲一一辨晰，恐难问之九原。不佞非但欲我国家忘之，且欲汗共忘之也（中略）。今若修好，则城池地方作何退出？官生男妇做何退还？是在汗之仁明慈惠，敬天爱人耳！天道无私，人情忌满，是非曲直原自昭然，各有良心，偏私不得。一念杀机，起世上无穷劫运；一念生机，开后来许多吉祥。（后略）”

太宗复书，词甚倨。然方有事朝鲜，惧崇焕摄其后，和议遂粗定。清兵乃大举渡鸭绿江南讨。朝议以崇焕、之臣不相能，召之臣还，罢经略不设，以关内外尽属崇焕，便宜从事。崇焕锐意恢复，亦乘清军之出，遣将缮锦州、中左、大凌三城，再使使持书议和。会朝鲜及毛文龙同告急，朝命崇焕发兵援朝鲜。兵至，朝鲜已为清所服，乃还。

初，崇焕议和，未遽奏请，及奏闻，优旨许之。而朝鲜与文龙被兵，言官谓因和议所致。频旨戒谕。崇焕欲持是修故疆，持益力。乃上书言：“锦州、中左、大凌三城，修筑必不可已。业移商民，广开屯筑。倘城不完而敌至，势必撤回，是弃垂成功也。故乘敌有事江东，姑以和之说缓之。敌知，则三城已完，战守又在关门四百里外，金汤益固矣。”帝优旨报闻，然非其意也。

时太宗复移书相诘，谓：“将军遣使议和，奚又修葺城垣，潜图侵逼？”五月十一日，清兵直抵锦州，四面合围。崇焕以宁远兵不能动，选精骑四千，令世禄、大寿将，绕出清军后决战。别遣水师东出，相牵制。且请发蓟镇、宣、大兵，东护关门。二十八日，清兵分趋宁远。崇焕督将士力战，却之。清军遂引去，复益兵攻锦州。不克，亦引还。时称宁锦大捷。惟大、小凌河二城，防守未完，为清军所毁。时魏忠贤方专权，中外争颂功德，崇焕不为附和，衔之实深，论崇焕不救锦州为暮气。叙宁、锦战功，文武增秩赐荫者数百，忠贤子亦封伯，崇焕止增一秩。复使其党劾之。崇焕因乞休，七月遂予告归。

未几，熹宗崩。怀宗即位，忠贤伏诛。廷臣争请召崇焕。崇祯元年四月，命以兵部尚书兼右副都御史，督师蓟、辽，兼督登、莱、天津军务。七月，崇焕入都，召见平台，慰劳甚至，咨以方略。对曰："方略已具疏中。臣受陛下特眷，愿假以便宜，计五年，全辽可复。"帝曰："复辽朕不吝封侯赏。"崇焕顿首谢。帝退少憩，给事中许誉卿叩以五年之略。崇焕言："圣心焦劳，聊以是慰耳。"誉卿曰："上英明，安可漫对？异日按期责效，奈何？"崇焕怃然自失。顷之，帝出，即奏言："东事本不易竣。陛下既委臣，臣安敢辞难？但五年中，户部转军饷，工部给器械，吏部用人，兵部调兵选将，须中外事事相应，方克有济。"帝为饬四部臣，如其言。崇焕又曰："以臣之力，制全辽有余，防众口不足。一出国门，便成万里。忌能妒功，夫岂无人？即不能以权力掣臣肘，亦能以意见乱臣谋。"帝起立倾听，谕之曰："卿无疑虑，朕自有主持。"乃赐崇焕尚方剑，假以便宜，赐酒馔而出。

崇焕以前此熊廷弼、孙承宗皆为人排构，不得竟其志，乃上疏曰："恢复之计，不外臣昔年以辽人守辽土，以辽土养辽人，守为正著，战为奇著，和为旁著。法在渐不在骤，在实不在虚。此臣与边臣所能为。至用人之人，与为人用之人，皆至尊司其钥。何以任而勿贰，信而勿疑？盖驭边臣与廷臣异，军中可惊可疑者殊多，但当论成败之大局，不必摘一言一行之微瑕。事任既重，为怨实多。诸有利于封疆者，皆不利于此身者也。况图敌之急，敌亦从而间之，是以为边臣甚难。陛下爱臣知臣，臣何必过疑惧，但中有所危，不敢不告。"帝优诏答之。

是月，宁远兵变，缚巡抚毕自肃等于谯楼上。崇焕以八月初抵关，驰往镇抚，一方乃靖。

时关外大将四、五人，事多掣肘。因更定宁、锦为一镇，以大寿驻锦州，何可刚驻宁远，而移蓟镇赵率教于关门，关内外止设二大将。因极称三人之才，谓："臣自期五年，专藉此三人，当与臣相终始。届期不效，臣手戮此三人，而身归死于司败。"帝可之。二年闰四月，叙春秋两防功，加太子太保，赐蟒衣、银币，荫锦衣千户。

当崇焕之再起督师也，阁臣钱龙锡叩以辽事，答云："当从东江做起。"龙锡谓："舍实地而问海道，何也？且毛帅未必得力。"崇焕曰："可用则用之，不可用则杀之。”毛帅者名文龙，仁和人。以都司援朝鲜，逗留不进，辽东失，自海道遁回，乘虚击杀清镇江守将，遂授总兵，累加至右都督，挂将军印，设军镇皮岛。皮岛亦谓之东江。

顾文龙所居东江，形势虽足牵制，其人本无大略，往辄败衄，而岁糜饷无算。崇焕心弗喜也。会文龙来谒，接以宾礼，又不让。诛文龙，谋益决。

至是，遂以阅兵为名，泛海抵双岛。文龙来会，崇焕与相燕饮，因议更营制，设监司，文龙怫然。乃以六月五日邀文龙观将士射。崇焕曰：“予诘朝行，公当海外重寄，受予一拜。”交拜毕，登山。崇焕问从官姓名，多毛姓。文龙曰：“此皆子孙。”崇焕笑，因曰：“尔等积劳海外，月米止一斛，言之痛心，亦受予一拜，为国家尽力。”众皆顿首谢。

崇焕因诘文龙违令数事，文龙抗辩。崇焕厉色叱之，命去冠带絷缚，文龙犹倔强。崇焕曰：“尔有十二斩罪，知之乎？祖制，大将在外，必命文臣监。尔专制一方，军马钱粮不受核，一当斩。人臣之罪，莫大欺君，尔奏报尽欺罔，杀降人难民冒功，二当斩。人臣无将，将则必诛。尔奏有牧马登、莱，取南京如反掌语，大逆不道，三当斩。每岁饷银数十万，不以给兵，月止散米三斗有半，侵盗军粮，四当斩。擅开马市于皮岛，私通外番，五当斩。部将数千人悉冒己姓，副将以下滥给札付千，走卒与舆夫尽金绯，六当斩。自宁远还，剽掠商船，自为盗贼，七当斩。强取民间女子，不知纪极，部下效尤，人不安室，八当斩。驱难民远窃人参，不从则饿死，岛上白骨如莽，九当斩。辇金京师，拜魏忠贤为父，塑冕旒像于岛中，十当斩。铁山之败，丧军无算，掩败为功，十一当斩。开镇八年，不能复寸土，观望养敌，十二当斩。”数毕，文龙丧魂魄不能言，但叩头乞免。崇焕召谕其部将曰：“文龙罪当斩否？”皆惶怖唯唯。乃顿首请旨：“臣今诛文龙以肃军，诸将中有若文龙者，悉诛。臣不能立功，皇上亦以诛文龙者诛臣。”遂取尚方剑，斩之帐前。

是时，文龙麾下健校悍卒数万，惮崇焕威，无一敢动。于是命棺殓文龙。明日，具牲醴拜奠曰：“昨斩尔，朝廷大法；今祭尔，僚友私情。”为下泪。乃分其卒二万八千为四协，犒军士，檄抚诸岛，尽除文龙虐政。还镇，以其状上闻。帝骤闻，意殊骇，念既死，且方倚崇焕，乃优旨褒答。然岛弁失主帅，心渐携，其后致有叛去者。文龙死，甫数月，崇焕之冤狱已成。

先是半年前，崇焕在辽通筹全局，疏言臣身在辽，辽无足虑，惟蓟门军弱，请饬蓟督刘策严防。疏凡三上，廷议迂延不行。是年十月，清兵十余万大举入犯，惮崇焕威，乃改道入龙井关、大安口，如行无人境。崇焕二十八日闻警，即檄调大寿、可刚入卫。于十一月初十日，驰至蓟州，与敌兵相遇于马升桥诸要隘。清军不意袁军骤至，乃宵遁疾趋而西，直犯京师，意欲避坚击瑕，使崇焕不能首尾相应。崇焕复舍蓟，由间道驰归，冲霜犯雪，两昼夜疾行三百余里，先清军至三日，军广渠门以待。清军至，咸大失色，诧以为袁将军从天上飞来。二十日大战，自辰至申，却敌十余里，北追至运河。太宗及诸贝勒相语谓："十五年来，未尝遇此勍敌。"遂不复逼京师，惟出没于海子、采囿之间，以观变。

崇焕兼程入援，仅以马兵五千当十余万大敌，且清兵所入隘口，乃蓟督刘策所辖，自谓有功无罪。以势力大相悬绝，持重不肯轻战，请入休城中，以俟全军至，不许。而都人骤遭兵祸，怨谤纷起，谓崇焕拥兵纵敌。朝士因前通和议，诬其将为城下之盟。帝闻，惑之。

时清军新挫，畏崇焕如虎。诸贝勒有请攻城者，太宗托以不欲损将卒。适前，清军获明太监二人。于是，太宗授秘计，令监守者故作耳语云："今日撤兵，乃上计也。顷见单骑向敌，敌有二人来见，上语良久乃去。意袁巡抚有密约，此事可立就矣。"时太监佯卧窃听之，乃阴纵使归。具以上闻，帝益信不疑。初一日，崇焕再被召对，遂缚下狱。阁臣奏言："临敌易将，兵家所忌。"上曰："势已至此，不得不然。"时大寿在旁，出即悍然率众东行。明日，命总兵满桂为武经略，环炮严阵永定门。清军突冲入营，满桂战死。城中皇皇，不可终日。帝取崇焕狱中书，驰骑追召大寿。寿下马捧泣，一军皆哭。即日与何可刚踊跃入关，清军见辽兵既叛而旋反正，乃遽为议和书。移军略蓟而还。

方崇焕之杀文龙也，辅臣温体仁，乃文龙乡人，每思有以报之，至是实阴持其事。又，崇焕与大学士钱龙锡善，龙锡固主定忠贤逆案者，其党高捷、袁弘勋、史𡌴辈谋兴大狱，为逆党报仇。捷首疏力攻，𡌴、弘勋继之，必欲并诛龙锡。遂以擅主和议、专戮大帅二事为两人罪。廷臣疏救皆不报。总兵祖大寿以官阶请赎，给事中钱家修请以身代，亦不报。御史罗万寿申辩崇焕非叛逆，削职下狱。布衣程本直诣阙呼冤，至同论死。

崇焕在狱中半年余，关外将吏士民，日诣督辅孙承宗所，号哭雪冤，愿以身代者未尝绝。承宗知内旨已定，不敢上闻。法司坐崇焕谋叛，龙锡亦论死。

遂磔崇焕于市，时崇祯三年八月十六日也。兄弟妻子流三千里，籍其家。崇焕无子，家亦无余赀，妻黄氏投江死（尸流至县属赤水峡，乡人哀而葬之。《镡津考古录》为立烈妇传），弟煜流闽中，作《问天赋》，天下冤之。

崇焕死后，明年，复起用承宗镇关，率由崇焕政策，以大寿统各路援兵，连复滦州、迁安、遵化、永平四城，复理关外旧疆。旋劾罢之。十四年，清军大举围锦州。大寿死守经年，会松山副将夏承德应敌入城，蓟辽总督洪承畴生降，锦州旋陷。何可刚被执不屈死。十七年，闯贼陷京师，庄烈帝殉国。总兵吴三桂迎大清兵入，明亡。

9. 何寿谦《袁督师事略书后》

予序次乡先正袁督师事实，读《明史》本传至“崇焕死，边事益无人，而明亡征决矣。”不禁废书而叹曰：“督师以一身生死，系中国存亡，二百年来思之，有余痛也。”忆幼时家居，从先大夫游里闾间，与群儿戏石墩上。先大夫指予曰：“汝亦知此物何来乎？此前明袁督师之故居遗迹也。督师为明忠臣，被冤死，家荡然，乡人哀思至今，故存此以为纪念。”（此乃当时石柱墩也，今存其四，大逾合抱）因授督师遗诗诵之，今犹记其《南还别友诗》有“慷慨同仇日，间关百战时，功高明主眷，心苦后人知”之句，又《与诸将游海岛》云：“荣华我已知庄梦，忠愤人将谓杞忧。”每一高吟，烈胆忠肝，千秋如见。谦不幸少孤，得闻督师轶事只此。此外，则曰白马南北两岸相去里许，有袁氏祖坟，其北坟乃督师父子鹏公葬地也。其南坟乡人呼为犁头山（因坟前筑砂石三墩，形如犁头，故沿以为名。相传督师母老，望子久不归，误信阴阳家言，筑此魇之。督师竟因此不祥罹祸云）。父老相传，难征实录。

迨长读书，略知督师涯涘。然现诸书，其籍贯则又以互异为疑。《明史》本传载为东莞人，《广西通志》选举表则载为平南人。查乾隆间诏求督师后，又得之平南（据《平南县志》载乾隆四十九年上谕：“前明经略熊廷弼、袁崇焕皆有辑宁边境之才，得一足以安天下。而前后俱被肖小构谗，死于非辜，朕甚悯焉。著广西巡抚查出袁崇焕后裔，量材录用，以奖忠良，钦此。”具覆牒称：“袁崇焕无子，查其族有继嗣元孙袁炳，现居平南。”送部引见，授峡江县丞云）。考之广东省城，建有袁襄愍祠（乾隆年间所建，某督题其坊有“蓟辽柱石”四字）。东莞县水明〔南〕乡亦为建立专祠。查嘉庆元年，广东巡抚陈大文奏请袁崇焕从祀乡贤祠，奉旨依议（原奏抄存《镡津考古录》）。观此，则督师之为东莞人显而可征，平南志载为平南人亦不为无据。至督师里居籍贯之在藤者，反觉文献难征。惟考明《南略》《北略》载为藤县人。本府县志固载为藤县人。然皆以《明史》既为督师立传，故只详其居里，而遗闻余事缺焉（如本邑乡贤祠崇祀袁崇焕，读邑志先贤表云：据旧志，先后载列不详，何年奏请或当时未遽奏闻，尚俟查考）。后人之崇拜督师者，各引为志乘光，每以籍贯异同致辩。予则谓督师固以国为家者。不观程本直《漩声》问答记督师之言乎？“予何人哉！十年来，父母不得以为子，妻孥不得以为夫，手足不得以为兄弟，交游不得以为朋友，予何人哉？直谓之大明国里一亡命之徒可也。”呜呼！督师之鞠躬尽瘁，死而后已，诚一代之英雄豪杰，岂一乡一邑之可得而私者？

丁未春，予会考京师，与士夫纵观诸名胜，因而游太学，谒圣庙，读石刻五经，摩周宣石鼓，而历朝进士题名碑在焉。瞻望间，获睹督师姓名下镌曰：“广西藤县”人，乃明万历四十七年三甲第三十名[1]进士也。（榜首为庄际昌，明末时殉节者。）久仰高山，睹此为之狂喜，爰搨数纸，归榜于乡，释前疑惑（考《平南志》云，题名碑载东莞籍平南人，乃传闻之误）。按督师者，本祖籍东莞，其父始迁于藤。而《通志》之载为平南人，殆因藤县之新白马与平南之旧白马毗连，其名同，故纪载易混。且袁氏复有显于平南者（如平邑袁醴庭先生咏督师七律十六首，一时称为诗史）。诸书所载，非无因也。

予尝欲承先志，于吾乡为督师建祠，深惭未果。会邑侯陈公仲宾捐廉排印县志（考县志创修于嘉庆年，倡之者，先大父荣禄公也，同治□□年，先伯父观察公为诸生时曾与邑先生重修之。今岁久未修，版遭于火，书存劝学所者仅一部，为予昔年办学搜藏者。值学部编书局札征各府州县志，编辑乡土、地理、历史教科书，总董蒙同年经靳弗应命，因谋于陈侯而排印之，以应学部之求，并以广流传，俟后来之修辑）。因亟传次督师事实以补之，而确证其籍焉，非敢私督师于吾藤也，亦非敢谓督师伟绩已光昭史册，尚待后学之表彰也。

盖区区有不能已者，顾念吾国今日之颠危，压迫于东西强邻，亡国灭种之忧，急于前明十倍。哀哀浩劫，莽莽神州，而欲求一完全军人之资格如督师其

① 编者按：应为第四十名。

人者，寂无闻焉，吾为此惧。督师之雄才大略，劲节孤忠，其关系于国家之存亡，民族之盛衰，为数千年历史上一绝大问题。恐流传久，乡父老或失其真，无为吾国少年告也。不揣固陋，赞扬先正，唤醒同魂。谁其闻督师之风而起者乎？吾其馨香祝之。

参考文献

一、古籍

［元］脱脱等：《金史》，北京：中华书局，1975 年。

［元］脱脱等：《宋史》，北京：中华书局，1977 年。

《明熹宗实录》，《钞本明实录》，北京：线装书局，2005 年。

《崇祯长编》，《钞本明实录》，北京：线装书局，2005 年。

［明］李长春：《明熹宗七年都察院实录》，《钞本明实录》，北京：线装书局，2005 年。

［明］谈迁：《国榷》，北京：古籍出版社，1958 年。

佚名：《今史》，郑振铎编：《玄览堂丛书三集》（第三册），南京：南京图书馆装订，1955 年。

［明］谈迁：《北游录》，《笔记小说大观》七编，台北：新兴书局有限公司，1982 年。

［明］钱家修：《白冤疏》，阎崇年、俞三乐编：《袁崇焕资料集录》，南宁：广西民族出版社，1984 年。

［明］周文郁：《边事小纪》，阎崇年、俞三乐编：《袁崇焕资料集录》，南宁：广西民族出版社，1984 年。

明遗民：《謏闻续笔》，《笔记小说大观》（第 30、31 册），扬州：江苏广陵古籍刻印社，1984 年。

［明］吴国华：《东江客问》，《东江疏揭塘报节抄（外二种）》，杭州：浙江古籍出版社，1986 年。

［明］张岱撰，刘耀林校注：《夜航船》，杭州：浙江古籍出版社，1987 年。

［明］茅元仪：《督师纪略》，北京图书馆古籍出版编辑组编：《北京图书

馆古籍珍本丛刊》（55 史部·政书类），北京：书目文献出版社，1989 年。

［明］朱长祚撰，仇正伟点校：《玉镜新谭》，北京：中华书局，1989 年。

［明］王在晋：《三朝辽事实录》，李澍田编：《先清史料》，长春：吉林文史出版社，1990 年。

［明］邝露撰，黄灼耀校点、杨明新注释：《峤雅》，广州：广东高等教育出版社，1990 年。

［明］张家玉撰，杨宝霖点校：《张家玉集》，广州：广东高等教育出版社，1992 年。

［明］黎遂球：《莲须阁集》，《四库禁毁书丛刊》（集部 183），北京：北京出版社，1997 年。

［明］王世德：《崇祯遗录》，《四库禁毁书丛刊》（史部 72），北京：北京出版社，1997 年。

［明］沈长卿：《沈氏日旦》，北京：北京出版社，1997 年。

［明］赵维寰：《雪庐焚余稿·焚余续》，《四库禁毁书丛刊》（集部 88），北京：北京出版社，1997 年。

［明］夏允彝：《幸存录》，夏于全、齐豫生主编：《四库禁书精华》第 5 卷（史部），长春：吉林摄影出版社，2001 年。

［明］吴桂森：《息斋笔记》，《续修四库全书》（子部　第 1132 册），上海：上海古籍出版社，2002 年。

［明］黄景昉著，陈士楷、熊德基点校：《国史唯疑》，上海：上海古籍出版社，2002 年。

［明］文秉：《烈皇小识》，北京：北京古籍出版社，2002 年。

［明］涂国鼎：《性余堂集》，《四库禁毁书丛刊补编》（第 69 册），北京：北京出版社，2005 年。

［明］张岱：《石匮书　石匮书后集》，上海：上海古籍出版社，2008 年。

许啸天整理：《朱舜水集》，北京：知识产权出版社，2012 年。

［明］程本直：《漩声纪》《矶声纪》，杨宝霖辑校：《袁崇焕集》，上海：上海古籍出版社，2014 年。

［明］余大成：《剖肝录》，杨宝霖辑校：《袁崇焕集》，上海：上海古籍出版社，2014 年。

［明］袁崇煜：《问天赋》，杨宝霖辑校：《袁崇焕集》，上海：上海古籍出版社，2014 年。

李红权辑录点校：《孙承宗集》卷三十三《前督师奏疏第十 · 叙录各镇兵备官员疏》，北京：学苑出版社，2014 年。

［明］孙承宗：《高阳集二十卷附年谱五卷》，沈乃文主编：《明别集丛刊》（第 4 辑，第 80 册），合肥：黄山书社，2015 年。

［明］陆人龙：《毛文龙演义》，北京：中国戏剧出版社，2015 年。

［明］徐石麒：《可经堂集》，沈乃文主编：《明别集丛刊》（第 5 辑，第 26 册），合肥：黄山书社，2015 年。

［明］黄尊素著，黄成蔚、张梦新点校：《黄尊素集》，杭州：浙江古籍出版社，2016 年。

郭庭平选注：《董应举诗选注》，福州：海峡文艺出版社，2018 年。

《清实录》，北京：中华书局，1986 年。

赵尔巽等撰：《清史稿》，北京：中华书局，1977 年。

［清］金武祥：《粟香二笔》，光绪七年刻本。

［清］谭宗浚：《荔村草堂诗钞》，清光绪十八年廖廷相羊城刻本。

［清］计六奇：《明季北略》，上海：商务印书馆，1936 年。

［清］朱彝尊：《曝书亭集》，上海：世界书局，1937 年。

［清］叶廷琯：《鸥陂渔话》（第 2 版），上海：广益书局，1942 年。

［清］史惇：《恸余杂记》，北京：中华书局，1959 年。

［清］张廷玉等：《明史》，北京：中华书局，1974 年。

［清］檀萃：《楚庭稗珠录》，广州：广东人民出版社，1982 年。

［清］唐甄撰，《潜书》注释组注：《潜书注》，成都：四川人民出版社，1984 年。

［清］毛承斗辑：《东江疏揭塘报节抄》，杭州：浙江古籍出版社，1986 年。

［清］吴骞：《东江遗事》，杭州：浙江古籍出版社，1986 年。

［清］李天根著，仓修良等校点：《爝火录》，杭州：浙江古籍出版社，1986 年。

黄鸿寿：《清史纪事本末》，上海：上海书店，1986 年影印本。

［清］林时对：《荷闸丛谈》，台湾文献史料丛刊，第 8 辑，台北：大通书

局，1987 年。

［清］彭孙贻：《山中闻见录》，李澍田主编：《东北史料荟萃》，长春：吉林文史出版社，1990 年。

［清］陈田辑撰：《明诗纪事》，上海：上海古籍出版社，1993 年。

［清］谷应泰：《明史纪事本末（附补遗、补编）》，上海：上海古籍出版社，1994 年。

［清］夏燮撰，王日根等校点：《明通鉴》，长沙：岳麓书社，1995 年。

《乾隆御批纲鉴》（第 8 册），合肥：黄山书社，1996 年。

欧初、王贵忱主编：《屈大均全集》（第三册），北京：人民文学出版社，1996 年。

［清］徐乾学：《憺园文集》，《四库全书存目丛书》（集部 第 243 册），济南：齐鲁书社，1997 年。

［清］赵吉士：《二续表忠记》，《四库禁毁书丛刊》（史部 41），北京：北京出版社，1997 年。

［清］沈德潜选编，吴雪涛、陈旭霞点校：《清诗别裁集》，石家庄：河北人民出版社，1997 年。

［清］杨椿：《再上明鉴纲目馆总裁书》，魏源全集编辑委员会编校：《魏源全集》（第 16 册），湖南：岳麓书社，2004 年。

［清］谈迁著，罗仲辉等点校：《枣林杂俎》，北京：中华书局，2006 年。

［朝鲜］李景奭：《白轩集》，杜宏刚等主编：《韩国文集中的明代史料》（13 册），桂林：广西师范大学出版社，2006 年。

［清］万斯同：《明史》，上海：上海古籍出版社，2008 年。

［清］孙承泽著，李洪波点校：《畿辅人物志》，北京：北京出版社，2010 年。

［清］黄宗羲：《黄宗羲全集》第 20 册，杭州：浙江古籍出版社，2012 年。

［清］昭梿撰，冬青校点：《啸亭杂录 续录》，上海：上海古籍出版社，2012 年。

［清］杨士聪撰，于德源校：《玉堂荟记》，北京：北京燕山出版社，2013 年。

［清］赵翼著，王树民校证：《廿二史札记校证》，北京：中华书局，2013 年。

［清］查继佐撰，倪志云、刘天路点校：《明书（罪惟录）》，济南：齐鲁书社，2014 年。

［清］全祖望撰，朱铸禹校注：《全祖望集汇校集注》，上海：上海古籍出版社，2018 年。

二、地方志

［清］阿桂等修，刘谨之、程维岳纂：《钦定盛京通志》，乾隆四十九年武英殿刻本。

［清］李仲良修，玉星烛纂：乾隆《平南县志》，乾隆二十一年（1756）刻本。

［同治］《藤县志》，光绪三十四年重刊本，台北：成文出版社，1968 年。

［清］郝玉麟纂修：《广东通志》，雍正九年刻本，广州：岭南美术出版社，2006 年。

［清］阮元修、陈昌齐等纂：《广东通志》，道光二年刻本，广州：岭南美术出版社，2006 年。

［明］汪运光修，张二果纂，曾起莘重修：《东莞县志》，崇祯十二年修，清抄本，广州：岭南美术出版社，2007 年。

［清］洪济修，江应昌编，卢衍洪点校：康熙《泰宁县志》，厦门：厦门大学出版社，2007 年。

［清］郭文炳修，张朝绅、李作楫纂：《东莞县志》，康熙二十八年刻本，广州：岭南美术出版社，2007 年。

［清］汪永瑞修，余云祚、杨锡震纂：《广州府志》，康熙十二年抄本，广州：岭南美术出版社，2007 年。

陈伯陶：《东莞县志》，广州：岭南美术出版社，2007 年。

三、资料集

《明清史料》（甲编 8），上海：商务印书馆，1936 年。

吉林省历史学会编：《历史人物论集》，长春：吉林人民出版社，1982 年。

阎崇年、俞三乐编：《袁崇焕资料集录》，南宁：广西民族出版社，1984年。

莫乃群主编：《袁崇焕研究论文集》，南宁：广西民族出版社，1984年。

［清］伍崇曜：《袁督师事迹》，北京：中华书局，1985年。

阎崇年、吕孟禧主编：《袁崇焕学术论文集》，南宁：广西人民出版社，1989年。

罗炳绵、刘健明主编：《明末清初华南地区历史人物功业研讨会论文集》，香港：香港中文大学历史系，1993年。

罗志欢编选、东莞市政协编：《袁崇焕研究论文选集》，广州：广东人民出版社，2005年。

东莞市袁崇焕纪念园等编：《袁崇焕历史评价与精神文化研究论文集》，广州：广东人民出版社，2013年。

杨宝霖辑校：《袁崇焕集》，上海：上海古籍出版社，2014年。

《东莞历史文献丛书》（第45册，丛部1，沧海丛书），广州：广东人民出版社，2017年。

四、著作

汪荣宝编纂：《中国历史教科书》，上海：商务印书馆，1909年。

萧一山：《清代通史》，上海：商务印书馆，1932年。

吴汝柏：《民族英雄袁崇焕传》，广西省政府编译委员会，1940年。

邓珂编著：《袁崇焕》，北京：中华书局，1980年。

杨本义编著：《袁崇焕》，南京：江苏古籍出版社，1988年。

张政烺：《中国古代职官大辞典》，郑州：河南人民出版社，1990年。

梁奇才、莫争春编著：《千古奇雄袁崇焕》，南宁：接力出版社，1994年。

赵颖编著：《袁崇焕》，北京：中国国际广播出版社，1996年。

李广文编著：《袁崇焕》，海口：海南出版社，1997年。

梁启超：《明季第一重要人物袁崇焕传》，《梁启超全集》（3），北京：北京出版社，1999年。

李而已编著：《民族英雄袁崇焕》，广州：广东人民出版社，2001年。

谢彬筹：《岭南戏剧观赏集》，北京：中国戏剧出版社，2004年。

阎崇年：《袁崇焕传》，北京：中华书局，2005 年。

李而已：《碧血悲风录：袁崇焕传奇》，广州：新世纪出版社，2006 年。

张朝发编著：《袁崇焕》，广州：广东人民出版社，2006 年。

林猹编著：《袁崇焕：孤胆忠魂传》，北京：团结出版社，2006 年。

黄国信、张素容：《明末抗金英雄：袁崇焕》，广州：广东人民出版社，2007 年。

黄树森主编：《东莞九章：现代化中的东莞现象与东莞想象》，广州：花城出版社，2008 年。

卫兆元编：《东莞风物诗三百首》，长春：吉林电子出版社，2010 年。

樊树志：《明朝大人物：皇帝、权臣、佞幸及其他》，上海：复旦大学出版社，2011 年。

袁仲麟编著：《袁崇焕诗选注》，哈尔滨：黑龙江大学出版社，2012 年。

九龙真逸（陈伯陶）：《明季东莞五忠传》，广州：广东人民出版社，2013 年。

东莞市袁崇焕纪念园、暨南大学历史系编：《袁崇焕历史评价与精神文化研究论文集》，广州：广东人民出版社，2013 年。

姜正成编：《泣血忠魂铸悲歌——袁崇焕》，北京：海潮出版社，2013 年。

王贵忱：《可居丛稿》（增订本），广州：广东人民出版社，2014 年。

陈登原：《陈登原全集》（第 8 册），杭州：浙江古籍出版社，2014 年。

吴航：《清代南明史撰述研究》，天津：天津人民出版社，2015 年。

孙文良：《满族崛起与明清兴亡论稿——孙文良明清史文集》，沈阳：辽宁民族出版社，2016 年。

梁启超：《新民说》，北京：商务印书馆，2016 年。

刘大程：《袁崇焕》，合肥：安徽文艺出版社，2017 年。

金庸：《袁崇焕评传》，桂林：漓江出版社，2018 年。

石瑞良编注：《咏叹袁崇焕诗鉴赏》，广州：广东人民出版社，2018 年。

吕振羽：《简明中国通史》，北京：民主与建设出版社，2018 年。

吴凡：《护边战将：袁崇焕传》，武汉：华中科技大学出版社，2018 年。

孟森：《孟森讲明史》，北京：团结出版社，2019 年。

杜车别：《明冤：毛文龙、袁崇焕与明末中国的历史走向》（修订本），北京：中国发展出版社，2019 年。

王荣湟：《袁崇焕全传》，长沙：岳麓书社，2020 年。

阎崇年：《明亡清兴六十年》，北京：华文出版社，2022 年。

阎崇年：《袁崇焕传（修订本）》，北京：华文出版社，2022 年。

五、论文

林振镛：《袁崇焕与张煌言》，《时事月报》1933 年第 8 卷第 3 期、第 4 期。

敏子：《袁督师之死》，《空军》1933 年第 34 期。

孟森：《明本兵梁廷栋请斩袁崇焕原疏附跋》，《国立北平研究院史学集刊》1936 年第 1 期。

陈同：《明末东北抗敌之熊廷弼与袁崇焕》，《教与学》1937 年第 2 卷第 12 期。

刘伯涵：《论袁崇焕与东林党的关系》，《历史研究》1958 年第 4 期。

羊弓：《论袁崇焕的爱国思想》，《史学月刊》1960 年第 5 期。

商鸿逵：《谈明末袁崇焕坚守宁锦的敢战敢胜精神》，《史学月刊》1964 年第 10 期。

阎崇年：《论明代保卫北京的民族英雄袁崇焕》，《北京史论文集》第 1 辑，1980 年。

黄爱平：《〈明史〉稿本考略》，《文献》1983 年第 4 期。

黄国强：《论民族英雄袁崇焕》，《华南师范大学学报》1984 年第 4 期。

张中政：《袁崇焕军事思想刍议》，《唐都学刊》1985 年第 1 期。

何溥滢、谢肇华：《论袁崇焕的民族思想》，《民族研究》1985 年第 3 期。

石斌：《袁崇焕军事思想简论》，《锦州师院学报（哲学社会科学版）》1985 年第 4 期。

梁超然：《从袁崇焕的诗来看他的一生》，《广西社会科学》1986 年第 1 期。

何建林：《略论袁崇焕的军事辩证法思想》，《桂海论丛》1988 年第 5 期。

一丁：《“国际袁崇焕学术讨论会”在辽宁举行》，《中国史研究动态》1988 年第 11 期。

胡亚炜、龙天民：《袁崇焕和他的悲剧》，《历史教学》1990 年第 9 期。

季士家：《袁崇焕策略思想探究》，《社会科学辑刊》1991年第1期。

姜守鹏：《熊廷弼、孙承宗、袁崇焕经辽研究》，《东北师大学报（哲学社会科学版）》1992年第4期。

沈松侨：《振大汉之天声——民族英雄系谱与晚清的国族想象》，《近代史研究所集刊》第33期，2000年。

何国华、吕器：《民族英雄袁崇焕》，《岭南文史》2003年第2期。

史式：《一身系天下安危的袁崇焕》，《同舟共进》2005年第6期。

彭庆华：《饰演“袁崇焕”的点滴感悟》，《南国红豆》2006年第1期。

何锦奋：《袁崇焕研究文献综述》，《图书馆界》2011年第1期。

李清泉：《被清朝神化的袁崇焕》，《大科技（百科新说）》2013年第5期。

冀宁、王阁：《民族英雄袁崇焕与明末辽东防务》，《理论观察》2015年第5期。

曾磊：《袁崇焕非清朝所“翻案”——论清朝对袁崇焕的历史评价》，《哈尔滨学院学报》2016年第6期。

马成贵：《明代的三边总制》，《固原日报》2017年4月8日第3版。

王荣湟：《〈明史·袁崇焕传〉编纂考》，《元史及民族与边疆研究集刊》，第三十七辑，上海：上海古籍出版社，2019年。

陈雨燕、李咏蘅、吴天：《袁崇焕纪念馆：展示英雄事迹　陶冶爱国情操》，《梧州日报》2022年5月20日第2版。

后　记

笔者长期研究岭南地方史，对岭南杰出名人袁崇焕也早有耳闻，但从来没想到有一天会介入袁崇焕相关研究。机缘巧合，2021 年，东莞市袁崇焕纪念园启动“袁崇焕评价研究”项目，物色承担该项目的专家学者。华南师范大学历史文化学院颜广文教授长期研究明史和岭南地方史，有一批袁崇焕的研究成果，事实上是该课题研究的合适人选。但颜教授为奖掖后学，特地向袁崇焕纪念园推荐了笔者。不仅如此，在项目研究过程中，颜教授还赠送笔者一批袁崇焕研究资料，并对一些疑难问题给予相关指导，本项目能够顺利完成，最先应该感谢的是他。

本书的另外一位作者郑丽华女士，在项目主题设计、框架建构、资料搜集、文稿修订及出版事宜等方面都做了大量工作，为项目的顺利进行及书稿的顺利出版提供了坚强保障。本书的写作和出版，得到东莞市袁崇焕纪念园领导的关心和支持。在此，对他们表示衷心的感谢！

在本书撰写过程中，尽管笔者尽力收集相关资料，孜孜不怠地加以研究，但由于笔者学力有限，也受限于一些客观因素，其中仍存在一些错误或不足，敬请广大读者批评指正！

詹坚固

2024 年 5 月于华南师范大学文科楼